U0038109

別人怎麼對你，都因為你說的話

黃啟團 著

前言

二〇一七年年底，在泰國一家超市，父親與沉迷遊戲的兒子發生了爭吵，氣急之下，父親將手槍上了膛放在櫃檯上，說：「有種你就別活了。」說完這句話，父親轉身就要離開。就在此時，兒子拿起手槍，對準自己的腦袋扣下了扳機。看到血肉模糊的兒子，父親像孩子一樣躺在地上打滾，忍不住號啕大哭。

同樣面對兒子沉迷遊戲的問題，張國維博士選擇了跟兒子一起進入遊戲，然後在一次輸給兒子時，對兒子說了一句話：「你雖然贏了我，但是你永遠贏不了設計遊戲的那個人，如果你能設計一款遊戲豈不更好玩？」這句話把他沉迷於遊戲的兒子變成了一位計算機博士。

在西方哲學界，word（語言）與sword（刀劍）是經常放在一起的兩個單詞，這有兩個含義。第一，語言與刀劍一樣具有改變歷史的力量；第二，語言像刀劍一樣，既能成就人，也能傷人。

戰國時期的蘇秦成功遊說六國「合縱」抗秦，他腰掛六國使符，「以三寸不爛之舌退天下百萬之兵」，做到了「一怒而諸侯懼，安居而天下息」，他的語言此時左右著歷史的走向。

卡內基技術研究院曾做過一個調查，調查資料顯示：一個人的事業是否成功，有15%

取決於他的智商，而其餘85%則取決於他的表達能力，也就是他處理人際關係的能力、說話的能力以及說服他人的能力。語言就這樣左右著人生的走向。

美國著名兒童教育學家阿黛爾．法伯說過：「永遠都不要低估你的話對孩子一生的影響力。」父母的否定、打擊、批判，會給孩子消極的心理暗示，並轉化為孩子「內在的批判之聲」，形成強大的「反自我」意識，這種意識，他很可能一輩子都擺脫不了。父母的語言裡，藏著孩子的未來，也藏著人類的未來。

一句話可以讓人重新看到未來的希望，也可以讓人頓時喪失生的欲望。
一句話可以創造看似不可能的奇蹟，也可以熄滅生命的一切可能。
一句話可以帶給人自信和源源不斷的內在力量，也可以讓人陷入黑洞，能量迅速流失。
一句話可以療癒一個人的過往，讓人更好地體驗當下，也可以把人困在過去，一輩子無法解脫。

語言的力量是巨大的、無法估量的。我們如何才能把握好語言這個武器，抵制它的負面影響，發揮它的正面作用呢？

市面上有很多講語言技巧、語言方法的書，裡面有很多巧妙的、豐富的知識，可單就語言講語言，就如同單從水面部分談論冰山的大小。技巧層面的語言是無法觸達內在心靈的。

語言是思想的外衣，只有潛入思想深處，我們才能真正發現語言的智慧。也許你曾聽說過大思想家說話，他們的話語字字珠璣、直達人心，這些話語裡很少見到語言技巧，而是直接對著人性發問。我們總想用語言改變別人，可在一個人深深的固執裡，藏著他過往的人生和他對世界的理解，當掌握了對方根深蒂固的認知邏輯，有時候簡單的幾句話，就能輕鬆改變一個人。

在神經語言程序學（NLP）[1]領域，有一種教練技術可以通過獨特的語言模式，讓當事人自省，看清自己思維上的盲點，破除阻礙自己成功的限制性信念，然後自動自發地採取行動使自己進步，從而提升自己的人生品質。

這本書是我結合多年的心理諮詢經驗，把神經語言程序學教練技術融會貫通，將心理學知識和語言技巧巧妙結合的成果，內容包括：語言焦點、語言假設、語言框架、語言歸類法、催眠語法、後設語言、魔術語言、感官語言、理性語言、一致性溝通語言、非文字語言等模塊。

在這本書裡，我會講到八大思維框架，五十四種智慧語言模式，把它們運用到與不同人的對話中，你將解決90%的無效溝通問題。熟練掌握這些習慣，你就能改變說話方式、說話技巧，從而改變內心結構，促進人格成長。

在這裡面，我們可以：

發現正面催眠的秘訣；

洞悉負面語言的陷阱；

破除思想深處的限制框架；

解決日常常見的矛盾衝突；

贏得身邊所有人的喜愛；

帶給別人一份美好；
收穫自己人生的圓滿。

會說話的人說到人歡喜，不會說話的人說到人心死。讀完這本書，請留意你說話方式的變化以及你身邊人對你評價的改變。一切美好就在你讀書的過程中，請你留意它的發生。

1 N指neuro（神經），L指linguistic（語言），P指programming（程序）。

CHAPTER 1

改變人生，從改變說話習慣開始

語言框架
是什麼限制了你的人生

CONTENTS

催眠語法

繞過你的防衛，給潛意識下指令

反催眠
後設語言模式

魔術語言
讓心魔在談笑間灰飛煙滅

實用語言技巧

改變人生，從改變說話習慣開始

「

- 會說話的人說得人歡喜，不會說話的人說得人心死。
- 會不會說話，是一種能力，既然是能力，就可能通過學習提升。
- 語言跟人的神經反應之間有某種規律，只要掌握了這種內在的規律，人人都能成為說話的高手。
- 一個人是找藉口還是找方法，取決於他被問了一個怎樣的問題。
- 你是找藉口還是找方法，也可以取決於你問自己什麼問題。

」

01 別拿「性子直」欺騙自己，你只是不會說話罷了

我們先來看兩則小故事。

這天，在熙熙攘攘的紐約街頭，一個頭髮凌亂、滿臉愁容的盲人正在街頭乞討，他身邊放著一個破舊的碗，旁邊立著一個硬紙板，上面寫著：I'm blind, please help me（我是個盲人，請幫幫我）。他的身邊不停有人經過，但沒人給他施捨。就在這個時候，走過來一位長頭髮的漂亮女孩，她在盲人旁邊沉思了一會兒，然後從隨身的包裡拿出筆，把硬紙板翻過來，寫了一行字：It's a beautiful day, but I can't see it（這是一個美好的日子，可惜我看不見它）。然後，神奇的事情發生了，陸陸續續有人停了下來，紛紛掏錢送給盲人。前後兩句不同的話，有著完全不同的效果，可見，語言有著神奇的魔力。

第二個故事發生在中國的某城市。在市區中心的某條巷子裡，這裡的街道很窄，來來往往的車很多，一輛車的後視鏡碰到了一位小孩子，這本來並不是什麼大事，小朋友甚至都沒有受傷。可是，這個小事故最終卻演化成了一起網路新聞，連我這個平時並不怎麼關注這類新聞的人都看到了。為什麼會這樣呢？原來爭執引來了不少路人圍觀，在路人紛紛指責車主開車不小心時，車主說了這樣一句話：「有本事把我的車給砸了！」一句話激起了路人的憤怒，於是大家真的把那輛車給砸了。

從這一正一反的兩個故事，我們可以看到語言的影響力：一句好聽的話，可以把人際的寒冰融化，起到化腐朽為神奇的效果；一句自以為是的難聽話，能把一星半點火苗變成熊熊烈火。語言能影響他人的行為，同一件事，因為不同的語言，會得到完全不同的結果。會說話的人說得人歡喜，不會說話的人說得人心死。

現在比較流行的一個觀點是，會不會說話，跟情商有關。情商低的人說話不討人喜歡，情商高的人說話滴水不漏。我們姑且不去討論這個觀點的正確與否，先來「揭露」一個事實：現實生活中，坦白承認自己不會說話的人很少，他們喜歡以「性子直」為藉口，來掩飾自己不太會說話的事實。

相信很多人身邊都有自稱性子直、說話心直口快的人，他們說話不顧及場面，不顧及你的感受，傷害到你的時候，還會加上一句：「我這個人就是性子直，但說話沒有惡意。」言外之意，我是這樣的人，你如果介意，那就是你的問題了，給人一種「倒打一耙」的感覺。

在《如果你想過1％的生活》一書中，參加過《奇葩說》的作者楊奇函無情揭示：「騙誰也別騙自己，別拿性子直說事，自己溝通爛就是溝通爛。說話委婉又把事辦成又讓人開心是種高端大氣上檔次的溝通能力。」

一直以來，我們把「耿直」視作一個高尚品質，其實這只不過是史書對於情商低的人的同情語罷了。說話過於耿直，即便在古代也是不受人待見的。

「馮唐易老，李廣難封」這句話，相信大家都很熟悉，講的是兩個鬱鬱不得志的能人。其中，馮唐以為人耿直且孝悌聞名，一生歷經漢文帝、漢景帝、漢武帝三朝，直到頭髮花白，也沒有當上要職。漢景帝即位後，他曾被提拔了一次，但很快又被罷免。為什麼呢？

司馬遷記述過這樣一段故事。一次漢文帝乘車經過馮唐任職的官署，閒聊中漢文帝感慨：「我如果得到廉頗、李牧這樣的人做將領，還用得著憂慮匈奴嗎？」馮唐居然接了這麼一句話：「以我對陛下的了解，即使您得到廉頗、李牧，也不會任用他們。」漢文帝非常生氣，又不便當眾發作，回到宮裡，越想越上火，一個月後，他專門召見馮唐並責備道：「你為什麼當眾侮辱我，讓我下不了台？有什麼意見，你就不能私下告訴我嗎？」馮唐硬生生地來了一句：「我是個鄙陋之人，不懂得忌諱迴避。」意思是，我就是這麼直的人，你何必跟我置氣呢？漢文帝聽了更加生氣了。從這件事我們不難看出，馮唐不受重視的一個重要原因就在於他不僅不會說話，還喜歡仗著耿直得罪人。

為人正直是優點，但說話太直就是缺點了。說話直不是免死金牌，就算你身邊的人看起來已經習慣和包容你的口無遮攔，但並不等於沒有給他們造成傷害。也許他們對你的傷害無能為力，但身體知道答案。記得在一個夫妻諮詢個案中，女方抱怨男方對自己已經沒興趣了，很少過夫妻生活，甚至連擁抱、親吻這些親熱的行為已經很久都沒有了，所以，她懷疑老公有外遇，出軌了。男方否認，我問他是不是已經不愛老婆了，他說也不是，只是他老婆總是攻擊他、批評他，讓他感覺一無是處，所以，他無法跟老婆親熱。這讓我想起了一句歌詞——「難以在夜晚去親吻整天對我謾罵的嘴唇」。當然，我知道每一個批評伴侶的人都希望伴侶變得更好，但請記住：沒有人願意親吻批評自己的嘴唇。

會說話的人能說到別人心裡，讓人溫暖，像一個發光體；不會說話的人，說出來的話像一把刀，傷人不見血，像個黑洞，讓身邊的人感到心寒。所以，語言，不僅是一項技巧，更是一種修養。**只有懂得好好說話，人生才會走得更高更遠。**正如著名心理學家、情商專家丹尼爾．戈爾曼所言：「你讓人舒服的程度，決定著你所能抵達的高度。」

會不會說話，和性格無關，秉性耿直的人，照樣也有很多說話達人。會不會說話，是一種能力，既然是能力，就可能通過學習提升。

神經語言程序學就是一門能提升語言能力的學問。神經語言程序學研究發現，語言跟人的神經反應之間有某種規律，只要掌握了這種內在的規律，人人都能成為說話的高手。當然，未必人人都能成為演說家，但如果你願意學習的話，至少能夠減少你身邊人的痛苦。這是一門怎樣的學問？讓我們先來體驗幾個簡單的詞語：但是、同時和雖然。

假設你的上司在年終總結時這樣對你說：「你今年表現很好，但是缺點不少。」感覺怎麼樣？好像並不是表揚，而是批評啊。

換一種說法呢？「你今年表現很好，同時缺點不少。」會不會好一點？給你的感受是，你今年表現很好，缺點參半，打了個平手。

如果這樣說呢？「你今年表現很好，雖然缺點不少。」嗯，你心裡一定會美滋滋的，為什麼？因為這是表揚啊！

同樣的意思，只是換了一種表述而已，為什麼會給人完全不一樣的感受呢？且看圖1-1，觀察灰色和黑色所佔的面積和比重：

從圖1-1我們可以看出，「但是」、「同時」、「雖然」這三個連接詞，分別使前後兩句話呈現出壓倒、並列和襯托的關係。從這個簡單的例子中，你已經領略到了語言中的某些規律了吧？

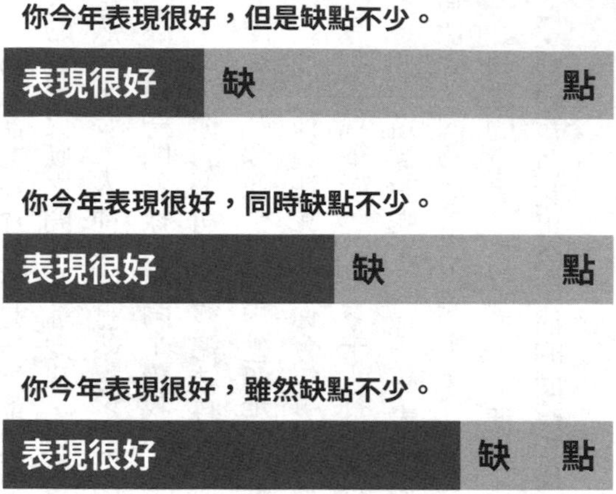

你今年表現很好，但是缺點不少。

表現很好	缺點

你今年表現很好，同時缺點不少。

表現很好	缺點

你今年表現很好，雖然缺點不少。

表現很好	缺點

圖 1-1

我們再來體驗一下「為什麼」、「怎麼做」這兩個詞的差別。

如果有一天你上班遲到了，上司一般會問「為什麼遲到」。當你聽到這句話的時候有什麼感覺？你感到了被指責、被責備，接下來，你的第一反應是什麼？找藉口。為什麼遲到？因為鬧鐘不響了，因為堵車。「為什麼」這個詞把對方引入了一個負面框架中，當一個人被問到「為什麼」的時候，他馬上就會有一個負面的感受，他對事情的關注點就成了從過去找藉口，想方設法證明自己是對的，於是就會產生對抗情緒，然後帶來更多的負面問題，進入一個負循環。見圖 1-2：

所以，聰明的領導從來不問「為什麼」，而問「怎麼做」。想像一下，如果你遲到了，你的領導問你：「我留意到你今天遲到了，以後你怎樣才能上班不遲到？」這時，你會有什麼反應？你肯定不會再找藉口跟領導對抗了，

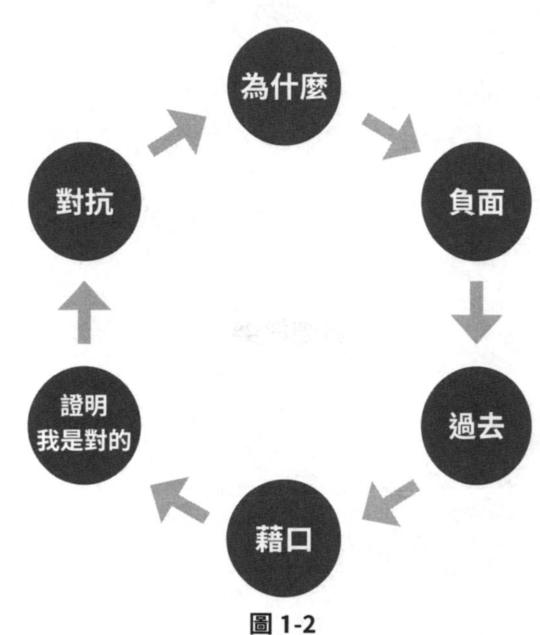

圖 1-2

這時你的腦子一定在想如何不遲到的方法。因為當領導這樣問的時候，已經假設你是一個有能力不遲到的人，為了證明你是有能力的，你會積極地思考不遲到的方法，並且落實到以後的行動中，如此就進入了一個正循環。見下圖 1-3：

我們經常說，失敗的人經常找藉口，而成功的人總是在找方法。但我們不知道，**一個人是找藉口還是找方法，取決於他被問了一個怎樣的問題**。從這個例子可見領導的語言對下屬的影響有多大，父母對孩子的教育也一樣。當然，我們不能把自己的人生成敗責任推給別人，因為**你是找藉口還是找方法，也可以取決於你問自己什麼問題**。

發現了嗎？語言的改變，直

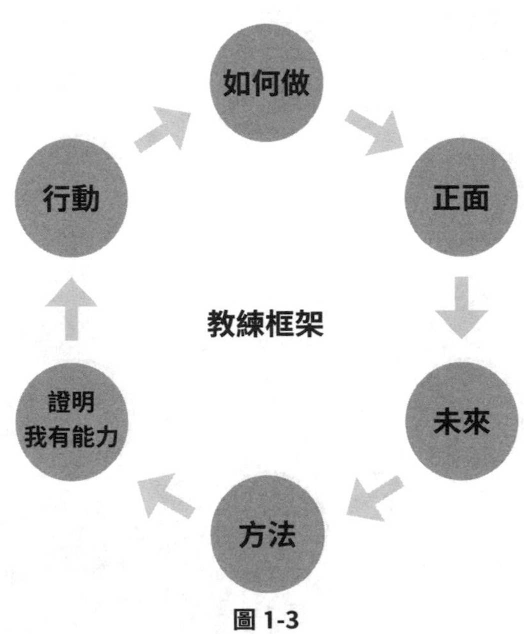

圖 1-3

接影響到了工作和生活中的方方面面。而這些，通過神經語言程序學這門學問都可以學習和提升。當你改變了說話的慣性或者「陋習」，學習到卓越的表達方式時，你會發現你整個人的溝通力、思維模式、人際態度、互動行為甚至內在信念，都跟著發生了改變，而你的人生，也會跟著越來越好。

會說話，受益終身；不會說話，處處碰壁。改變人生，從改變說話習慣開始。

02 你想改變別人？那需要足夠的智慧

我出了幾本書，銷量都不錯。不過，人外有人，天外有天，據說美國圖書市場上有一本書，一個星期之內賣出了二十萬本，太讓人佩服了！你是不是很想知道這本書叫什麼，講的是什麼？這本書名字叫 How to Change Your Wife in 30 Days（《30天內如何改變你老婆》），不過，你如果想買一本來看，很可能找不到，你得搜另外一個名字 How to Change Your Life in 30 Days（《30天內如何改變你的生活》）。這本書出了一個出版事故，把單詞拼寫錯了，原本應該是life（生活），寫成了wife（老婆），出版一週後，作者發現了錯誤，連忙把書回收，改回了正確的名字，重新推向市場。結果，不可思議的事情發生了：《30天內如何改變你老婆》一週賣出了二十萬本，《30天內如何改變你的生活》一個月才賣出了兩本。

從二十萬本到兩本，這可謂是天壤之別了，原因何在呢？人們都太想改變別人了，太不想改變自己了。有減肥經驗的人都知道，改變自己一百八十斤的體重是多麼難。改變自己的滋味太痛苦了，這包括減掉身上的二十斤肉，每天不晚睡，說話不嘮叨，遇事不發火，等等。相應地，我們都太想去改變別人了，理由很正當：我們是為了讓對方意識到自己的錯誤，為了讓對方有更好的生活。

媽媽改變孩子的不良生活習慣，老師改變學生的消極學習態度，老公或老婆改變另一半的負面生活主張，老闆改變員工的低效率做事方法，這不應該嗎？太應該了。可問題出現了，很多人抱著一片真心給別人提意見，對方往往不聽，還會招來很多埋怨，發生很多爭吵。

先來講一個故事。我曾接到過一個婚姻個案，這對夫妻的情況很特殊，妻子是中國科技大學少年班出來的，是天才少年，小小年紀就直接跳級上了大學，畢業後找了個安穩不燒腦的工作，然後就開始享受小時候沒有享受到的自在生活了，每天就是去公司打打卡，在家裡做做飯帶帶孩子。她丈夫是三本畢業的，學歷不耀眼，事業發展卻不錯，並且處於不斷上升的狀態，他看妻子的日子這麼頹廢，就忍不住批評她：「妳別以為妳當年那麼厲害，現在就不用學習了，現在妳什麼都不是，腦袋裡都是草。雖然我是個三本畢業的，可是妳現在已經完全跟不上我的步調了！」妻子是從小被人捧到大的，一聽這話，立馬火了：「就你現在幹的這點破事，還好意思拿出來說，每天從早忙到晚，也沒見賺多少錢……」你來我往，吵個不停，原本挺幸福的一對就這樣走到了離婚的地步。

因為惡言失去了幸福的婚姻讓人惋惜，因為惡言失去了一條鮮活的生命，又是什麼滋味呢？二〇一九年四月，「上海十七歲少年跳橋身亡」的新聞轟動一時，事情的原委很簡單，十七歲少年白天在學校和同學發生了矛盾，母親載他回家的路上責備了他幾句，說了什麼，我們不得而知，想必不外乎「你不能」、「你不該」、「你再這樣」……隨後，悲憤的少年推開後座車門，一隻手掩面，衝到了橋邊，縱身跳了下去。短短的幾秒，一個鮮活的生命就這樣消逝了。從視頻中，我們可以看到，後面緊追上來的母親，雙手抓了個空，崩潰地跪在橋邊淚流成河。可以想像，未來日子裡，她的腦海中一定會反覆重複兒子生命的這最後幾秒，內心一次次被悔恨切割，直到她生命停止的那天。

荀子曰：「與人善言，暖於布帛；傷人以言，深於矛戟。」好話有很強的建設力，惡言有很大的殺傷力。我們原本給別人提意見是出於好心，卻把跟自己親密的人的關係敗光了，甚至把自己喜歡的人傷害了，這就得不償失了。

給別人提意見，卻好心做了壞事，問題出在哪兒呢？人有個慣性：總是習慣假設對方是錯的，然後努力證明自己是對的；總是喜歡假設自己是受害者，對方對自己懷有惡意，然後拚命證明自己是無辜的。

「你做事為什麼那麼笨？」

「剛擦的地怎麼又被你弄髒了？」

「你就是不知道心疼我，才……」

「你就是故意針對我！」

……

這樣的話語是不是很耳熟？多少爭吵的開場白都是「你怎麼怎麼」，有時候雖然沒有挑明，但我們的潛台詞裡已經認定對方錯在先，後面的爭吵不過是把責任都推給對方。可現實是，**沒有一個人願意被指責得一無是處、毫無尊嚴，當你一味把過錯推給對方時，必然會引發對方的反抗。**

道格拉斯．斯通是我很喜歡的一位美國溝通專家，在他的著作《高難度談話》中，他分享過這樣一次親身經歷：一天，他在上班途中發現道路被堵住了。那是一條單行道，一輛計程車和一輛私家車互不相讓，把路堵得嚴嚴實實。於是，道格拉斯下車，敲敲計程車的車窗，說：「師傅，我看你們兩個司機裡只有你是專業的，這麼窄的一條路，沒點水平可退不了。應該只有你能退，他肯定是退不了的。能麻煩你退一下嗎？」計程車司機看了一眼道格拉斯，點點頭：「好吧，誰讓我技術好呢。」馬上把車倒了出去，道路變得通暢起來。

如果道格拉斯上來說：「你也是老司機了，怎麼就不懂得讓一下？你媽沒有教過你要禮讓嗎？你這種品德還怎麼開計程車啊？」事情會怎麼發展？脾氣好的司機很可能會說：「我就不讓，你能怎麼著吧？」脾氣不好的司機很可能直接揮拳頭就開打了。

為什麼道格拉斯幾句話就解決了交通壅堵呢？他表面上沒有評斷對錯，但暗地裡巧妙地把對方假設成一個技術水平高的人。他的話裡拋出了這樣一個假設：水平高的人才能讓步。計程車司機很樂意接受這個假設，所以他讓步了。

問題的關鍵是什麼？沒有人願意承認自己是錯的。你想改變一個人，如果直接告訴對方錯了，雖然你帶著善意，但是你還是得罪人了。相反，你先假設對方是對的，先肯定對方，然後告訴他，他還可以變得更好，他就很願意改變。因為，**每個人都想證明自己是對的。只有在對的方向上，一個人才願意變得更好。**這就是如何讓人改變的智慧。

卡內基曾說：「在爭論中獲勝的唯一方式，就是避免爭論。」可見，爭論是最要不得的溝通方式。可是，如果對方真的做錯了事情，我們想讓他改變錯誤，該怎麼辦呢？

一般人經常說：「你不承認自己有錯，我來證明給你看。」大文豪楊絳也犯過這樣的錯誤，她在《我們仨》裡記載過這樣一件事。

「我和（錢）鍾書在出國的輪船上曾吵過一架，原因只為一個法文的讀音。我說他的口音帶鄉音，他不服，說了許多傷感情的話。我也盡力傷他。然後我請同船一位能說英語的法國人公斷。她說我對，他錯。我雖然贏了，卻覺得無趣，很不開心。」

吵架總是這樣，發揮失利後懊惱不已，而吵贏了也高興不起來。為什麼？因為在贏的過程中，我們付出了沉重代價：傷了對方的感情，對於解決問題有害無利。指責之後再強迫別人承認自己是錯的，等於「罪加一等」，只會增加對方的厭惡之心。

你贏了爭吵，卻輸掉了關係。如果想要避免爭吵，該怎麼做呢？

第一步：積極回應——肯定對方做得好的地方

生活中很多爭吵都跟錢有關。有一對夫妻，男的出身於一個經濟不太寬裕的家庭，生活較為節儉；女的出身於一個小康家庭，從小衣食無憂，婚後生活上比較講究。兩人經常為了開支而爭吵，男的嫌棄女的亂花錢，女的覺得男的過於摳門，吵到感情破裂，找我諮詢。我給妻子的建議是，每次溝通先說「我知道你過去生活不容易，也是為了咱們這個家好才節省的」；給丈夫的建議是，每次溝通先說「我理解你對於小資生活的嚮往，這正是我當初追你的理由之一」。

正所謂先禮後兵，肯定別人，可以為溝通建立良好開端。就像威廉．詹姆斯[2]說的：「人類本質中最殷切的需求是渴望被肯定。」人們都希望自己在別人心目中是最重要的。肯定他的行為價值，讓他覺得你重視他，他才會欣然接受後面的批評和建議。

2 美國心理學之父。

第二步：給出建議——告訴對方可以做得更好的地方

吵架的目的是為了更好地溝通和解決問題，在安撫了情緒之後，開始探討折衷辦法。再拿上述案例來說，這對夫妻在肯定對方的消費觀之後，接下去可以引導對方做出讓步：

「老公，你一定希望我過得開心一點吧？我覺得在××方面多花點錢，我會變得更自信一些，你也有面子，我們的幸福感都會提高很多……」

「老婆，我不反對妳愛美，但我覺得妳不需要把同一款式的包所有顏色都買了……」

其實，大家對自己的「毛病」，心裡都有數，在良好的氛圍之下，用溫和的語言提醒與引導，對方是很樂意接受建議的。

第三步：預測未來

當下達成共識，以後未必就不再就此爭吵。所以，針對未來的溝通很必要。很多領導講話，都喜歡在事情達成一致後，來一句這樣的結尾：「我覺得以後你可以做得更好」，「你今後一定不會讓我失望的」……就是這個道理。

但我們不能總對伴侶說這樣的話，更理性的做法是當下商量出個結果，以絕後患。回到上述案例，雙方對該花的該省的地方達成共識之後，就可以商量一下：「我覺得我們可以考慮建立一個帳戶，誰也不要花裡面的錢，這樣就不用擔心未來了……」

回應—建議—預測未來，這個語言技巧適合處理任何情境下的爭執。一旦你掌握了這個技巧，並形成習慣，你就很難再和人一言不合就爭吵了，並且你會發現，對方正在朝著你想要的方向改變。

有的人會提出質疑了，我面前的這個人從頭到腳沒有一點可以肯定的地方，我怎麼肯定他啊？中國崇尚太極，講究陰中有陽，陽中有陰，任何事情都是相輔相成的，只要我們肯發現的話，一定能找到。以穿著為例，假如一個人的衣著像乞丐一樣，還特別邋遢，我們怎麼肯定他？我們能不能從他的衣著破爛裡面看到他的節儉呢，可以吧？我們能不能從他穿成這樣還敢走街串巷，看出他特立獨行的勇氣，可以吧？

心理學研究發現，**每個行為的背後都有一個正面動機**。如果一個人的行為不值得肯定，但至少你可以肯定他的正面動機。以小偷為例，偷竊這種行為絕對不能肯定，但小偷偷東西的動機是什麼呢？也許是為了生活，或者是為了讓家人活得更好。

同時，值得我們肯定的還有一個人的能力。行為有對錯，能力沒有，就像一個壞人拿劍殺人，那並不是劍的錯。因為，當我們能肯定一個人的動機和能力之後，對方才能夠敞開心門，接受我們的建議。比如，你想改變一個小偷，把他罵一頓是沒有用的。但這樣對他說：「兄弟，我看你這麼危險的事情都敢幹，你真的很有膽量，佩服你。我知道你做這麼危險的事，是為了讓你的家人過得更好，對不對？不過這麼危險的事，兄弟還是別幹了。你用這個膽量、這個智慧去找一份好工作，哪有賺不到錢的理由。」聽完你的這席話，也許小偷都會改變，何況是那些你會愛上的人？馬上找機會在你身邊的人身上試一試，怎麼樣？你一定會愛上這樣說話的感覺的。

記住，**如果你想改變一個人，首先要找出他值得肯定的地方，把他放在對的位置，然後告訴他他還可以變得更好。**

「發光體」還是「黑洞」？

人注定要改變世界，不是讓世界變得更好，就是讓世界變得更糟。你身邊是不是有這樣兩種人：

有一種人你跟他相處的時候會感到溫暖、充滿力量，生活在這種人身邊，你感到幸福，因為生命如此有價值。這樣的人我把他們稱為「發光體」，他們像太陽那樣，溫暖人心。

而另一種人剛好相反，你靠近他的時候，會有一種無力感，渾身的能量不知跑哪裡去了，彷彿你遇到了太空中的「黑洞」，他把你的能量全部吸走了。這樣的人我把他們稱為「黑洞」，他們能吸收身邊人的能量，把身邊的人弄得遍體鱗傷。

為什麼會這樣呢？其中一個重要的原因是他們的語言無形中影響著你。

語言是如何影響一個人的呢？讓我們一起來做個實驗。

現在，請你不要想一隻白貓，不要想一隻有長長尾巴的、正在偷吃魚的白貓。

當我這樣說的時候，你的腦海裡浮現的是什麼？是不是就是那隻長著長長尾巴的、偷吃魚的白貓？

會說話的人說到人歡喜，不會說話的人說到人心死。這是因為語言能夠引發我們神經的某些反應。不信，請看下面的場景。

一位妻子對丈夫說：「你是不是又在想那個女人？」

丈夫腦子裡本沒有女人什麼事，但被妻子這樣一問，只得在腦海中努力搜索某位女性了。

一位媽媽對孩子說：「在學校有沒有人欺負你啊？」

孩子的校園生活本來挺開心的，為了回答媽媽的問題，他忍不住就會想，對啊，今天誰欺負我了呢？然後某件本來早已遺忘的不愉快就浮現於腦海了。

老闆對員工說：「最近遇到什麼困難嗎？」

本來充滿信心的員工，被老闆這麼一問，眉頭緊鎖，立刻思索起工作的困難來，原本滿身的幹勁悄悄沒了蹤影……

這就是語言的焦點，也就是俗話說的「哪壺不開提哪壺」。沒有人提「白貓」時，你並不會去想白貓，可是當你聽到「白貓」這個詞，頭腦中就會不自覺想到「白貓」。

試想一下，如果身邊的人總是對你說「你敢打我？你試試看？」，說得多了，某一天你可能真的會掄起拳頭砸下去的……

語言的焦點有一個小秘密，即**人的潛意識無法處理否定詞**。怎麼講？比如，前面提到的不要想「白貓」，雖然我讓你不要想白貓，但你的頭腦根本無法分辨否定詞「不要」，於是大腦會直接出現白貓的圖像。

如果不知道這一點，人們經常會帶著好意卻做了壞事。

比如考試前，很多父母帶著關心去提醒自己的孩子：「寶貝，今天不要緊張哦。」但「不要緊張」恰恰引發了孩子的緊張。正確的做法是怎樣的？我們要讓語言專注於正向意義。比如，家長可以對馬上要考試的孩子說：「寶貝，放輕鬆哦，我相信你。」通過這樣一句話將孩子的注意力引到「輕鬆」上。

這一點並非現代人的發現，早在《大學》中就有論述。我們知道，《大學》開篇講的是「大學之道在明明德」。「明明德」這三個字特別有智慧。第一個「明」是動詞，第二個「明」是形容詞，「明德」就是一個人本身擁有的好的品德。這句話說的是，教育的根本就是把一個人本來就有的美好品德弘揚出來。怎麼實現這一點呢？心學的鼻祖，明代的王陽明給了一個「致良知」的方法。王陽明說：「我們每個人的內在都是有良知的，如果你不去召喚他，他就在我們的體內沉睡。內在的良知就好像一個在人群裡打瞌睡的人一樣，等待著我們去喚醒他，否則他就一直在體內休眠。」

「長這麼大，你什麼時候最開心？」當一個人被問到這個問題的時候，即使他眼裡正含著淚水，腦海裡想的卻是曾經最歡愉的那個片刻。這就是語言的魔力。善用語言可以讓人「明明德」、「致良知」；不善用語言的人，則會引發矛盾，甚至暴力。

有人說，每個人內在都住著一個天使、一個魔鬼，這個人是天使還是魔鬼，要看你喚醒了哪一個。為什麼有些人是「發光體」，有些人是「黑洞」，因為前者的語言總是能喚醒你心中的天使，而後者喚醒的是你心中的魔鬼。

對於身邊人來說，我們是黑洞還是發光體呢？我們可以來測試一下：假設有一天你讀小學一年級的孩子做了一張小試卷給你看，上面五道題，做錯了一道，剛剛學會算術的孩子眼巴巴地看著你，等著你的反饋，做為爸爸或者媽媽，你會怎麼說呢？

如果你說：「錯了，第三題錯了。」這話說出來，孩子眼裡的光會立馬熄滅了，他心裡會想：「我做對了四道題你怎麼看不到？我做錯一題就被你看到了，我身上就真的沒有一點閃光的地方嗎？」這樣的爸爸或媽媽就是黑洞，他們把孩子眼中對未來充滿期待的光芒撲滅了，孩子會越來越想逃離這樣的爸爸媽媽。現在，我們已經很清楚了，黑洞的一個典型特徵就是總愛挑毛病，只看到別人不好的地方，看不到別人好的地方。

同樣的情況，發光體會怎麼說呢？他會說：「寶貝，五道題你做對了四道，真的很棒。你再留意一下第三題，看有沒有發現什麼？對了，這樣改過來，就全對了，你能這麼快進行自我訂正，真的太棒了。」聽到這樣的話，孩子會怎麼反應？他會對自己充滿信心，他會愛上算術，並且愛上爸爸媽媽輔導自己作業的感覺。這樣的爸爸或媽媽就是發光體，他們不會對孩子的錯誤睜一隻眼閉一隻眼，那會害了孩子，他們既能看到錯誤的地方，也能看到正確的地方，最終他們總是能夠幫助孩子找到提升的地方。

這是黑洞跟發光體的一個明顯區別：**黑洞的語言焦點放在了負面的地方**，很難看到別人做到了什麼，只關注別人沒做到什麼，極少給予肯定和鼓勵；**發光體的語言焦點放在了正面的地方**，他們會關注到一個人能做到的事情上，而不是這個人做不到的事情上，他們從不吝惜肯定和鼓勵，並且相信你能夠做得更好，他們還能在你身上看到很多你自己都看不到的資源。

04 對事還是對人？

現代社會，很多人把「對事不對人」當作最為成熟圓融的處事原則。

俄羅斯作家列夫．托爾斯泰曾經向一個乞丐施捨，朋友知道後告訴他：「這個乞丐不值得施捨，因為他品行非常惡劣，這在莫斯科人盡皆知。」托爾斯泰聽後回應：「我並不是施捨給他這個人，我是施捨給人道。」

聽起來朋友說的是對的，但你會更尊敬托爾斯泰，不是嗎？為什麼會這樣呢？我們來看看這樣一個故事：

張老闆是個暴發戶，剛花了八百萬元買了一輛紅色的法拉利，特意開回老家炫耀。他的兒時玩伴小劉見了很眼饞，掛著一張殷勤的笑臉過來跟張老闆說：「哥，我剛交了個女朋友，我想帶她出去兜個風，能不能借下你的車？」張老闆肯定不能顯得太小氣，他鑰匙一掏，瀟灑地說：「兄弟，祝你約會成功。」一小時後，張老闆接到了小劉的電話，電話那頭是小劉快要哭的聲音：「哥，我一不小心把你的車給撞了。」張老闆這時可能有這樣兩種反應，第一種：「有沒有搞錯？撞壞了哪裡？這車可花了我八百萬，我開了還不到一個月！」第二種：「兄弟，別著急，人沒有傷著吧？你和你女朋友都沒事吧？」

第一種反應是「對事」，第二種反應是「對人」，第一種反應讓對方覺得很冰冷，第二種反應讓對方覺得很溫暖，第一種人是黑洞，他的關注焦點永遠在「事」上，第二種人是發光體，他的關注焦點永遠在「人」上。

只看到事看不到人是很多人的慣性行為，這是因為很多人就是這樣被教育出來的。小時候，你有沒有這樣的體驗？你不小心打碎了一個玻璃杯，當時，你傻愣愣地佇立在現場，不知所措，迎接著父母的雷霆之怒，他們會罵個不停：「你怎麼這麼笨，老打碎東西，說過多少遍了，要小心，要小心，就是不長記性。」如果趕上父母心情不好，他們會順手拿起雞毛撢子、擀麵杖向你的身上招呼：「讓你不長記性。」父母的做法是對事還是對人？顯然，他們只看到事沒看到人，只看到摔碎的杯子，沒看到瑟瑟發抖的孩子。

這時，關注焦點在「人」身上的父母會怎麼辦？他們會第一時間把孩子的手拿過來，關切地問：「寶貝有沒有傷著，給我看看。你先去沙發坐著，媽媽把玻璃碴掃乾淨，別扎到腳了。杯子碎了就碎了，媽媽知道你是不小心的。」在這種呵護下長大的孩子，他一定會感到格外溫暖、格外幸福。

我經常聽到一些痛苦自責的聲音：我知道不該對孩子發火，可是我總是控制不住自己的情緒，事情發生的時候，我也不知道自己到底怎麼了！看著孩子受傷的眼神，我很悔恨，可下次事情發生時，我還是忍不住對孩子發火。

為什麼會出現這種情況呢？因為一個人永遠給不到別人自己沒有的東西，內心空乏的父母很難養出內心豐盈的孩子，我們當年怎麼被對待，我們就會用同樣的方式來對待別人。當年父母對待我們時，只看到事看不到人，我們對待子女時，也就只能看到事而看不到人。

只看到事看不到人會對我們的子女造成無形的傷害，還會影響我們的人際關係。

我有一位姓邵的學生，是一位著名的律師，他曾經給我講了一個觸動他開始學心理學的真實故事。有一次，他帶著團隊一共七個人去外地辦一個案子，七個人開了兩台車，上車的時候，問題出現了，他是老闆，他的車是最好的，卻沒有一個人願意搭他的車，他的六個同事寧願擠在一輛車上。邵律師開始思考，為什麼我這麼努力，這麼聰明，這麼高智商，這麼好的豪車，卻沒有人願意坐我的車呢？答案只有一個，一直以來，他做事都是對事不對人，這給同事們留下了冷冰冰、不可親近的印象，因此，身邊的人都想要逃離他。

把人生的焦點全都放在事上的人，他的成功是有代價的，他目中無人，身邊自然也就沒有人，他的成功只是一些帳面的數字，而實際上，他的人生必定充滿了孤獨、勞累、淒苦。

如果你是這樣一個只看到事卻看不到人的黑洞，是不是只能無奈地抱怨父母呢？二十五歲前，我們可以抱怨父母，二十五歲之後，我們就沒有資格再抱怨父母了。我們是自己人生的主宰，應該為自己的人生負責，我們無法回到童年改變父母的態度，但我們可以從現在開始，通過學習改變原生家庭的影響。

在對事還是對人這個問題上，我們可以引入這樣一個語言技巧：讚美和批評。

讚美別人，我們要從事到人。

美國心理學家傑絲·雷耳說：「稱讚對人類的靈魂而言，就像陽光一樣，沒有它，我們就無法成長開花。」讚揚的力量是巨大而神奇的。受人讚揚、被人尊重能使人感到生活的動力和做人的價值。恰如其分地讚美別人是人際交往的重要手段，它能讓交流雙方進行良性情感交流，實現心靈溝通，有效改善和優化人際關係。不過，讚美也是有技巧的，如果你沒有學會真正的讚美方法，很可能會適得其反。

作家畢淑敏女士曾講過這樣一則真實的故事。有一位女學者受邀到北歐一個教授家中做客，到教授家裡後，教授五歲的小女兒滿臉笑容地來打招呼，這位女學者見這孩子滿頭金髮，極其美麗，情不自禁地誇獎道：「妳長得好漂亮，好可愛啊！」很平常的一句話，教授聽到後卻一下黑了臉，她等女兒離開後，嚴肅地對女學者說：「妳知道嗎？妳剛才的誇獎會害了我女兒。妳因為她的漂亮而誇獎她，而漂亮不是她的功勞，這取決於我和她父親的遺傳基因，與她個人沒有什麼關係。孩子很小，不會分辨，由此她就會認為這是她的本領。她一旦認為天生的美麗是值得驕傲的資本，就會看不起長相平平甚至醜陋的孩子，這就進入了誤區。」這位女學者被教授的教育理念深深震撼了，她連連道歉，這時，教授說：「妳還有機會彌補。一會兒離開時，妳可以誇獎她的微笑和禮貌，這是她自己努力的結果。」

有些父母聽了一些賞識教育的課程，回家後總是把「寶貝你真棒」掛在嘴邊，殊不知，這會害慘孩子，很多孩子邁出了家門，小伙伴和老師不會像父母那樣拚了命地誇他，他的心理落差會非常大，會非常失落。就像上面故事中北歐的教授說的：讚美孩子的時候，應該多讚美他的努力和成就。比如，我們可以這樣說：「寶貝，你能幫媽媽刷碗了，你真棒。」先讚美對方的一件行為，再上升到他的特質，這樣的讚美更容易深入人心，更能產生積極的激勵作用。

同樣的道理也適用於社會交往和領導工作中，我們誇讚下屬：「小王，這次的工作完成得很出色，你真是個好夥伴。」這樣他以後就會把工作做得更好。我們讚美朋友：「你昨天在會議上的發言非常精彩，你的口才真好。」這樣，朋友就會更容易接受你的讚美，因為有事例證明他是一位口才好的人。

讚美人時，我們要由事到人，先找到對方做的一件事或者一個行為，進而推斷他的一個特質，這樣的讚美更讓人溫暖。**批評別人，要反過來，我們要從人到事。**

孩子考試不及格，我們批評孩子：「你這次考試又不合格，真是一個笨蛋。」這樣「從事到人」的批評會摧毀一個人，孩子會真的就認定自己是個笨蛋。如何反過來呢？我們可以這樣說：「在爸爸心目中你一直都是個聰明的孩子。」先肯定孩子「人」的特質，然後說：「可是這次考試為什麼又不合格？你最近是不是偷懶了？還是說你最近遇到了什麼事？」這樣就事論事，無論你的態度多麼嚴厲，孩子都會覺得你是為他好，並且他有自信，自己未來能變好。

下級工作出現不足或者失誤，是常有的事。這時做為領導如果不能及時指出的話，對員工本身、企業都會造成損失。而如果直接批評指正的話，下屬下不了台，他要麼會憤而辭職，要麼會消極怠工，要麼會伺機報復，也將造成惡劣的影響。如何讓下級心甘情願地接受批評呢？「從人到事」的技巧會很有效。比如，下屬提交的文案裡出現了好幾個錯別字，我們可以這樣說：「看你的文案就知道你是一個非常有學問的人。」首先肯定下屬的人格特性，接下來談事，「像你這麼有學問的人，怎麼會出現錯別字呢？是不是最近太累了，有些粗心，沒有好好檢查，以後一定要好好檢查，不然這樣的文案拿出來，太有損你的身分了。」這樣的批評，對方聽起來很舒服，還能聽得進去。

讚美：從事到人，從行為看特質；批評：從人到事，先肯定特質，再矯正行為。掌握了這個語言技巧，黑洞就能變成發光體，讓身邊的人備感溫暖，讓他們樂於靠近。

綜藝節目《奇葩說》曾經對「對事不對人」展開了討論，主持人馬東說：「人在事先，是人的本能。事在人先，是人的本事！當我們去討論人和事的時候，這一點就是人在事中。」人們常說事在人為，很多時候人和事都是無法分開的。人與人之間產生接觸才會發生事，而事又會反過來促進人與人之間的聯繫。釐清了人和事的先後關係，我們將這些技巧內化在我們的言行中，我們就能由黑洞轉化成發光體。

05 樂觀者還是悲觀者？

前面我們講了黑洞跟發光體的兩個明顯區別，黑洞的語言焦點放在了負面的地方，發光體的語言焦點放在了正面的地方，黑洞只對事不對人，發光體先對人再對事。很多人想當然地認為，黑洞就是那種悲觀的人，而發光體就是那種樂觀的人。這種說法正確嗎？

歌手鄭智化是個無庸置疑的發光體，二十世紀九〇年代，他的〈水手〉、〈墮落天使〉、〈星星點燈〉、〈遊戲人間〉等歌曲廣為流傳。「在受人欺負的時候總是聽見水手說，他說風雨中這點痛算什麼，擦乾淚不要怕至少我們還有夢，他說風雨中這點痛算什麼，擦乾淚不要問為什麼」，這樣的歌詞直到現在依然激勵著很多人，歌詞中那種堅定的信念和精神，深深地刻在了人們心中。

可誰又能想到，生活中的鄭智化是一個非常悲觀的人。在一次採訪中，鄭智化承認他年輕時會把所有事情都往最壞的方面去想，一直沒有改變。這跟他小時候的經歷有很大關係，他從小得了小兒麻痺症，無法站立行走，受盡了同學的嘲笑、陌生人的歧視。雖然後來通過自己的努力，他慢慢戰勝了疾病，可還是覺得老天對他十分苛刻。二十來歲時，他的女友因為家人的阻撓被迫跟他分手，他一時傷心欲絕，便寫了封遺書，準備離開人世，好在後來被他的家人發現，及時制止。他後來把當時的遺書寫成了歌，這首歌就是〈別哭，

表 1-1 樂觀者與悲觀者的焦點

焦點	樂觀	悲觀
暫時與永久	好事：永久 壞事：暫時	好事：暫時 壞事：永久
個別與普遍	好事：普遍 壞事：個別	好事：個別 壞事：普遍
行為與特質	好事：特質 壞事：行為	好事：行為 壞事：特質

我的愛人〉，在很長一段時間裡，這首歌都被譽為華語樂壇經典情歌！

仔細留意的話，我們就能發現，有些人很悲觀，卻能溫暖身邊人，有些人很樂觀，對身邊人來說卻是一個黑洞，讓人總想逃離。樂觀還是悲觀是一種生活習慣，它跟一個人是發光體還是黑洞沒有必然的關係。那麼，到底什麼是樂觀和悲觀呢？

美國心理學家馬丁．賽利格曼研究發現，樂觀者和悲觀者對事情的關注焦點是不一樣的。請看表 1-1，我們從三方面來區分樂觀者和悲觀者。第一個是時間的區分，是暫時的還是永久的；第二個是數量上的區分，是個別的還是普遍的；第三個是行為與特質上的區分。我們用這三個區分，就能把樂觀者和悲觀者區分開來。

我們先來看時間上的區分，是暫時的還是永久的。生意不好做，樂觀者會說：「這是暫時的。」悲觀者會說：「我的命太差了，生意都沒順利過。」樂觀者把不順當成是暫時的，悲觀者把不順當成是永久的。如果遇到了一個大好事，樂觀者會說：「我的運氣總是那麼好。」悲觀者會說：「這是暫時的，好運氣肯定馬上就不見了。」樂觀者把幸運當成是永久的，而悲觀者把幸運看作是暫時的。

再來看數量上的區分，是個別的還是普遍的。一個人中了六合彩，樂觀者會說：「我的命就是這樣好。」他把好運氣當成了一件普通事件。悲觀者會說：「這樣的好運，我這輩子也就這一次了。」他把好運看成了一個個別事件，卻忽視了這樣的好運一次就夠用一輩子了。走路踩了狗屎，樂觀者會說：「這麼多年沒踩過狗屎，迄今為止也就這一次而已。」他把壞事看成是個別事件，悲觀者會說：「走路都能踩到狗屎，我這輩子得倒楣到什麼程度啊。」他把壞事當成了普遍事件。

最後再看行為與特質。一個人考試考砸了，樂觀者會說：「這次考不好都是因為最近我偷懶了。」他把不好的結果歸結為一種行為，這種行為是可以改變的。悲觀者會說：「我就是這麼笨，考試總是考不好。」他把不好的結果歸結為自己的一種特質，而這種特質是不能改變的。相應地，一個人考試進步很大，得了第一名，樂觀者會說：「你看我多聰明。」他將好的結果歸結為自己的個人特質，有了這樣的特質，他確信自己未來永遠不會太差。悲觀者會說：「這次能考第一，只是因為我最近挺努力的，我好幾天都學習到十二點才睡。」他把好的結果歸結為行為，而行為是可以隨時改變的。

你是一個悲觀的人還是一個樂觀的人？

這裡要強調的是，樂觀和悲觀各有利弊，並不是說樂觀就好於悲觀。樂觀的人能更積極地面對生活，悲觀的人能更深刻地體驗生命。就像前面講的鄭智化，正是因為悲觀的特性，他才能更深刻地感受到生命中的痛苦，他才能寫出那樣動人的、激盪人心的歌。

另外，樂觀能讓我們更自如地應對困境，而悲觀能讓人針對困境提前做好最壞的打算，一旦出現任何問題，第一時間就能解決好。

如果你是一個樂觀者，不需要慶幸。如果你是一個悲觀者，也沒必要過於難過。樂觀和悲觀只是天生的氣質而已，我們可以做悲觀的發光體，也可以做樂觀的發光體，我們不需要去改變這種氣質，覺察它、接受它就可以了。

06 如何讓人喜歡你？

如果你問一位男士「你最近還賭博嗎？」，他會怎麼回答？「沒有」，「我從來不賭博」，「我不會賭博」……不管他怎麼回答，旁人都會認為他有賭博的嫌疑。為什麼會這樣？這就是這句問話巧妙的地方。問話的人首先有一個假設——他是一個賭博的人。這種隱藏的假設就像如來佛的手掌心，不管孫悟空有多大的本事，都無法跳出來。

這就是假設的魅力，只有A才會有B，那麼A就是B的必要條件。如果B成立了，也就是說A是必然成立的，A就是語言中的假設。這個假設應用巧妙的話，能發揮出強大的能量。

商務交往中，我們最怕的是客戶說「不」，「不」字一出口，客戶的大門就轟然關上了，也就沒有成交的可能了，有沒有可能讓客戶不要說出「不」字呢？我們看看下面這家早餐店老闆的做法。

在同一個繁華路口有兩家賣米粉的早餐店，兩家的米粉味道都很好，可左邊的張大嬸每天掙的都不如右邊的李大嬸多，原因在哪兒呢？張大嬸在每次客人下單後，都會追問一句：「加雞蛋嗎？」有的客人說加，有的客人會回答說不加。而李大嬸呢，每次客人下單後，她會追問一句：「你是加一個雞蛋，還是加兩個雞蛋？」有的客人會說一個雞蛋，有的會說兩個，很少有客人說「我不要雞蛋」，那樣他們會覺得不好意思，好像自己很寒酸似的。這樣，李大嬸的每個顧客至少多消費一元，一天下來，她的收入自然比張大嬸高了不少。

李大嬸比張大嬸多做了一件事，就是假設客人都要雞蛋。

心理學上稱「不好意思」心理為「不確定的情緒」，這種「不確定的情緒」最容易被他人操縱，最終讓人做出被動的選擇。**在商務交往中，我們做一個有利於自己的假設，讓對方產生不好意思心理，這樣就能順利地說服對方。**

連續十二年榮登金氏世界紀錄大全，世界銷售第一寶座的美國著名銷售人員喬．吉拉德，對此深有體會，他在推銷時，絕不會問客戶「你想買車嗎」，而是問「你想要雙門還是四門轎車」，「你要紅色還是藍色的汽車」，「你要用信用卡還是現金付帳」，「你要用貨運還是空運」。面對後面這種二選一的問題，客戶往往很難拒絕。相反，如果你用前面的問法，客戶很可能會直接說「不」。

假設為什麼能改變別人？因為每個人都是邏輯動物，我們最難動搖的就是對方根深蒂固的認知邏輯，至少要想瞬間改變是很難很難的，這個時候，我們給對方一個他容易接受的假設，他接受了這個假設，就很容易接受後面的推理內容，如此，他就能輕易認可我們的邏輯，並按照我們的邏輯辦事。

下班回家，你看到孩子後，立馬問：「作業做完了沒有？」這個問題問完，孩子臉上剛剛揚起的微笑立馬僵化了，為什麼？因為這個問題背後有一個假設——你是一個不自覺的人。孩子做完作業了，會覺得受到了你的質疑，很委屈；孩子沒做完作業，他會覺得反正爸爸媽媽都覺得我是這樣的人，乾脆破罐子破摔了。無論哪種情況，你和孩子的關係肯定很難融洽了。

換一種問法，你對孩子說：「今天幾點完成的作業？」這個問題背後的假設是「孩子自動自發地完成了作業，孩子每天都在進步」。孩子做完作業了，他會很有成就感地告訴你答案；孩子沒做完作業，他會暗暗下決心「下次一定早點完成作業」。通過這個假設，你給孩子的心裡植入了一個「不斷變好」的種子。

同樣道理，老闆問下屬：「小張，最近遇到什麼問題沒有？」這個問題有一個假設，即小張是一個容易出問題的人，小張聽到這句話後得到的是一種否定的感受。換一種說法，你問下屬：「小張，最近出了什麼好創意？」你假設對方是一個不斷完善的人，他得到的是一種肯定的感受。當你不斷地把肯定的感受傳達給身邊人的時候，皮格馬利翁效應就會啟動。

什麼是皮格馬利翁效應？

希臘神話中，塞浦路斯國王皮格馬利翁喜愛雕塑。一天，他成功塑造了一個美女的形象，愛不釋手，每天以深情的眼光觀賞不止，不知不覺間愛上了這個美女。最後他的愛意感動了神靈，在神靈的幫助下，美女竟活了並成了他的妻子。這就是著名的「皮格馬利翁效應」，它告訴我們一個道理：**讚美、信任和期待具有一種能量，它能改變人的行為**。當一個人獲得另一個人的肯定、信任、讚美時，他便感覺獲得了社會支持，會因此增強自我價值，變得自信、自尊，獲得一種積極向上的動力，並盡力達到對方的期待，以免對方失望，從而維持這種社會支持的連續性。當皮格馬利翁效應發生作用時，你所影響的人會變得自信、自尊，他會更積極，向更好的方向發展。改變由此發生。

假設的魅力是無窮的，它能改變你身邊的人，還能打破隔閡，迅速拉近你和陌生人的關係。

搬家了，你想認識一下新鄰居，最好的方法是什麼？送禮物給鄰居？這個年代誰都有防備之心，你做為一個陌生人送一籃水果給鄰居吃，鄰居敢吃嗎？就是吃了，他的內心也是忐忑不安的。所以，最好的方法是請鄰居幫忙。你敲敲鄰居的門，禮貌地說：「我是剛搬進來的，醬油還沒來得及買，能不能借點醬油，中午炒個菜？」當你向他借醬油的時候，假設什麼？他是一個好人，是一個樂於助人的人，他會感到你的信任，同時，也會放下防備來信任你。鄰居間建立起相互信任的關係了，雙方的關係很自然就和諧了。

對於這個觀點，心理學上有一個類似的富蘭克林效應，這個效應認為：相比那些被你幫助過的人，那些曾經幫助過你的人更願意再幫你一次。換句話說，**讓別人喜歡你的最好方法不是去幫助他們，而是讓他們來幫助你。**請求對方的幫助，對方會更加喜歡你，是不是挺讓人不可思議的？

富蘭克林效應的提出，源自美國政治家班傑明．富蘭克林的親身經歷。當時，富蘭克林提出了一個想法，他很想獲得賓夕法尼亞州立法院一個議員的幫助，但這個議員一直和他持相反的政見，並且這個議員是遠近聞名的老頑固，很多人死乞白賴地請求他或者無所不用其極地威脅他，都不能打動他。怎麼辦呢？富蘭克林想到了另一種完全不同的方法，他了解到這個議員的私人藏書中有一本絕版的稀世書籍，於是就詢問議員是否能把那本書借給他看兩天。兩天後，富蘭克林如期歸還了書，並真誠地表達了謝意。幾天後，富蘭克林和這位議員在議會廳相遇，兩人竟然像老朋友一樣很熟絡地一起談話、喝茶、聊天，散會時，這位議員還明確表示，願意隨時為富蘭克林效勞。從此，兩人化敵為友，成了一生的摯友。

只是借了一本書，為什麼會有這麼神奇的作用呢？這就是假設的力量。我們請人幫忙，既然開了這個口，就是做出了這樣的假設：對方是個好人，是個值得信賴的人，是個很有能力的人。越是處於爾虞我詐的競爭社會，這樣的信任和肯定就愈加難得，愈加珍貴。對方從你的請求中感受到了你的信任和認可，自然也會把你視為自己人，會喜歡你，會更積極地幫助你。

對這個問題，列夫．托爾斯泰發表過同樣的觀點，他說：「我們並不因為別人對我們的好而愛他們，而是因為自己對他們的好而愛他們。」父母對孩子的愛是最深沉的，父母與孩子的相處方式就是，孩子不斷地向父母索取幫助，父母不斷地付出，父母付出得越多，對孩子的愛就越深。這個比喻或許不恰當，道理卻是相通的。

要想讓人喜歡你，那就請他幫個忙，不過，我們請人幫忙，也要把握好尺度，你上來就說借給我兩百萬，好不好？這不叫請人幫忙，這叫打劫，會把對方嚇跑的。

另外，請人幫一些小忙，這個人際技巧同樣適用於家裡的老人。很多人孝順父母，他會對父母說：「你們什麼都不用幹，好好享福就行了。」很多人不知道，聽到這些話的老人心裡是多麼難受，他會覺得「我是個廢物，我要靠兒女養著，我不如死掉算了」。孝順父母就要時不時地請他們幫個忙，比如，「媽，我特饞妳包的豬肉大蔥餡餃子了，過節回家，妳幫我多包點吧」，或者，「爸，我交了個女朋友，你幫我看看行嗎？」當你提出這些要求的時候，你留心一下就會發現，你的父母眼角眉梢都飛起來了，走路也輕快了，渾身都充滿了力量。

假設這個技巧是一把雙刃劍。好的假設會讓你贏得友誼、贏得生意，拉近與人的關係；壞的假設剛好相反，它會破壞關係，讓你失去朋友和親人，甚至會把身邊的人推向深淵。請留意你語言中的假設，它會無形中影響聆聽者的行為。正如我上一本書的書名那樣：別人怎麼對你，都是你教的。

語言框架
是什麼限制了你的人生

「
- 世界無限，除非你自我設限。
- 好的假設能夠把人框定在有寶藏的地方，讓你找到生命的能量。
- 會說話的人能讓別人從框架中走出來，而不會說話的人往往會給別人套上框架。
- 要讓自己的人生有所作為，首先要跳出這些無形的框架。
- 你的焦點在哪裡，你的收穫就在哪裡。而影響一個人焦點的方法，就是設框。

」

世界無限，除非你自我設限

好的假設是一種資源，而壞的假設是一劑毒藥。假設就像一個框架，好的假設能夠把人框定在有寶藏的地方，讓你找到生命的能量；壞的假設就像一座看不見的監獄，它囚禁你的一生。為什麼這樣說？下面分享幾個小故事。

我十分喜愛心理學這個行業，因為在過去二十三年的從業經歷中，我見證了太多太多因為心理學而產生的神奇改變。下面我想分享一個人從司機蛻變成老闆的故事。

這個故事的主人公叫小柯，他是廣州市番禺區一家電纜廠的貨車司機。這天，他的老闆要到廣州聽我們的課，恰巧老闆的司機有事請假了，老闆就臨時把小柯找過來開他的賓士。上午的課程結束後，老闆和小柯一起吃飯，隨口問了一句：「你一上午在幹什麼？」小柯是一位誠實的年輕人，所以他如實相告：「老闆，這大熱天，我沒事可幹，就在車裡睡覺。」這位老闆很精明，他一算，三個小時在車裡開著空調睡覺，那得費多少油錢，油錢都要超過一百五十元的課程門票了。於是，他對小柯說：「下午我多買一張門票，你到課堂上去睡覺，裡面有空調。」就這樣小柯進了我們的課堂。小柯在課堂上能睡著嗎？他不僅沒睡著，反而很認真地聽了我們的課程。晚上，在送老闆回家的路上，小柯對老闆說：「課堂上，老師說的一句話，我覺得很有道理，『**世界無限，除非你自我設限**』，老闆，你覺得我一輩子就只能做個司機嗎?能不能給我換份工作?」老闆一聽小柯要求上進,也很高興,回去後就真的給小柯換了份工作,讓他去做了業務員。之後,小柯用了三年時間,做到了銷售業績第一名。

這時候,他還是不滿足,他心中一直記著那句話,「世界無限,除非你自我設限」。於是,他找到老闆說:「老闆,我看咱們公司電纜的塑料皮都找外面的小廠做,能不能給我一些塑料皮的訂單,我想買台注塑機,找幾個人,做生產塑料皮的生意。」對老闆來說,外包的活找熟人更放心,於是,小柯順利拿到了一些訂單,生意就這樣做起來了。到現在,小柯的塑料廠從幾個人發展到了三四百人,一個普通司機成了一個規模不小的塑料廠的老闆。

這是一個真實的故事,它帶給你什麼觸動呢?有些人把一輩子活成了一天,有些人把每一天都當成新的一天,人生中不斷有大的突破。這兩種人的區別在哪裡?前一種人被某些無形的框架給框住了,他不敢突破,不敢改變;而後一種人,他相信人生是無限的,他敢於不斷突破人生的框架,讓自己的一生充滿無限可能。

一句「世界無限,除非你自我設限」讓小柯的人生發生了巨大的改變,可見語言的威力有多大。會說話的人能讓別人從框架中走出來,而不會說話的人往往會給別人套上框架,這些框架就像一個個無形的枷鎖,而那些被囚禁的人一輩子都不會明白,為什麼自己的人生碌碌無為。

要讓自己的人生有所作為,首先要跳出這些無形的框架。比如,「沒有資源、沒有能力」，是很多人自怨自艾、自我放棄的藉口，可你有沒有想過，你真的是沒有資源、沒有能力嗎？

曾經在一本書裡讀過這樣一個小故事。一位父親讓他的孩子把不遠處的一塊石頭搬過來，可是石頭太大了，小孩的力氣小，所以搬不動。他只好過來跟父親說他搬不動。他父親問他：「你盡力了嗎？」他想了想，好像還沒盡全力，於是他再次使出了渾身的力氣，最終還是沒能搬起石頭，孩子沮喪地對父親說：「我已經盡全力了，我真的做不到！」這時父親提出一個有趣的問題：「你真的盡力了嗎？我一直就在你的旁邊，你都沒有請求我的幫助，你這叫盡力了嗎？」

當局者迷，旁觀者清。看到了嗎？小孩所說的盡力，是盡一己之力。而父親的盡力，還包括除自己之外的其他力量。還記得前面說過的語言中的假設嗎？在小孩心中，無形中做了這樣一個假設——盡力是盡自己的力，這個假設不就是一個框架嗎？而父親的挑戰之所以有威力，是因為他無形中破掉了孩子心中的框架，讓他從自我設限中走出來。一個人能走出自己的框架，自然有用之不盡的資源。通過語言讓一個人從某個框架中走出來，這種方法叫「破框」，我們稍後會詳細講解。

這個故事之所以我到今天還記得，是因為它曾深深地觸動了我。我出身於落後的農村，自小生活的環境資源貧乏，加上母親是一個謹小慎微的人，因此，我從小就是一個被各種框架束縛得緊緊的人。我今天之所以能取得一點小小的成就，是因為有幸遇到很多貴人，他們破掉了很多困住我的框架。

我一開始並不是一名導師，之所以今天會變成一名心理學導師，全因為戴志強老師的一句話。

什麼話這麼重要？我原來的主要工作是公司運營，我們當時的主要業務是心理培訓。人遇到困難的時候，總是希望別人能夠多做一點，我也是這樣。招生困難的時候，我經常會跟一些老師說：「能不能麻煩你向學員推銷推銷我們的課程？」面對我的請求，有的老師會很爽快地答應，有的老師卻不想這麼做。有一次，我向戴志強老師提出了推銷的請求，他對我說了一句話：「你為什麼不自己來講呢？」我說：「戴老師，我普通話不好，講不了課。」戴老師看著我的眼睛，很認真地對我說：「誰規定普通話不好的人就不能講課？」

誰規定了？沒人做這個規定，這句話讓我很受觸動，是啊，為什麼普通話不好就不能講課？我們經常請外國人來講課，他們可是連一句中文都不會說。想到這裡，我開始鼓起勇氣走上了講台，一次、兩次、三次……就這樣我成了一名心理學導師。

「人」字外面加一個框是什麼字？是囚犯的「囚」字，當一個人被某個框架給困住的時候，他就成了某種程度的囚犯，被關在一個自己為自己設置的牢籠裡。

「我已經盡全力了，我真的做不到！」這句話是世界上最有效的失敗魔法。它給我們設定了一個「不能」的框架，在這個框架內，我們放棄了努力，坦然接受了失敗的事實。

存乎中，形於外。人們總喜歡證明自己是對的，一個人一旦在內在建立了框架，他外在的行動就會受到框架的約束，那麼他的生命自然會呈現出碌碌無為的狀態。

02 貧窮限制了你的想像力，還是想像力讓你貧窮？

關於框架的最好體現，就是金錢觀。

很多人想幹某件事前，會摸摸自己的口袋，然後就止步了，他會無奈地感嘆一句：「兜裡沒錢，能幹什麼？」錢成了他最難掙脫的框，卻不知道，這個社會唯一不缺的就是錢。

ＩＤＧ資本創始合夥人熊曉鴿說：「對我們這些做投資的人而言，怎麼樣把民間和政府的錢用到最好的領域中去，用到成長最快的企業中去，這對我們既是機會也是挑戰。」同熊曉鴿一樣，現在的中國投資領域有不少投資者拎著錢袋子在四處尋覓那些他們要找的人。只要你是他們要找的那種人，他們會拎著錢拚命地追著你跑，那時，你不要錢還真不行。

風險投資僅僅是眾多金錢來源中的一種。只要你能打破框架，金錢根本就不是限制。

大學的時候，我曾立下了一個目標：周遊世界。可是，我是個農村的孩子，一窮二白，周遊世界看似是不可能實現的夢想。可三十來歲的時候，我已經跑了三十多個國家，我是怎麼做到的呢？

二〇〇一年，我有了一個想法：在課堂裡學習的確是一種高效的學習方式，可是，如果能到世界著名企業的車間工廠中實地學習，效果會不會更好？有了這個想法，我找到一個在日中友好協會工作的朋友，通過他，我聯繫到了松下、本田、豐田這些知名企業，這些企業聽說我要帶中國企業家去考察，非常歡迎，給我發出了邀請函。我拿著邀請函給企業家們看，他們都很有興趣，於是，很順利的，我就組成了一個一百二十八人的考察團。我們一行人浩浩蕩蕩地去了日本，因為人數多，並且都是中國有影響力的企業家，當時松下總裁和松下所在城市的市長親自接待了我們。這個項目一炮而紅。就這樣，我按照同樣的模式，組織企業家先後考察了日本的松下、豐田、本田；韓國的三星、LG；美國的英特爾、思科、微軟；德國的賓士、BMW；北歐的愛立信等世界著名五百強企業。走遍了世界大多數的發達國家，不僅沒花一分錢，還從每一次遊學中賺了點外快。

這樣的事情還有很多，我有一位叫謝冰沁的學生比我更厲害，她二十九歲那年居然跑了九十九個國家，並且在周遊世界的同時，還賺錢在北京買了兩套房子。

周遊世界一定要有錢？不一定。以此類推，創業一定要有錢嗎？不一定；上課一定要有錢嗎？不一定；娶老婆一定要有錢嗎？不一定。網上有一句流行語：「貧窮限制了我的想像力。」其實，剛好相反，是想像力的缺乏讓你貧窮。所以，大多數時候，限制我們不去做某件事的，並不是貧乏的金錢，而是我們貧乏的想法，這些想法形成了框架。那些限制我們人生變得更好的框架，心理學將其叫作「限制性信念」，人生有各種各樣的限制性信念，我們下一節會詳細討論。

古代思想家馬可．奧瑞利斯說過一句很有哲理的話：**「人的一生是由他的想法造就的。」**你怎樣想，你能不能想得到，將決定你是一個什麼樣的人。

人的一生匆匆而過，每天卻活在框架裡，困在牢籠裡，這是多麼痛苦、多麼遺憾的事。

如果你能從自我設限的框架中走出來，你會驚奇地發現，原來過去的自己僅僅是一隻井底之蛙。

能跳出框架的人，自古至今，大有人在。

兩千兩百年前，楚國上蔡鄉村有一個看守糧倉的小文書，名字叫李斯。出身貧寒的他日復一日麻木地工作著，靠每個月領到的微薄的柴米勉強謀生。直到有一天上廁所，李斯看到廁所裡瘦小乾枯的老鼠，一點動靜就驚惶逃竄的模樣，他很受觸動。而他工作的糧倉裡，老鼠一個個吃得肥肥胖胖，見了人也毫無懼色。兩相對比，差距懸殊。李斯聯想起自己低三下四僅可果腹的生活，禁不住感慨道：「人之賢不肖譬如鼠矣，在所自處耳！」意思是一個人有沒有出息，就跟老鼠一樣，要看你怎麼經營自己。

想到這，李斯辭掉了幹了八年的「基層公務員」工作，他決心為了理想的生活，從頭開始。他從上蔡到蘭陵走了整整二十天，最後拜在了一代儒學大師荀況的門下。他的命運由此改變，學成之後，他官拜宰相，輔佐秦王嬴政，結束了國家分裂割據、諸侯混戰的局面，開創了統一的中央集權國家。在秦始皇顯赫一世的歷史功績中，李斯留下了濃重的一筆，他的地位也一度一人之下萬人之上。

哲學家黑格爾說：「人之所以為人，就在於能脫離直接性和本能性。」人從動物界分離出來而實現人的真正自立，就在於人是會思考的動物，人知道自己可以成為什麼樣的人，如何成為這樣的人，然後他就有可能成為自己想成為的存在。就像我們開頭說的「世界無限，除非你自我設限」，只要你能看見自己的框架，你就能重新選擇，從而主宰自己的人生。

如何才能看見那些限制你的框架？我們下一節再深入探討。

03 三種限制性語言：無助、無望、無價值

前幾年，心理學上有一個很火的詞彙叫「鴕鳥心態」，它講的是，遇到危險時，鴕鳥會把頭埋入草堆裡，把屁股露在外面，以為自己眼睛看不見就安全了。很快，科學家證實，這是謠傳，鴕鳥的奔跑速度和爪子的力度都非常強悍，硬拼實力的話，牠能跑死獵豹、擊殺獅子，並且鴕鳥是世界上現存最大的鳥，可以說是鳥界的霸主，牠的生存能力是很強的，根本就不會幹束手就擒這麼傻的事。

動物基本上不會做這樣的傻事，可是人會。現實生活中，很多人碰到棘手的問題，碰到不如意的事情，不敢面對現實，不敢擔當責任，前怕狼，後怕虎，最後乾脆閉上眼睛逃避，眼不見為淨。為什麼人會這樣呢？因為人類在發展的過程中進化出了強大的大腦，這個強大的大腦在幫助人類獲得更大的生存機會的同時，偶爾也會死機。這就像手機一樣，當手機只有通話功能的時候，有誰聽過手機會死機的？可是今天手機已經發展到了智能階段，已不僅僅是用來打電話了，它能幫我們完成日常生活中的大量工作，其複雜程度就要比以前高很多，因為太複雜了，所以難免會偶爾死機。

人腦也一樣，因為太複雜了，就像一部電腦一樣，有時候也會感染上病毒。

前面我們講了世界無限，除非你自我設限。那些自我設限的思維，心理學稱作「限制性信念」。比如，「沒有辦法」、「這不可能」、「我不夠好」、「我沒有背景，不可能得到什麼好機會」、「我只能這樣」、「我做不到」、「我不值得擁有」……這樣的想法是不是很熟悉？每個人的內心或多或少都會有這樣的病毒。

所謂限制性信念，其實就是一種框架，是某些阻礙你人生獲得成功快樂的想法，這些想法限制你的潛能發揮，讓你的人生陷入某種困局中。如何識別這些病毒性的信念呢？很簡單，所有的信念都會表現成語言。

限制性語言的第一個特點：無助。

無助的人最常見的內心對話是：「別人做得到，我做不到。」一個自考畢業的本科生，接到了一家外企的面試申請，在面試之前，這位自考生陷入了深深的自我懷疑中，他的內在不斷出現這樣的對話：「我是不是真的有這個職位所需要的能力」、「到這樣氣派的公司工作，我會不會鬧出什麼笑話」、「之前聽誰誰誰參加外企面試，闖過了三輪，被刷下來了，我會不會第一輪就被刷下來」、「之前好像沒聽說過有自考的學生到這麼大的外企工作，我肯定也不行」……經過這一輪輪激烈的思想鬥爭，在面試時，這位自考生的每個細胞都在說著「我不行」，連呼吸聲都在叫嚣著「我很喪」。第一輪面試他就被刷了下來，這位自考生終於長舒一口氣：「我說對了，這麼大的外企不會用自考生的。」

事實情況是怎樣的？原本這家外企並不看重學歷，只看重求職者是不是有自信，能不能積極地應對挑戰，正因如此，在篩選簡歷時才把這位自考生留了下來，應聘者對他是非常看好的，覺得他能通過自考，身上肯定有一種主動改變命運的勇氣，沒料到一見面，這位自考生說話畏畏縮縮，非常不自信，應聘者只能遺憾地把他刷了下去。這次面試失敗，這位自考生是能力不夠嗎？是學歷不夠嗎？事實並不是，是他內在的自我對話，讓他變得極度不自信，結果錯失了良機。

中國的文字很有智慧，比較的「比」字，就像是兩把匕首，一把插向別人，另外一把插向自己，人一旦開始和別人比較，他就會陷入一個無助的框架裡面去，「別人那麼厲害，我就是不行」，「別人條件好，我肯定不行」，在這種心理下，人就如同陷入囚籠，生活中美好簡單的事都變得非常黑暗複雜，人們會飽嚐與成功機會失之交臂的痛苦。他會越來越看低自己，更談不上發展自己、突破自己、完善自己了。

在無助感支配下，人們會自認為自己不行，然後想方設法證明自己真的不行，然後放棄努力和嘗試，把自己蜷縮起來，悲哀地過完自己的一生，想想是不是很恐怖。生活中，當你想說「別人是別人，反正我做不到」的時候，請你第一時間把它修改一下，「別人做得到，我相信我也可以，至少值得試一試」。這樣，你就輕鬆地從「無助」這個病毒性的框架中走出來了。

我們之所以會有這樣的自我對話，大多數是因為童年時，我們身邊重要的人用他們「無助」式的語言，將這些病毒種在了我們的內心。「別人家的孩子」是最明顯的病毒語言。

日常生活中，你有沒有對你的孩子說這樣的話：「你看人家小明，學習那麼好，你看你笨得不行。」我們罵人一時爽，卻給孩子植入了無助的種子，你的孩子未來人生中的各種「不行」，很可能就是你教的。

限制性語言的第二個特點：無望。

什麼叫無望呢？現在問你一個問題，你覺得你有可能成為美國總統嗎？很多人大腦中的答案是「不可能」，為什麼不可能？因為美國的法律規定美國總統要出生在美國。好，那繼續問，你覺得你的孩子有可能成為美國總統嗎？很多人的答案仍舊是不可能，畢竟我們的孩子是黃皮膚的黃種人，跟美國總統的距離相差太遠。

有一個人不同意這個觀點，她就是美國前總統歐巴馬的母親——斯坦利．安．鄧納姆，十八歲時，她與來自非洲肯亞的巴拉克．歐巴馬結婚，生下黑皮膚的兒子巴拉克．歐巴馬。小歐巴馬五歲時，跟著母親改嫁到印度尼西亞。母親是美國人，父親是肯亞人，童年在印度尼西亞度過，皮膚是備受歧視的黑色，小歐巴馬離美國總統的距離也很遙遠，可母親一直給小歐巴馬灌輸這樣的觀點：在這個世界上，你可以做任何想做的事情，甚至是美國的總統。在印度尼西亞的日子裡，母親會每天早起兩小時教兒子英語，她會把美國的獨立宣言念給歐巴馬聽，給他灌輸了「領導國家」的理念，她說：「美國之所以偉大，不是因為它完美，而是因為我們可以不斷讓它變得更好，而讓它變得更好的任務，就落在我們每個人的身上。」在小學三年級的時候，歐巴馬就寫過一篇作文〈我想成為總統〉，最後，他真的做到了。

所謂無望，就是你身處「不可能」的框架裡，大腦裡對你的人生有太多的限制，這不可能，那不可能。當你認定「不可能」的時候，你就不會再去嘗試，你的人生就越來越局限。而事實上，很多不可能只是我們的想像，是一種自我設限的框架。

另一位美國前總統林肯，生前曾談到他幼年時的一段經歷：那一年，林肯的父親在西雅圖購置了一塊農場，那是一片很寬廣的土地，但是上面有很多石頭妨礙耕作，母親就建議把那些石頭搬走，父親說如果可以搬走的話，原先的主人還會把這塊地賣給我們嗎？這是一座與大地連著的小山，山腳被深埋在土裡。有一天父親不在家，母親便帶著林肯和他的兄弟姐妹們在農場裡挖掘那一塊塊的石頭，沒過多長時間，石頭竟然真被他們弄走了。原來它們只是一塊塊孤零零的石頭，只要往下稍微挖一英尺就能把它們撼動。

偉人之所以成為偉人，其中一個重要的原因是他們很少自我設限。世界上的很多事就是這樣的，當我們抱著「這根本不可能辦到」的想法時，事情就變得難於上青天，這樣我們永遠都不會成功。相反，當我們換成「這應該可以辦到，只是暫時還沒找到辦法」的說法，我們多去嘗試、去努力，很多困難的事很可能試著試著就辦成了。

無望的人生是灰濛濛的，我們如何才能避免被「無望」的框架約束呢？

這要從童年開始抓起。一個人的無望思維的形成跟童年時期父母的教育有很大關係，一個孩子長大想做歌唱家，他在衛生間裡興致勃勃地唱歌，父母來了一句：「就你這破嗓子，唱什麼唱，都吵到隔壁睡覺了。」一個未來的歌唱家就這樣被扼殺了。還有一個孩子長大想當畫家，他興奮地在家裡的牆上塗上了絢爛的色彩，父母見到後，惡狠狠地說：「家裡幾十萬的裝修被你搞成這樣，下次再亂畫，看我不打斷你的腿。」孩子畫家的夢想就此破滅了，最可怕的是，孩子以後再也不敢有夢想了。

正確的做法是怎樣的？父母要給孩子開放無限的可能性。當孩子問我們問題的時候，我們最好不要輕易給孩子答案，因為，你給孩子一個答案，孩子只有一個答案，而且，是一個未必正確的答案。無論答案是否正確，孩子都會被局限在某個有限的範疇。

在這裡給大家分享一個非常實用的方法，叫「潛能開發問句」，對孩子跳出「無望」的框架非常有幫助。如果你想你的孩子青出於藍而勝於藍，當你的孩子問你問題時，你最好不要直接回答他，而是反問他：

「你說呢？」

當他有了一個答案之後，你再問他：

「還有呢？」

當他又說出一個答案時，你再問他：

「除了這些之外，還有呢？」

這樣，他就會把一個又一個的想法說出來，直到他說「沒有了」，你還不要放過他，接著問下一個問題：

「假如有的話，是什麼呢？」

如果你能經常用這樣的方式跟孩子對話，孩子的人生就會充滿無限的可能，說不定，未來某一天，你真的就是美國總統的父母。誰規定美國總統一定要出生於美國？法律也是會被修改的，說不定某天美國的法律會因為你的孩子而改變，誰知道呢？

限制性語言的第三個特點：無價值。

什麼叫無價值？就是內在總有這樣的對話：「我做得到，但我不值得擁有。」

我曾經就是一個中了「無價值」病毒的人。由於出身貧寒，讀大學那幾年，是我人生中最艱苦的時期。當時，我一個月的生活費是六十元，這六十元裡有三十元獎學金，另外三十元是我打掃公共衛生勤工儉學的收入。六十元一個月，自然不夠花，當時，學校食堂的飯菜很豐富，可我每頓飯都只會要四兩米飯、一勺最便宜的黃豆。有同學見我每天吃黃豆，很心疼我，就會多打一份排骨或者一份雞肉請我吃。有人請我吃好東西是好事，可當年的我卻認為別人買菜給我，簡直就是對我的侮辱，於是，每次放學的時候，我都會假裝作業沒寫完，或者是裝作有其他事要忙，故意不跟同學們一起吃飯，這樣就可以躲開同學們送我的排骨或雞肉了。排骨和雞肉僅僅是我躲掉的看得見的東西，我同時躲掉的還有機會和友誼。

後來研究心理學，我才搞明白，我為什麼要把好吃的往外推，因為我覺得我不值得。當一個人有不值得的感覺時，他就會把很多好東西都推出去。如果推出去的是一份排骨，還不用太過惋惜，如果推出去的是一見鍾情的愛人，是重要的升遷機會，是值得奮鬥一生的事業，又會如何呢？

你身邊有沒有這樣的人，他在學校裡成績很好，但在高考前夜突然生病了，因此考試發揮失常。後來他參加工作了，能力很強，很受領導賞識，可在一次升遷的關鍵時刻，他卻辭職了。再後來，他認識了讓他心動的另一半，兩人相談甚歡，就在兩人要確立關係的時候，他卻突然退縮了。這些事情的發生看似偶然，但深入接觸他的內心世界，我們就會發現，他的這些行為正是「無價值」感在搞怪。

心理學中有一個專用詞語來形象地描述「無價值」，它就是著名的「約拿情結」，這個概念出自《聖經》。這一天，上帝要約拿代表自己到尼微城去傳話，這本是一種崇高的使命和很高的榮譽，也是約拿平素所嚮往的。但當理想成為現實的時候，約拿卻感到了深深的恐懼，他竭力推卻突然降臨的榮譽，迴避即將獲得的成功，一直都沒能完成這項任務。約拿為什麼會迴避成功？因為他覺得自己的價值配不上這樣的成功。

曾經讀過一個小故事。有四隻青蛙掉進奶油桶中。第一隻青蛙說：「我這麼瘦弱，跟其他青蛙比，差遠了，我肯定跳不出去，就別掙扎了。」於是，牠盤起後腿，一動不動地等待著死亡的降臨。第二隻青蛙說：「這桶看起來太深了，我不可能跳出去。」於是，牠也只能等死了。第三隻青蛙剛好落到一塊奶油凝結而成的硬塊上，本來牠藉這硬塊的支撐力，很輕易就可以跳出去的，可是牠心裡想：「這簡直是對我的侮辱，我怎麼可以藉這種東西求生呢？」於是，牠寧願餓死，也不願藉助奶油硬塊。第四隻青蛙打量著四周說：「真是不幸，但我的後腿還有勁，我要找到墊腳的東西，跳出這可怕的桶。」於是，牠一邊划一邊跳，慢慢地，奶油在牠的攪拌下竟然變成了奶油塊。在奶油塊的支撐下，這隻青蛙奮力一躍，成功跳出了奶油桶。

聰明的讀者，我相信你一看就明白了。第一隻青蛙的內在對話就是「無助」，第二隻青蛙的對話是「無望」，第三隻青蛙是「無價值」。這三隻青蛙都是大腦中了病毒的青蛙，只有第四隻青蛙，才是正常的青蛙。

當然，這個故事是虛構的，現實世界裡沒有這麼傻的青蛙。可是在人類的世界裡真有這麼傻的人。面對困境時，你會是哪隻青蛙呢？

04 設框：別人怎麼對你，都是你教的

任何東西都有其多面性，框架也一樣。上一節我們談了框架的各種負面影響，但如果使用得當，框架是一個很好的語言工具，它可以為我們的溝通帶來很多便利。

有這樣一個故事。在古印度，人們將那些修行圓滿的、有德行的佛家修行者尊稱為Bhagavan，有一次，一位Bhagavan被邀請到一個村裡講佛法，他一上講台，就問大家：「你們知道什麼是佛法嗎？」村民們搖搖頭說：「不知道。」Bhagavan說：「既然你們都不知道，我講了大概也沒什麼用。」說完，他就宣布法會結束，走了。

後來，Bhagavan又被邀請到這個村弘法[3]，他上台時又問了同樣的問題：「一段時間沒見了，你們現在知道什麼是佛法了嗎？」有了第一次的經驗，村民們這次長了個心眼，他們異口同聲地說：「知道。」Bhagavan聽了之後，笑了笑說：「既然你們都知道了，也就不需要我講了。」說完，他又走了。

因為這位Bhagavan在當地太有名了，所以，他第三次被請到這個村弘法。有了前兩次的經驗，村長這次提前做了安排：如果Bhagavan再問那個問題，請左邊的人回答「知道」，

3 佛教語，傳播佛法的意思。

請右邊的人回答「不知道」。果然，Bhagavan 依然還是以那個問題開頭。提前安排好的村民們，左邊說知道了，右邊說不知道。Bhagavan 樂了，對大家說：「那就請知道的人給不知道的講講吧。」說完，他又宣布法會結束，走了。

當然，後來 Bhagavan 依然還會到這個村弘法，那他什麼時候才會給大家講佛法呢？直到有人這樣回答他的問題：「Bhagavan，請你給我們講吧，你講了我們不就知道了？」他知道，他弘法的時候到了。

Bhagavan 為什麼會這樣做呢？他是故意戲弄大家嗎？當然不是。大師就是大師，他的做法很有深意，當他這樣做的時候，充分引發了村民學習佛法的意願，把大家的焦點全部集中到「什麼是佛法」這件事上。這就是本節要跟大家分享的語言技巧：設框。

框架，其實就是一個範疇；**設框，就是設定一個範疇，讓聽者把注意力和焦點都集中到你所設定的範疇的一種說話方法。**

框架好比你使用電腦時的文件夾，我們都知道，新建一個文件夾後，首先要為文件夾命名，如果你把一個文件夾命名為「沒用」，請問你會放什麼東西進去呢？毫無疑問，當然是一些沒用的東西。但如果你把文件夾命名為「重要」呢？你自然會收集一些重要的東西。文件夾如此，人生也是一樣，你的焦點在哪裡，你的收穫就在哪裡。而影響一個人焦點的方法，就是設框。當你設定了一個框架，對方就會很難跳出來。

各位讀者或許有過在廣東地區飯店吃飯的經歷，你一坐下來，服務員就會問你：「請問喝什麼茶？我們有鐵觀音、普洱、龍井和花茶。」這個時候，你大腦有什麼反應？當然滿腦子都是茶，你只能在茶裡面做選擇，這就是典型的設框技巧。服務員的問話裡設定了一個範疇，會引導顧客在設定的範疇裡思考和選擇。

設框的技巧在溝通中必不可少，在子女教育、婚姻、企業運營這三個我們成年人最常涉及的領域，如果你懂得設框，你會發現，你的說服力瞬間提升了。

有位媽媽想叫兒子放下手機去做功課，如果媽媽大吼一聲「別玩手機了，再玩手機我沒收你的手機！」兒子會怎麼反應呢？兒子聽了這句話會產生被逼迫的感覺，人在被逼迫著做事時，會把內心的不情願都反映到行為舉止上，他很可能會磨磨蹭蹭、充耳不聞，或者找藉口要喝水吃東西上廁所，為的就是多看幾眼手機。再佛系的媽媽看到兒子的反應也會火冒三丈，一場親子大戰就此開始了。

問題的根源在哪裡？還記得前面講過的「語言的焦點」嗎？你讓兒子別玩手機，那他的焦點在哪裡呢？對了，就在手機上，你再次強化了他的焦點，讓他更難離開手機。

如果媽媽換一種說法，她溫柔地對兒子說：「乖兒子，你長大了，是時候幫媽媽做點事了，你是先幫媽媽搞衛生呢？還是要先做功課？」這麼一來，媽媽設定了兩個框架讓兒子選擇，不論兒子做何選擇，媽媽都可以達到讓他離開手機的目的。

一個人做沒有選擇的事情的時候，他的內心是一種不得不的感覺，他就只會抗拒。當一個人有選擇的機會時，他做出了選擇，就會積極地為選擇的事情負責任。抓住人類的這種心理設定框架，我們就很容易達到說服對方的目的。

因此，媽媽們要想達到教育子女的目的，就要學會以選擇題（搞衛生還是做功課）代替是非題（要不要放下手機），用新的框架替換原來的框架，這是非常高明的遊說策略，它減少了正面的言語衝突，並通過把決定權交給對方的方式，讓對方覺得受到尊重，因而做出配合的決定。

夫妻關係中最常出現的狀況就是今天東風壓倒西風，明天西風壓倒東風，雙方爭著在婚姻裡佔據主導位置，雙方都想著更好地控制對方，讓對方按自己的意見行事，這樣的結果一定是兩敗俱傷，因為沒有人願意按照別人的方法去生活，哪怕是你所愛的人也不行。

所以，愛一個人，必須給對方自由。可是，給了對方自由，我卻沒有了安全感，怎麼辦？設框就是一個好辦法，在你設定的範疇裡讓對方選擇，這樣，讓你所愛的人既有自由，同時又不至於超出你設定的框架。

比如，結婚紀念日到了，妻子想讓丈夫送她一份禮物，妻子說：「老公，結婚紀念日快到了，你能不能送我一個禮物？」丈夫回答：「買什麼買，每天就知道買，不掙錢就知道花錢。」妻子怒了：「我每天又是帶孩子，又是做家務，你還這樣為難我⋯⋯」一場口角在所難免了。如果妻子換一種問法：「老公，結婚紀念日快到了，我知道你是愛我的，你打算送我什麼禮物？」這時候老公就會開始思考什麼樣的禮物才能表達自己對妻子的愛。

這兩種問法的不同之處在於，前者是一種指令，老公在沒有選擇的情況下去行動，這樣就失去了自由；後者設定了一個範疇，讓老公在這個範疇裡做選擇，所以他會感到舒服，因為他是自由的。

你無法說服一個人，因為每個人都有自己的主見，要改變別人的想法，比登天還難。但設框就不一樣了，當你設定一個框架，鎖定對方的思考範圍，主意還是讓他自己拿，就能達到你的目的。所以，最好的說服方法，就是讓對方自己說服自己。

設框技巧對領導人同樣非常有用。一個不會設框的領導，經常會問下屬一些不聰明的問題，比如：

小王，最近遇到什麼困難？

小王，你覺得你最大的毛病是什麼？

小王，你知不知道自己有多笨？

……

這些問題之所以不好，是因為領導給下屬拋出了一個負面的框架，不管下屬如何掙扎，都跳不出領導設置的陷阱。

這些問話換一個框架就會完全不一樣：

小王，最近有什麼新的創意嗎？

小王，你覺得你最大的優點是什麼？在工作中有發揮出來嗎？

小王，你知不知道你還有很多潛能沒有發揮出來？

這樣，小王的焦點就會在自身資源上，而不是掉到一個泥潭裡不能自拔。一個壞的領導讓人自慚形穢，一個好的領導讓人不斷進步。兩者的區別在於你設了一個什麼樣的框架。

設框不僅對別人有用，也會對自己產生影響。你自己的人生活得如何，很多時候取決於你問了自己什麼樣的問題。

那些失敗者會問：

「為什麼這事會發生在我身上？」

「為什麼老闆這麼討厭我？」

「為什麼我總是做不好？」

……

留意到了嗎？這些問題的焦點全都在負面的事情上。而成功者就不一樣，他們的自我對話是這樣的：

「這件事教會了我什麼？」

「我怎麼做別人才會喜歡我？」

「我如何才能做得更好？」

……

一場大雨過後，有人看見天上的彩虹，有人則看見滿地泥濘。意之所在，能量隨之而來。**你的焦點決定你的人生，而語言中的框架，能幫你調整你的焦點。**

設框是一種掌握談話方向和效力的方法，是一種高明的遊說策略。別人怎麼對你，都是你教的，要想讓別人按照你說的做，那就給他設一個框吧；要想讓自己變成自己喜歡的人，那就給自己設一個框吧。

05 Yes Set：你的人生很可能是別人設定的結果

孩子們之間有一種有趣的遊戲。A對B說：「你說十次『月亮』。」B說完之後，A說：「你說十次『亮月』。」B說完之後，A開始提問：「嫦娥住在哪兒？」B回答：「月亮。」A又問：「玉兔住在哪兒？」B回答：「月亮。」A又問：「后羿射什麼？」B回答：「月亮。」說完之後，B會猛然醒悟過來：「哦，不對，后羿射日。」第二輪，A問B：「你說十次『有』。」B說完之後，A提問：「你有手嗎？」B回答：「有。」A又問：「你有眼睛嗎？」B回答：「有。」A又問：「你跟豬有區別嗎？」B因為之前上過一次當，這次很有防備，他很可能會回答：「沒有。」說完之後，他又會猛然醒悟，「哦，有區別。」

這樣的遊戲，很多B都會上當，為什麼？因為人類的大腦都有一種慣性。利用大腦的這種慣性，我們可以巧妙設框，**通過向對方提問題，引導對方跟著我們的思路走，這就是「Yes Set」模式。**

向對方提問題，常見的有兩種形式：一種是封閉式，一種是開放式。封閉式問題就是可以直接用「yes」或者「no」回答的問題，「Yes Set」是一套封閉式問題的設框方式。

這種設框方式的最早應用者是大思想家蘇格拉底，蘇格拉底最早發明了一種辯論方法，向對方提出一系列反問，讓對方回答，設法使對方陷入自相矛盾的困境，直至對方不得不改變原來的觀點，承認自己錯了為止。

有一次，一個青年宣稱所謂道德就是做人要忠誠老實，不能欺騙人，蘇格拉底對此進行駁斥。

他說：「你說道德就是不能欺騙人，那麼在和敵人交戰的時候，我方的將領為了戰勝敵人，取得勝利，總是想盡一切辦法欺騙和迷惑敵人，這種欺騙是不是道德的呢？」

青年說：「是，不過，對敵人欺騙是符合道德的，但欺騙自己人就是不道德的了。」

蘇格拉底又問：「在我軍和敵人作戰時，我軍被包圍了，處境困難，士氣低落。我軍將領為了鼓舞士氣，欺騙士兵說，援軍馬上就到。結果我軍士氣大振，突圍成功。這種欺騙是不是道德的呢？」

青年說：「是，不過戰爭是一種特殊的情況。我們在日常生活中不能欺騙。」

蘇格拉底又問：「在日常生活中，兒子生病了，父親拿來藥兒子又不願意吃。於是，父親就欺騙兒子說，這不是藥，是一種好吃的東西，兒子吃了藥病就好了。這種欺騙是不是道德的呢？」

這時青年不得不承認：「是，這種欺騙也是符合道德的。」

生活中，我們不需要與別人辯論，但是，我們可以設定一個對方一定要回答「yes」的問題。人的大腦有一個慣性，如果他連續回答了幾個「yes」的問題，那麼他就會忽略下一個問題的內容，慣性地回答「yes」。

比如，我問你這樣幾個問題，你來回答一下：

你是中國人嗎？

你希望我們的祖國更強大嗎？

你希望未來生活更好嗎？

你希望你變得更優秀嗎？

你希望你的家人跟你一樣生活得更好嗎？

你希望你的孩子青出於藍而勝於藍嗎？

你希望提升你的能力嗎？

你願意付費去聽課嗎？

前面七個問題，答案是顯而易見的「yes」，那最後一個問題，我相信你的答案也是「yes」！

連續問對方七個以上他一定會回答「yes」的問題，那麼第八個問題大概率他也會回答「yes」。這就是「Yes Set」設框發問技巧。

奧佛史特里教授在他的《影響人類的行為》一書中說過這樣一段話：「一個『不』的反應，是最難克服的障礙。人一旦說出『不』，他的自尊心就會促使他固執己見。當然，也許以後他會覺得『不』是不恰當的，然而一旦考慮到寶貴的自尊，他就會堅持到底。所以，一開始就讓人對你採取肯定的態度極為重要。」

生活中，我們都有這樣的體驗，當一個人說了「不」以後，他全身的各個組織都會協調起來，一起進入一種抗拒狀態；反過來，如果他說了「是」，他的身體就會隨之處於前進、接受和開放的狀態，使談話朝積極的方向發展。

現實生活中，無論你想說服別人，還是進行商業談判，或者是讓部下服從自己，都不是輕而易舉的事，因為對方的思維慣性和既成偏見是相當頑固的。面對這種情況，我們不必急於求成，可以採用「Yes Set」設框方式，**在談話開始時，引導對方說「是」，從而將對方的心理導向肯定的方向，循序漸進地拉近彼此的距離，直到對方自發改變自己的固有觀念。**

比如，一個銷售員打電話給客戶：「您的公司需要飲水機嗎？」對方通常會說：「不需要。」這個銷售電話如此就宣告失敗了。如果銷售員換一種問法：「您的公司經常使用飲水機嗎？」對方通常會說「是」。銷售員繼續問：「飲水機的水泡出來的茶是不是更好喝一點呢？」對方通常會繼續說「是」。銷售員又說：「飲水機長時間使用的話肯定會滋生很多細菌，你說是嗎？」對方又回答「是」，銷售員這時說：「如果有一台飲水機有自動清潔功能，你是不是想體驗一下呢？」對方會慣性地回答「是」，到這裡，這次銷售就成功了一半。

得到「是」這個反應，本來是一件極其簡單的事，但在實際生活中卻經常被人們忽視。有些人好像一張嘴就準備反對別人的意見，好像只有這樣做才能顯示自己和別人的不同。**真正有智慧的人都懂得，與人說話時，千萬不要一開始就往彼此之間有分歧的方向靠攏，而是要先把彼此達成的共同意見放在前面加以說明。**很多時候，所謂的分歧只是我們看待事物的視角不同，不同的視角也可能有共同的目標，我們在一開始就能讓對方說「是」而非「不」，那麼，我們獲得對方認同的可能性就大大增加了。

06 SCORE模式：這樣聊天，打開一個全新世界

先來看一組沉重的數字：據二〇一七年世界衛生組織統計，每年全世界大約有78.6萬人自殺，其比例為每年每十萬人中有10.7人，這意味著每隔四十秒就有人自殺。而保守估算，中國每年自殺死亡的人數已達28.7萬人，每年平均自殺死亡率是23/100000，每兩分鐘有一人死於自殺，八人自殺未遂。

很多人選擇自殺只在一念之間，一個念頭轉不過彎來，他就會放棄生命，這個時候，如果他的身邊有一個懂心理諮詢、會聊天的人，也許就能挽救他的生命。

在中國，心理學市場非常不成熟。一方面，很多人認為有病才去心理諮詢，他們向心理諮詢領域的專業人士求助，會覺得很丟人，還害怕會被人指指點點；另一方面，很多人認為花錢跟人聊天，不值得。買點食物可以吃到嘴裡，買件衣服可以穿到身上，可買了跟人聊天的時間，聊完了，好像什麼都沒留下。不過，真的什麼都沒留下嗎？

心理諮詢並非像人們以為的是為了治病，它是基於人的成長，基於生命的價值而進行的一項工作。在專業人士的諮詢中，很多來訪者表示，他們在專業人士的引領下，進入了一個全新的境界，得到了不同的生命體驗，進而改變了自己的生活或者命運。這種價值遠超他們所支付的諮詢費。

也就是說，專業人士的聊天是一種專業的、有價值體現的工作。跟會聊天的人聊天，他能帶你去你從來沒有去過的地方，他能帶你去你不習慣去的地方，他能觸發你從沒有過的思考，他能幫你打開一個全新的世界，這個價值是無法衡量的。

試想一下，如果你並不從事心理諮詢工作，卻能掌握這一專業技巧，你通過聊天，影響了你身邊人的生命價值，讓他得到了不同的生命體驗，甚至打消了一閃而過的自殺想法，這將是多麼美好的一件事。

我特別希望天下所有人都能懂一些心理知識。當然，要成為一名專業的心理諮詢師需要經過長時間的訓練，但成為一個會聊天的人，其實並不難，可以先從成為一名教練開始。只要你懂得設框的語言技巧，設定一組框架，順著這個框架去聊天就可以了，這個方法叫「SCORE模式」，是我在《大成教練》課程裡教授的一個方法，如圖2-1所示：

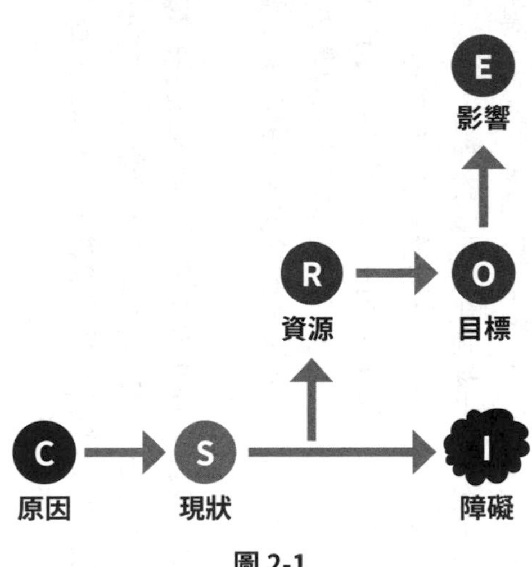

圖 2-1

S（現狀）：你在哪裡？

我們跟人聊天，首先要了解他現在的情況如何，有什麼事情發生了，造成了什麼結果，當事人有什麼感受等。了解現狀時盡可能地中立，不加評判，不管當事人的現狀如何，我們最好的方法就是接受事實。如果你學過共情的方法，在這個框架中可以帶著慈悲心去共情和陪伴當事人。

O（目標）：你要去哪裡？

了解完現狀之後，最重要的是把當事人的焦點調整到他的目標上，否則，他會在問題框架的泥潭裡深陷。

美國耶魯大學進行過一次跨度二十年的跟踪調查。最早，這個大學的研究人員對參加調查的學生們提了一個問題：「你們有目標嗎？」90％的學生回答說有。研究人員又問：「如果你們有了目標，那麼，是否會把它寫下來呢？」這時，只有4％的學生回答說：「寫下來了。」二十年後，耶魯大學的研究人員調查當年參加調查的學生們。結果發現，那些有目標並且用白紙黑字寫下來的學生，無論是事業發展還是生活水平，都遠遠超過了沒有這樣做的學生。他們創造的價值超過餘下96％的學生的總和。那麼，那96％的學生今天在幹什麼呢？研究人員調查發現：這些人忙忙碌碌，一輩子都在直接或間接地幫助那4％的人實現他們的理想。目標是燈塔，能照亮我們前行的道路，目標是羅盤，能指明我們人生的航向，目標對我們的未來有著重要的作用。

帶領當事人到目標框架很簡單，你只需要問他：「如果一切皆有可能，你最想要什麼？」「如果你不想面對這樣的狀況，那你想要什麼？」這裡有一個很關鍵的技巧，就是記得為他提供一個前提——「假設一切都有可能」，很多人都會有「無望」的信念，他不敢想未來，加上這個前提的目的，就是讓當事人放下所有的顧慮，讓他盡可能地暢想未來的目標。

E（影響）：你為什麼要去那裡？

這是一個深刻的問題，並不是每個人都是清醒的，大多數人並沒有考慮過他為什麼要實現他的目標，只是別人都要，他也跟著做。因此，面對這個問題時，很多人會一頭霧水。

這時，我們需要帶他去看看，如果目標真的實現了，會帶給他什麼樣的影響。當一個人真的去感受目標實現後的場景時，有人會發現那好像並不是他真正想要的，這時，他就會調整自己的目標；有人感受到的正是他想要的，那就會喚醒他內在的行動力，從而幫助他達到目標。

如何才能讓當事人進入這個框架呢？可以充分調動他的視覺、聽覺、觸覺，讓他想像目標達到後他會看到什麼，聽到別人如何讚美他，那時他會有著怎樣的感受。

比如說你的目標是十年後要賺到兩個億，面對這個數字，你並不會有什麼感覺。可是，當我問你，當你擁有兩個億時，你會看到什麼、聽到什麼、感受到什麼時，你也許會看到，十年後的你，住著豪宅，開著豪車，或者周遊世界，想買什麼就買什麼；聽到朋友們羨慕的聲音，妻子會敬佩你，兒子會崇拜你……這時，你自然會充滿動力。

R（資源）：有了什麼，你眼前的困難將不再是困難？

有了足夠的動力之後，你就要開始幫他尋找實現目標的資源了。很多人會覺得，自己能力不足，資源匱乏，根本不可能實現自己的目標。之所以會這樣想，根本原因是他被內心的框架囚禁了。

你也許有找過鑰匙的經驗，你知道它就在房間的某處，可是就是找不到它，因為你只習慣於在你熟悉的地方尋找。資源也一樣，每個人都擁有實現目標的資源，可惜的是，就像找鑰匙一樣，我們總是在熟悉的地方找尋，自然找不到。

幫助當事人找尋資源最簡單的方法就是破掉他原有的框架，讓他去原來從來都沒去過的地方思考，這樣，他自然會擁有源源不斷的資源。就像前面講的，世界無限，除非你自我設限。

至於如何「破框」，我們後面會有專門章節深入研究。

人生在世，我們難免會遇到各種各樣的障礙。碰到障礙時，一般人會在障礙裡面糾纏，大成教練不會在障礙裡面糾纏，他會引導你關注你所擁有的資源。尋找資源的另一個方法就是提升能力。

如果你的能力提升了，原來的障礙就不再是一個障礙。

以一個小學一年級的學生為例，計算99＋88，他會覺得很難。我們不能改變老師出的題很難這個事實，但是我們可以提升自己的能力，當我們擁有三年級學生的水平的時候，再回頭看99＋88，這個問題就太簡單了。問題沒有變，當能力提升了，問題也就解決了。

C（原因）：是什麼導致了今天這樣的結果？

尋找資源的另一個方法是從過去入手，因為每一個創傷下面，都埋藏著寶藏。

為什麼這樣說呢？

我曾經做過這樣一個個案，案主是一位女士，三十多歲了還沒結婚，一直渴望進入婚姻，可是案主說她一直遇不到好男人。經過催眠發現，原來案主童年時生活在一個破碎的家庭，從小就目睹了父親家暴母親的種種悲慘場面，這一段經歷太痛苦了。為了避免痛苦再次發生，她的潛意識選擇性地屏蔽了跟男人相處，特別是跟父親類似的那種有力量的男人。這種情況在心理學裡面叫「選擇性迴避」，這跟「一朝被蛇咬，十年怕井繩」是一樣的道理。

從這個案例中我們可以知道，對這位女士來說，並不是沒有適合的男人，而是她的潛意識屏蔽了很多男人。同樣的道理，一個人並不是沒有資源，很可能是以往的創傷讓他屏蔽了很多資源。一個創業失敗的人，可能會因此看不到創業的機會；一個演講曾經被嘲笑的人，可能一生都不敢登上講台；一個唱歌曾經被嘲笑的人，也許一輩子都會覺得自己沒有唱歌的天賦……殊不知，這些創傷之下都埋藏著寶藏。

那如何才能挖掘這些寶藏呢？我們不能改變過去發生的事情，但是可以改變對過去發生的事情的看法，看法改變了，屏蔽就自動取消了。

記得在十多年前的一次個案療癒過程中，一位李姓學員在做完療癒後，發出了一聲驚呼：「天哪，世界竟然是這個樣子！」他瞪大雙眼，語無倫次地說，「原來……紅色是……這樣的……那麼鮮豔……」

原來，做個案的時候，他回到了小時候的創傷事件裡。那時他才五六歲，坐在親戚的車上副駕駛的位置。我們都知道，小孩是不能坐這個位置的，因為意外來臨時，這個座位對孩子是極其危險的。偏偏那天意外真的到來了，他記得當時眼前的擋風玻璃上灑滿了鮮紅的血跡……

在治療的過程中，當他想起這個場景時，渾身都在發抖、打顫、尖叫、退縮……彷彿又變成了那個被嚇壞了的小男孩。

為什麼治療後他重新睜開雙眼會看到不一樣的世界呢？

原來，當年擋風玻璃全是血的那一幕，讓幼小的他完全震驚了，他的潛意識為了保護他不受到更大的驚嚇，於是選擇性地把他對「紅色」的感知能力減弱，甚至關閉了，當他再次看到紅色時，是無法看到常人眼中的紅色的。

個案療癒其實很簡單，就是回顧這個事件，在釋放了當事人的情緒後，跟他說：「那個時候你還小，不能保護自己，所以你的潛意識為了保護你，選擇性地屏蔽了紅色的刺激。如今你已經長大了，你有能力應對，不需要再通過屏蔽來保護自己了。」

從此之後，他潛意識的開關打開了，他又恢復了意外來臨前的感知能力，這時再看眼前的世界，他才會發出一聲驚呼：「原來世界是如此多姿多彩，原來我以前看到的世界都是假的。」

這樣的案例在我的課程中數不勝數，其背後都有一個簡單的原理，只要你懂得了這個創傷的基本原理，你就能夠面對和療癒自己和他人的創傷，甚至是改變自己的下半生。

治療是改變過去，而教練是創造未來。一般情況下，我們可以不去碰觸「原因」框架，因為那需要一定的心理諮詢能力，你不一定要做一名心理諮詢師，但你絕對可以做一名教練。

上面這些框架的組合，就是SCORE模式。你會發現，這個模式很像是計程車司機出發前的詢問。在還沒有打車軟件的時候，計程車司機接到乘客前，首先會問「你在哪裡」，他問的就是現狀。你上車後，司機會問「你要去哪裡」，他問的是目標。在路上，有些司機會隨口搭訕一句：「你去幹什麼？開會，面試，還是談一筆大生意？」這就是影響。半路上，遇到了堵車，司機會做一個選擇：「或許繞一下路，能更快地到達目的地。」他做的是尋找新的資源。

天地萬物皆吾師，工作和生活中留心一下，你的聊天也可以很有價值。

07 強有力的問題發生器：改變格局和高度的語言模式

酒桌上，有朋友開玩笑：從猿進化到人要幾百萬年，而從人變成猿只需要一瓶酒。雖然是一句玩笑話，我卻覺得很有深意。

對於人來說，改變有時候很難，可是有時候也很容易。世界上最難動搖的就是對方根深蒂固的認知邏輯。一個人深深的固執裡，藏著他過往的人生和對世界的理解，短時間內很難修改。可是，如果你掌握了其中的方法，有時候輕輕的幾句話，你就能改變一個人。

這就是設框的魅力所在，你不需要與對方唇槍舌劍，你只需要設定一些框架，讓對方在你設定的框架內思考。下面跟大家分享三個設框技巧，這三個技巧的組合，我們稱其為「強有力的問題發生器」，也可以稱為「思想健身室」，光看這些名字，你都能感受到它們的威力。

1 位置感知法：位置決定視角，視角影響觀點

春秋時期，齊國君主齊景公有個特別的喜好——養鳥。他為了照顧好他的鳥，專門設了一個官——鳥官。鳥官的名字叫燭鄒。有一次齊景公得到了一隻漂亮的鳥，他非常喜歡，可是幾天後，那隻鳥飛跑了。齊景公氣壞了，要殺燭鄒。

因為一隻鳥而砍殺一個人，大家都知道齊景公這麼做過分了，但都不太敢站出來勸他，並且在君主大發雷霆的情況下，勸他是一件很可能掉腦袋的行為。「陛下不能為一隻鳥而殺一個人，你這樣的君主叫無良……」如果有人敢說出這樣的話，十有八九會被拉出去一起砍了。

燭鄒很幸運，他有一個智慧的同事叫晏子。眾人都沉默的時候，晏子站了出來，他對齊景公請求道：「懇請陛下讓我指出燭鄒的罪狀，然後您再殺了他，讓他死得明白。」齊景公答應了。

晏子板著臉，嚴厲地對被捆綁起來的燭鄒說：「你犯了死罪，罪狀有三條：大王叫你養鳥，你不留心讓鳥飛了，這是第一條。你讓咱們英明的君主，因為一隻鳥而殺了一個人，這是第二條。全國的老百姓都會知道，咱們英明的君主，因為一隻鳥兒而殺了一個人，老百姓會怎麼議論我們的君主？他們會說我們的君主是重小鳥而輕士人的君主，你給咱們英明的君主戴上這樣的污名，你的確該死，這是第三條。」說完，晏子回身對齊景公說，「陛下，您可以殺他了。」

聽了晏子的一番話，齊景公明白了晏子的意思。他乾咳了一聲，說：「算了，把他放了吧。」接著，走到晏子面前，拱手說：「若不是您的開導，我險些犯了大錯誤呀！」

晏子這番話高明不高明？晏子並沒有勸說齊景公改變主意，更沒有跟他爭論，可是，他輕鬆地讓齊景公改變了主意。這實在是高明！可是高在哪裡？他列舉的三條罪名，表達的其實是同一件事情，只不過用了三種完全不同的角度：第一個角度是鳥官本身，第二個角度是君主，第三個角度是老百姓。這種引導一個人從不同的角度來看清楚同一件事情的方法，就叫「位置感知法」。位置感知法有三個位置，如圖 2-2：

位置感知法通過設定「自我」、「對方」和「大眾」三個框架，讓當事人從三個不同的框架看問題，通過這三個框架，不斷拉寬對方的視野，讓其切換到更大維度去看問題，從而達到讓對方自我覺察的效果。

位置感知法在說服別人時很有效。比如，你的朋友遇到困難，自暴自棄，你要直接給他講大道理，他肯定不聽，這時，你可以先站在他的角度，給他分析問題；接著進一步問他「如果馬雲碰到類似的困難，馬雲會怎麼想呢」、「如果國家領導人遇到同樣的困難，他會怎麼想呢」。最後再扎心地追問一句，「你的孩子看到爸爸是這樣，你覺得你的孩子會有什麼感受呢？孩子會從你身上學到什麼？」三個角度問完，他一般都會幡然醒悟。

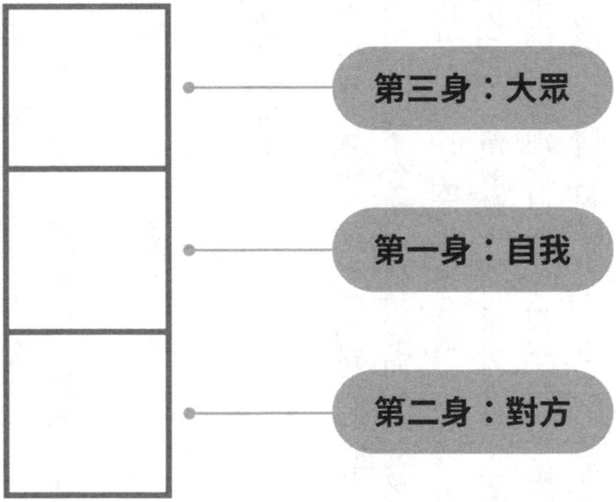

第三身：大眾

第一身：自我

第二身：對方

圖 2-2

同樣道理，你如果看到一個員工比較懶散，與其罵他，倒不如問他：「兄弟，你祖先在天之靈看到你這樣工作，你覺得你祖先在天堂會怎樣想？」或者問他，「你這樣的工作態度，你媽知道嗎？」

位置感知法的原理就是從現有的位置挪開，讓對方從別的位置來看清楚現狀。每一個人站在自己的位置看問題，都會覺得自己是對的。這個時候不要急於跟他爭對錯，而是要通過設框讓他抽離出來，換個位置重新審視自己。

位置決定視角，視角影響觀點，位置改變了，觀點自然就會改變。

2 時間線：從過去學習，從未來拿資源

我有一位學員，因為經濟案件被判了一年徒刑。出獄的那天，他第一個電話打給我，他說：「我很難過，我不知道該怎麼辦，我沒有勇氣面對我的家人，我沒有勇氣面對我的孩子。我現在離開監獄了，可是我不太敢回家，我第一個電話打給你，因為你是我最信得過的人。」這種情況下，我該說什麼呢？如果安慰他：「沒事了。勇敢點，你可是男子漢！」有用嗎？你會發現，在重大創傷面前，這種安慰式的語言顯得特別蒼白無力。那應該怎麼做呢？

我當時問了他兩個問題，第一個問題是：「兄弟，事情已經發生了，重要的是你從過去這一年的生活中，有沒有學到一些有用的東西？」這個問題拋出來，他立馬從難過的情緒狀態中抽離，開始給我講述監獄生活的體驗和感悟。

接著，我又問了他第二個問題：「我相信以你的聰明程度，未來一定會出一本回憶錄

的。如果未來你要寫一本回憶錄，你會怎麼寫這段經歷？」這個問題把朋友徹底從消極悲傷中拉了出來，他開始正面審視這段特殊經歷對他人生的價值。

在這個案例中，我運用的是**時間線設框法：把對方從當下拉離，把他的時間框放到過去和未來，讓他從過去學習，從未來拿資源。**時間線有三個框架，如圖 2-3：

心理學研究發現，一個人陷入困境時，他的焦點通常在「過去失去」的事情上，這個時候，最好的脫困方法就是通過設框的手法，轉換他的時間框架，把他的焦點轉移到「未來得到」的事情上，他的困境自然就輕鬆化解了。

也許你還記得，過去某天你曾遇到過一個不小的困難，當時的你崩潰了，以為天要塌下來了，有些人或許還動過放棄生命的念頭。可是，現在回看那一段經歷，你是不是覺得不過如此？同樣，你今天遇到的困難，在今天這個時間框架來看，確實是個困難。可是如果你從未來的角度來看呢？也許同樣是不過如此。

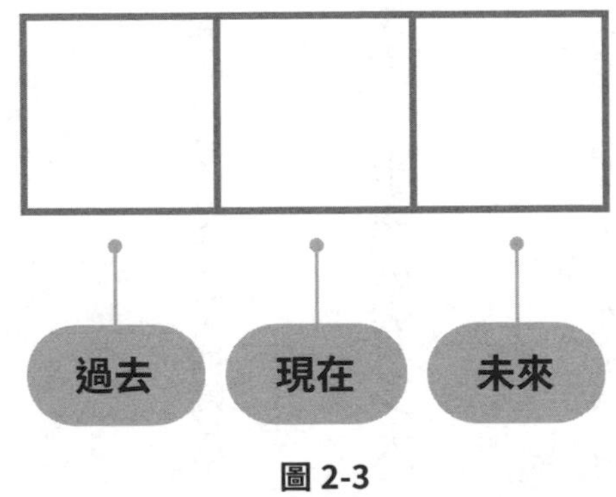

圖 2-3

這就是時間線的威力，也是最好的助人脫困的妙法。

下面這些是利用未來框架屢試不爽的金句：

「未來十年的你，會怎麼看待今天這個決定？」

「未來的你要給今天的你一個建議，他會對你說什麼？」

「你今天這個樣子，未來的你會滿意嗎？」

「你今天的行為，未來的你會為此付出什麼代價？」

……

站在現在看未來，叫規劃；站在未來看現在，叫境界。問題本身不是問題，關鍵是現在的你把它當作問題了。站在未來看現在，一切都不是問題。

3 位置感知法與時間線的組合：格局有多大，事業就有多大

我們把上兩節內容組合起來，就變成如圖 2-4 的九宮格：

從圖 2-4 我們可以看出，一般的人只會站在中間那個框架思考問題，只活在那個有限的時空範疇裡面，他的世界只有方寸之大，又怎能成就偉大的事業呢？

有格局的人，他們的框架是如圖 2-5 所示，遍布上面九格的，他不僅考慮自己，還把他人、大眾都納入思考範圍；他不僅僅思考現在，過去和未來都在他的思考範圍之中。一

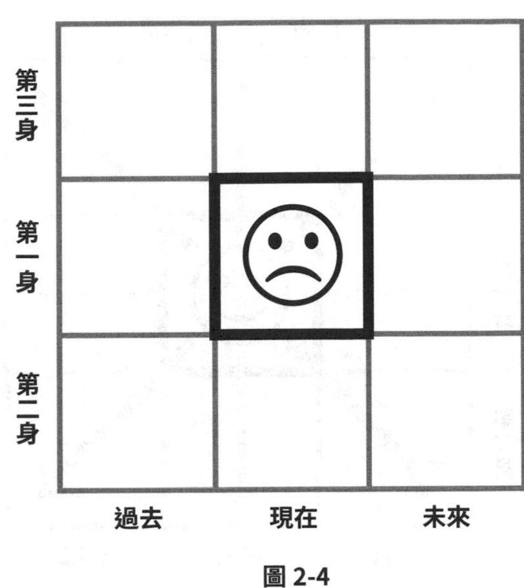

圖 2-4

個人心中能容納多少人，他就能做多大的事。一個心中有愛，目中有人的人，又怎能不成就大事業呢？

當然，並不是每個人天生都是大格局之人，比如我，我是通過不斷的學習和被教練，格局才得以一點點拓展的。如何才能拓展一個人的格局？通過問話的方式，設定上面圖中的九個框架，通過你的設框，就可以把一個人從他習慣的小框架裡拉出來，長此以往，被你教練的人，他的格局自然會有所擴大。

我們通過一個案例來演練一下。

張三和李四結婚十年了，有兩個孩子，一男一女，隨著時間推移，張三和李四的感情出了問題，兩人每天爭吵。張三先生很困擾要不要離婚，他來找到你，希望你來為他指點迷津，你該怎麼幫他呢？

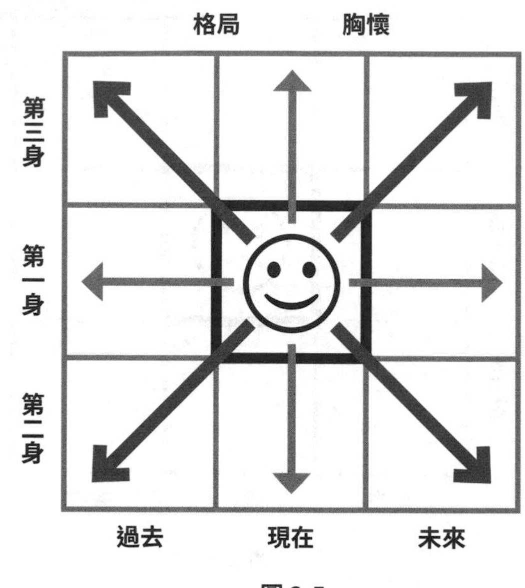

圖 2-5

根據上面的九宮格，我們來看豎坐標，這個案例中第一身、第二身、第三身分別是誰？第一身毫無疑問是張三，第二身是李四，第三身是孩子和其他家人。根據這張圖，你可以隨意設定框架，讓張三在不同的位置上思考問題：

第一身，現在：此刻你是怎麼想的？

第三身，現在：你的兩個孩子此刻是怎麼想的？

第三身，未來：離婚後，兩個孩子未來會怎樣？孩子未來會受到什麼影響？

第二身，過去：李四當年是怎麼跟你走到一起的？她當時為什麼會選擇嫁給你呢？在過去這十年裡，你太太過得開心嗎？

第二身，現在：你的妻子現在

怎麼看待你們兩人的關係呢？在你太太眼中，你是一個怎樣的人？你太太對你現在的婚姻還滿意嗎？

第二身，未來：如果離婚的話，你的妻子未來會怎樣生活呢？她會找到一個怎樣的男人結婚呢？她以後會怎麼對待你們的孩子？

第一身，過去：在過去的婚姻中，你對自己的表現還滿意嗎？剛結婚的時候，你是怎麼跟你太太相處的？在這段婚姻中有沒有一些值得你懷念的呢？

第一身，未來：你有自信以後能找到一個比現在的太太更好的妻子嗎？離婚之後你怎麼面對你的孩子？

第一身，現在：假如這段婚姻還有希望的話，你現在可以做點什麼呢？你覺得現在做些什麼可以減少對孩子未來的影響？

在第三身這塊，我們可以繼續挖掘，第三身除了子女外，還可以是朋友、父母、下屬，我們可以問：「有沒有跟你的好朋友聊過，他們曾經給過你什麼建議？」這是第三身的過去。「現在，你的父母同意你們離婚嗎？」這是第三身的現在。「離婚後，你的員工會怎麼看待你呢？」這是第三身的未來。

這就是設框，這是教練的基本功。通過這一系列問題，你可以帶領當事人站到不同的位置思考問題，拓寬他的視野，打開他的認知，從而擴大他的格局。我的格局就是這樣隨著不斷的學習，慢慢被擴大的。

我之前出了本書叫《圈層突破》，其中一部分的內容就取自於這個框架。通過這樣的引導，我們可以實現圈層突破裡的「圈」的突破。下面，我們來看一下圈層突破的「層」在哪裡。

4 理解層次：提升你人生層次的語言模式

愛因斯坦說過，人類的困境源於人們往往在製造問題的層面解決問題。也就是說，如果你在工作或生活中遇到困難，可以嘗試從更高的層面去解決。

如何才能從更高的層面去解決問題呢？什麼是更高的層次呢？要回答這些問題，讓我們先來了解一下「理解層次」。

理解層次是由美國神經語言程序學大學執行長羅伯特·迪爾茨，在英國人類學家貝特森的一個研究上發展出來的一個工具。

簡單來說，就是他發現人類的思考有六個層次，分別是環境、行為、能力、信念、身份和靈性。下面分別向大家詳細介紹：

環境

環境就是在哪裡。

你們現在在哪裡看這本書？是在家裡還是書店？這就是環境。

行為

行為就是做什麼。

你正在看書，對吧？看書就是一種行為。

能力

能力就是怎麼做，用什麼方法做，你擁有什麼才華。

去哪裡？做什麼？怎麼做？這是一般人都會考慮的問題。再往上就不是一般人會考慮的問題層次了。

信念

信念就是那些你會賴以行動的想法，是行為的指南針，是一個人的行為準則。

思考信念層面的問題通常會問：「為什麼？為什麼要這樣做？」當你問一個人為什麼要做一件事時，得到的答案通常就是信念。

比如，你問一個人為什麼學習？他的答案可以是「學習能改變命運」、「學習能提升自己水平」和「學習會讓人生變得更好」，這些都是信念。要影響一個人，僅僅停留在行為層面是遠遠不夠的，最好的方法是進入信念層面。那些偉大的思想家、作家、政治家都是在信念層面影響人的人。

一家偉大的企業也一樣，必須擁有共同的信念和價值觀，才會有超強的戰鬥力。社會上有兩個行業，他們的員工戰鬥力是非常強的，一個是保險業，一個是直銷業。這兩個行業的戰鬥力為什麼那麼強？因為這兩個行業的從業人員幾乎天天開會、培訓，領導者每天都在員工的信念層面做工作。

身分

所謂身分就是「你是誰」。

當你聽到這個問題，你有什麼想法？你會怎麼回答？這就是你的身分。

一個人的身分是隨時都在變化的，比如，你在孩子面前是父母，在父母面前是孩子，在公司則是職員或者老闆。

一個人有很多身分，當你處於某一身分時，你只會思考這個身分的問題，這就叫作「屁股決定腦袋」。舉個例子，你想在家裡當老闆，「老婆幫我倒杯水，我給妳發工資」，你這樣說的話，你老婆很可能會把你一腳踢出門。在家裡就做家裡的事情，你的身分決定了你的信念，你的信念決定了你的行為。

要影響一個人，我們在身分層面給他設定一個框架，比在行為層面去約束他會容易得多。

比如，在孩子教育上，我們從小幫他樹立一個目標，當孩子有了自己認定的目標時，他自然會約束自己的行為，如此，在行為層面，我們就不用操心了。

公司經營也是一樣，我認識一位九〇後創業者，他的企業非常特別，沒有辦公場地，不用上班，每個員工都在家裡工作，一個只有十多人的企業，一年的營業額居然超過一個億。我問他是怎麼做到的，他告訴我，他們公司的每一位員工都是老闆，所以，根本就不用管理。

靈性

靈性就是「為了誰」。是一個人與他人及世界的聯繫方式。這個層面不太好理解，請容許我分享一個故事。

小女孩愛麗絲和爺爺住在海邊的小木屋裡，爺爺是個藝術家，曾經走遍天南海北，去過很多地方，他每天晚上都會給愛麗絲說旅行中的趣聞。小愛麗絲聽了，對外面的世界很嚮往，她告訴爺爺自己長大後要做兩件事：一是到世界各地旅遊，去看世界的奇妙；二是回到爺爺海邊的小木屋，幸福地生活。爺爺聽了笑著對愛麗絲說，還有第三件事是她必須去做的——做一件讓這個世界變得更美麗的事情，愛麗絲懵懵懂懂地答應了，但她不知道怎樣做才能讓世界更美麗。

長大後愛麗絲按照兒時的規劃，去了很多地方，閱盡人間美景後又回到了海邊的小木屋，她生活得很快樂，但唯一遺憾的是她仍不知道怎麼做第三件事。冬去春來，有一天她發現窗外的花園裡開出了美麗的魯冰花，紅的、粉的、藍的，一簇簇盛開在碧綠的山坡上，她心裡暗暗地做了一個決定。那年夏天，她買了一包又一包魯冰花種子，每天散步時就隨手撒在小鎮的每個角落。第二年春天，整個小鎮都開滿了美麗的魯冰花，一年年過去了，小鎮上的魯冰花越來越多，彷彿給村莊披上了一件件彩色的外衣，人們的笑聲迴盪在花海裡，從此鎮上的人都尊稱她為「花婆婆」。

說完這個故事，我想大家已經知道什麼是「靈性」層面了。所謂「靈性」層面，要回答的是一個「為了誰」的問題，找到一個人與他人、與世界的連接方式。我們看到很多偉大的人，比如說德蘭修女，她能夠終其一生去做回饋社會的事情，我以前不了解緣由，現在我才漸漸明白，一個人心裡面裝的人越多，他的胸懷就越大，他的人生也會越廣闊，他的能量也越大。

那些大成就者，不管是企業家、政治家，還是宗教領袖，全都是在靈性層面有高修為的人，如圖 2-6 所示。

說完這六個層次，我們再來看一個經典故事。

故事的主人公是兩個年輕人，一個叫約翰，一個叫哈里。他倆同時進入一家蔬菜貿易公司上班，半年後，約翰升任主管，而哈里依然是普通員工。

對此，哈里很不高興，他向總經理抱怨：「我和約翰是同時進公司的，現在他升職了。而我每天勤勤懇懇地工作，為什麼不能升職呢？」

總經理聽後，說：「這樣吧，公司現在打算訂一批土豆，你去看一下哪裡有賣的，回來我再回答你的問題。」

半小時後，哈里急匆匆地回來匯報：「二十公里外的市場有賣土豆的。」

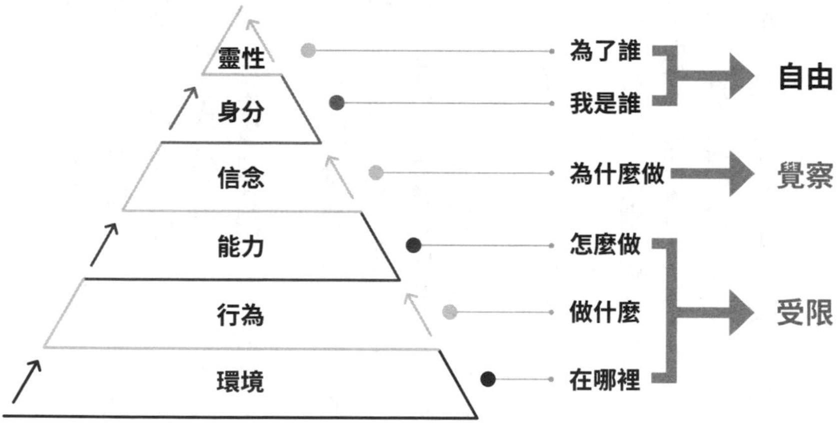

圖 2-6

總經理聽後問：「一共有幾家賣的？」哈里撓了撓頭說：「我剛才只是看到有賣的，沒注意有幾家，您稍等一會兒，我再去看一下！」

說完，他又急匆匆跑出去了，二十分鐘後，他喘著粗氣再次跑回來匯報：「一共有三家賣土豆的。」

總經理又問他：「土豆的價格是多少？三家的價格都一樣嗎？」哈里愣了一下，又撓了撓頭說：「您再等一會兒，我再去問一下。」

說完就要往外跑，這時，總經理叫住他：「你不用再去了，幫我把約翰叫來吧。」

三分鐘後，約翰來了，經理對他說了同樣的話：「公司打算訂一批土豆，你去看一下哪裡有賣的。」

四十分鐘後約翰回來了，向總經理匯報：「二十公里外的集農蔬菜批發中心有三家賣土豆的，其中兩家賣 0.9 美元一斤，只有一位老人賣的是 0.8 美元一斤。」他停了停接著說，「我看了一下他們的土豆，發現老人賣的質量最好，也最便宜，如果需求量大的話，價格還可以更優惠些，並且他家有貨車，可以免費送貨上門。」

約翰停頓了一下又說，「為了讓經理您看看他家的土豆質量，我帶回來了土豆的樣品，並且我還把那老人帶來了，就在公司大廳裡等著呢，要不要讓他進來，具體洽談一下？」

各位讀者，如果你是總經理，你會給誰升職呢？為什麼呢？

用理解層次的框架一比照，你就會一目了然了。哈里一直活在「行為」層次，領導讓他做什麼，他就做什麼，領導沒說的事，他就不知道主動去做。而約翰呢？他的框架是上面三層，領導讓他去看哪裡有賣土豆的，他會考慮「領導為什麼要我做這件事？」（信念層次）、「如果我是領導，我還需要了解什麼信息？」（身分層次）、「我需要為領導做什麼？」（靈性層次）。

我們再來看看生活中常見的現象。

比如，有人說「今年經濟不好，生意難做」，這個人在什麼框架？

對，他在環境框架。如果你是他的領導，或者教練，你可以怎麼幫助他？根據愛因斯坦先生那句話的原理，如果在同一層次解決問題，就會陷入困境，所以，我們可以從更高的層次幫助他解決問題，只要你設定一個更高的框架，讓他在更高層面的框架思考問題就可以了。

我們可以從不同層次進行設框：

「你需要提升什麼能力，在經濟不好的年份也可以把生意做好？」（能力層次）

「當你這樣想的時候，對做好生意有幫助嗎？如果沒有，能否換一種想法呢？」（信念層次）

「什麼樣的人才能在經濟不好的時候把生意做好？」（身分層次）

「你要做什麼樣的人？你想成為一個知難而退的人，還是一個勇於挑戰的人？」（身分層次）

「為了你的家人，為了你的團隊，在經濟不好的情況下，你需要怎麼做？」（靈性層次）

這樣的答案還有很多，上面的例句僅僅是拋磚引玉，請聰明的讀者朋友們繼續發揮，寫出更多精彩的設框問句。

很多人受苦，其實都是因為在環境、行為、能力這三個層次裡面掙扎。如果我們能夠讓自己的層次拔高一些，去思考「我為什麼這樣做？我是誰？我究竟為了誰？」的時候，你會發現許多問題其實並不存在。

也許你在下雨天坐過飛機。飛機起飛前，你從窗口望出去，烏雲密布。可是當你的飛機穿越雲層後，你會發現，雲端之上，晴空萬里。

向上的路從來不擁擠，如果你覺得擁擠，也許是因為你所在的層次太低。一個人往更高層級上升的過程，其實是一個心靈成長的過程，只有你的內心越來越富足，你才能站得更高，才能獲得真正的自由。

莊子說過：「井蛙不可以語於海者，拘於虛也；夏蟲不可以語於冰者，篤於時也；曲士不可以語於道者，束於教也。」意思是說，不要對井裡的青蛙談論關於海的事情，因為牠的眼界受到狹小居處的限制；不要和生長在夏天的蟲談論冬天的冰，因為牠的眼界受時令的制約；不要對見識淺陋的人談論大道理，因為他的眼界受著所受教育的束縛。

一個人之所以受限，很大可能是他受到了內在思維框架的約束。只要打開他的框架，給他設定其他他原來從沒去過的框架，讓他站在新的框架裡思考、生活，他就能擁有新的人生。

5 強有力問題發生器：三維空間組合

我們這節講了「理解層次」，再加上前面的「位置感知」和「時間線」，一共是三個維度，把它們結合在一起，就變成了一個立體的三維空間，裡面一共有五十四個框架，如圖 2-7 所示：

當你能夠熟練地掌握三維設框技巧後，也許有一天，你會游刃有餘地把它們組合起來使用。

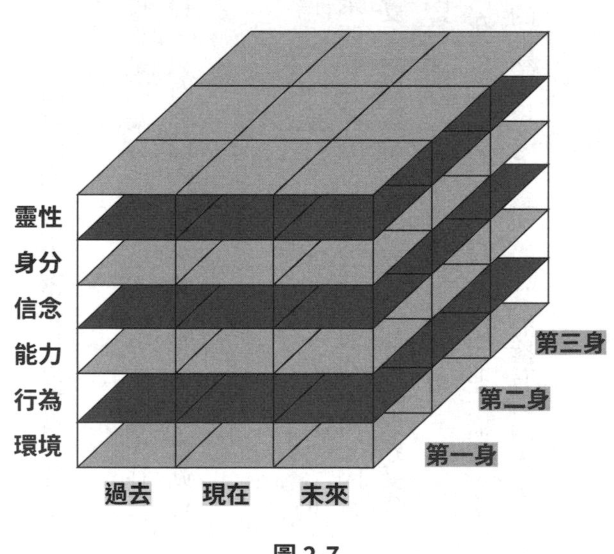

圖 2-7

換框和破框

如何跳出囚禁你的牢籠？

「

- 如果我們能夠看見框架，我們就可以重新選擇框架。
- 環境發生了變化，意義也會發生變化。
- 隨著意義的改變，我們的感受和行動也會跟著改變，進而結果也會跟著改變。
- 一念天堂，一念地獄，一念之轉，我們的整個人生就會變得不一樣。
- 破除內在框架，意味著跨越式的成長，意味著更好的重生。

」

01 環境換框：改變場景，改變價值

宋代著名詩人蘇軾有一句詩，我們都很熟悉——「不識廬山真面目，只緣身在此山中」。魚在水中，並不知道被水環繞，很多時候，人也一樣，我們活在框架裡，可是並不知道有框的存在。如果我們能夠看見框架，我們就可以重新選擇框架，這就是我們這一節要學習的方法：換框法。

我們先來看這樣一個常見的家庭場景。父親正在電腦前寫方案，孩子在一旁大聲讀書，孩子的聲音讓父親感到煩躁，在忍無可忍的情況下，父親大聲呵斥孩子，孩子感到很委屈，找媽媽申訴，媽媽一聽火冒三丈，馬上把老公臭罵一頓：「孩子讀書多好啊，你為什麼要罵孩子？」……於是一個溫暖的家瞬間變成了戰場。

究竟誰錯了？單從每個行為來看，你會發現誰都沒有錯。比如，孩子讀書，這是一個多好的行為啊，可是這個行為放在父親正在寫方案這個環境下，就有些不妥當了。

我們再看，一個人蹲下來綁鞋帶有問題嗎？好像沒有。可是如果這個人在別人的瓜田裡綁鞋帶呢？難免會讓人產生誤會。

從中我們可以看出，行為沒有意義，行為加上環境範疇才有意義，請看圖 3-1：

圖 3-1

環境發生了變化，意義也會發生變化，這種通過改變環境範疇從而改變意義的方法，叫作環境換框。環境換框可以分為四種：重定環境、重定時間、重定立場、重定因果。

1 重定環境

一瓶依雲的 330ml 的純淨水，超市裡賣六元左右，同樣的水在五星級酒店能賣到二十多元。在沙漠，對於飢渴難耐的人來說，這樣的一瓶水是無價的。那麼在法國的依雲小鎮呢？這樣的水，任你裝，白喝不用花錢。同樣的水，價格為什麼差別那麼大？因為環境變了，它的價值也就變了。這就是重定環境。很多事重定環境後會發生神奇的轉變。

一個膽小的人上了戰場，肯定當逃兵，可在現實生活中，膽小的人在遇到危險時，更懂得保護自己，膽小就成了一種優勢。

一個懶惰的人平時動都不想動一下，好多事

都幹不成。可如果讓他去看大門，這種人就會格外受歡迎，因為他能牢牢地守在門口，不會亂跑。

一個盲人在日常生活中有很多不方便，可讓他去沖洗膠卷的暗室工作，他反而能比正常人更好地適應環境。

很多人遇到挫折時，會懷疑自己的能力不行，其實很多時候，我們遭遇失敗，不是能力不行，而是站錯了位置而已。德國管理界有一句名言叫作「垃圾是放錯位置的人才」，意思是我們每個人都能成為人才，只要我們找到適合我們的位置。

許多寺廟一進廟門，首先是彌勒佛笑臉迎客，而在他的北面，則是黑口黑臉的韋陀。相傳在很久以前，他們並不在同一個廟裡被供奉，而是分別掌管不同的廟。彌勒佛熱情快樂，所以來拜謁他的人非常多，但他什麼都不在乎，丟三落四，沒有好好管理帳務，寺廟雖然香火旺卻依然入不敷出。而韋陀雖然管帳是一把好手，但成天陰著個臉，太過嚴肅，搞得拜謁他的人越來越少，最後香火斷絕。佛祖在查香火的時候發現了這個問題，就將他們倆放在了同一個廟裡，由彌勒佛負責笑迎八方客，於是香火大旺，而韋陀鐵面無私、錙銖必較，財務則讓他負責、嚴格把關。這樣一改變，兩人都發揮出了自己的價值，寺廟香火鼎盛起來。

這就是重定環境的魅力，它能讓我們更好地認識自己的價值，能讓我們更有自信迎接未來的挑戰。

當你明白了這個道理，下次遇到那些你無法接受的行為時，記得把行為和環境兩者分開，換個環境，你很可能會十分欣賞對方的行為。比如，上面例子中的父親，你無法接受孩子的吵鬧，是因為你需要一個安靜的環境。你可以對孩子說：「勤奮讀書這個行為非常好，不過爸爸需要安靜寫個方案，你能不能到另一個房間讀書？」或者你自己換個環境，問題將不復存在。

2 重定時間

不知你是否還記得，你以前曾經遇到過一些很大的困難，在當時看來，這些困難好像根本無法解決，我相信有人甚至因此產生過輕生的念頭。可是，站在現在的時間點回看當時的困難，你是不是覺得小菜一碟？同樣，你今天的困難之所以是困難，是因為你是站在今天的立場來看的，如果你從未來的角度來看呢？我想同樣是小菜一碟。

這就是重定時間的魅力。所謂重定時間，顧名思義，就是換一個時間的框架看問題。這個基本原理在「時間線」設框中已經跟大家分享過。

在一個人遇到困難時，我們可以轉到未來的框架問他：

「十年之後，你會怎麼看這件事呢？」

當一個人目標不堅定時，我們可以帶他回到過去：

「你還記得你小時候的夢想嗎？你今天的生活是你過去希望的樣子嗎？」想到小時候的夢想，再看看當下漸行漸遠的生活，我們就可以汲取更多能量和動力。

我經常跟我們導師團分享這樣一句話：

你今天遇到的困難，都會成為你未來的案例，你以後準備在課程中如何跟你的學生分享今天的困難？

這裡用到的就是「重定時間」，我引導大家把視線放在未來，從一個未來成功的自己的角度來看今天，這樣可以幫助一個人超越今天的局限。

有一句話說：「過去是已經完成的現在，而未來是現在的延續。」審視過去，展望未來，如此，我們就能更好地過好現在。

3 重定立場

所謂「重定立場」，就是換一個位置，讓對方或自己在新的位置上重新感受和思考。這個在前面「位置感知法」設框中已經講述過，我們再從換框的角度重溫一下。

曾經看到過這樣一個小笑話。

第一天，小白兔去河邊釣魚，一無所獲。第二天，牠又去釣魚，還是一無所獲。第三天牠剛到河邊，一條魚從河裡跳出來大叫：「小白兔，你再敢用胡蘿蔔當魚餌忽悠我，我就拍死你。」小白兔為什麼釣不到魚？原來，牠以為胡蘿蔔是世間美味，就想當然地認為魚也會受胡蘿蔔的誘惑。牠只是站在了自己的角度上考慮問題，而沒有考慮別人的想法。我也曾犯過跟小白兔一樣的錯誤。

四年前，一個澳大利亞的朋友知道我從沒去過澳大利亞，就邀請我過去玩。八月的時候，他邀請我去滑雪，十二月的時候，邀請我去游泳，當時，我的反應是，這個朋友真是傻裡傻氣的，怎麼會給我發出這種反季節的邀請。後來，我去了才反應過來，澳大利亞位於南半球，北半球的夏天正好是那裡的冬天，不是朋友傻，是我沒意識到我們的立場是不同的。

「家務應該是男人做還是女人做？」面對這個問題，你的答案是「男人」，那你很大可能是女人，你的答案是「女人」，那你很大可能是男人。立場不同，答案也就不同。

明白了這一點，以後與人產生矛盾時，你不妨自己換個角度，站在對方的立場看看，或者邀請對方站在你的角度看看。

「如果你是我，你會如何處理這個問題？」

我經常會把這個遊戲用到我的管理工作中，記得以前我有一位目光非常銳利的同事，其他同事都很怕他，因為他總是能夠找到他人的漏洞，然後發起攻擊，就算我是他的老闆，也不可避免。後來我學乖了，每當他攻擊我方案的漏洞時，我就會請他坐到我的位置上，問他：

「那你覺得如何調整才好呢？」

這樣一換，他就不再是我的敵人了，立馬成了我的軍師。

4 重定因果

生活中經常看到這樣的新聞：老人走路時不小心摔倒了，老人身邊的好心人第一時間過去扶起老人，不料，這個老人的第一反應是質問對方，並很肯定地說是對方把自己撞倒了。為什麼會出現這種問題呢？是老人存心碰瓷，壞心眼嗎？真相未必是這樣的。

心理學研究發現，當一個人陷入痛苦的處境時，通常不願意面對痛苦，這個時候，往往會從外面找到一個攻擊的對象，把責任推給這個對象，這樣自己就無須獨自面對痛苦了，這種行為就是指責。很多老人冤枉好人其實就是這樣一種心理使然。

推卸責任是一個人的天性，當然也有後天教育的「功勞」。

我們經常會看到這樣一種場景。小孩子走路不小心跌倒了，痛得哇哇大哭時，身邊的老人為了安慰孩子，這時就會去罵那塊石頭：「死石頭、臭石頭，你怎麼這樣壞？讓我家寶寶跌倒了。」還一邊罵，一邊打那塊石頭，這時孩子就會破涕為笑。

這樣教育出來的孩子永遠都長不大，也許那些冤枉好人的老人就是當年這些孩子。

美國著名的家庭治療師薩提亞有這樣一個觀點，她認為人有三次出生：第一次出生是精子與卵子結合，生命已經形成；第二次出生是身體從子宮裡產出，這是傳統意義上的出生；第三次出生是我們為自己的人生負起責任。前兩次的出生，人還不能稱之為人，只能夠叫動物，直到第三次出生，當我們開始為自己的人生承擔起責任的那一刻起，我們才真正地成為大寫的人了。有些人一輩子都沒能成為「人」，他們逃避責任，遵從動物本能，無法掌控自己的行為。

所謂「重定因果」，就是通過語言，把一個人重新放到責任者的位置，讓他開始為自己的行為負責任，幫助他完成第三次出生。

我們來看看以下這些語言：

「經濟不好，生意難做。」

「因為堵車，所以我遲到了。」

「因為可惡的小偷，所以我的手機被偷了。」

「因為客戶難纏，所以我的項目失敗了。」

這些話很熟悉對嗎？說這些話的人，根據薩提亞的觀點，都是沒長大的孩子。為什麼？因為他們都沒有為自己的人生負責任。那怎麼幫助他們長大呢？

我們認真地看一下這些語言，你會發現，在推卸責任時，都會有一個看起來無懈可擊的因果關係，有因就有果，這個邏輯關係如此清晰，所以責任都不在自己，都可以推給別人。可事實上，「因」的前面還有一個前因。

經濟不好，生意難做，前因是你能力不夠；堵車遲到，前因是你出門的時間不夠早，沒有把堵車的時間算進去；小偷偷了你的手機，前因是你沒有把手機收好，只是隨手放到了口袋裡，給了小偷可乘之機；客戶難纏所以項目失敗，前因是你的努力還不夠，沒能滿足客戶的需求，沒能打動客戶的心。「我是一切因的前因」，當我們這樣看待事情的時候，就能夠為自己的人生負起責任。

當我們能夠意識到我們在因的前面還有一個前因，那我們就拿回了生命的主導權，這就叫作「重定因果」的換框。

以後有人跟你說「經濟不好，生意不好做」時，你可以怎樣重定因果？

你可以這樣問他：「什麼樣的人在經濟不好的時候，生意也做得很好呢？」又或者這樣問，「你應該怎樣做才能夠在經濟不好的情況下，讓你的生意紅火起來呢？」

一句話就能讓對方把關注點轉移到自己身上，讓對方意識到外界環境是不可控的。而自己是可以控制的，如此，事情不再是絕路，而是出現了很多轉機。

同樣，前面舉例中的那幾種情況，我們可以這樣應對：

「在堵車的情況下，你可以怎樣避免遲到？」

「在不安全的環境中，如何才能保護好你的手機？」

「你需要提升什麼能力，才可以應對那些不好打交道的顧客？」

這些例句都有一個要點，就是把當事人放到因的前因位置，讓他為自己的人生負起責任，從而完成第三次出生，成為一個大寫的人。

正所謂世人重果，菩薩重因。「重果」是一種受害者的模式，而「重因」才是回到主導。重定因果，就能讓一個人重新回到一個自我主導的位置。

這就是環境換框，它能幫助我們從「當局者迷」中走出來，從多個維度重新審視事件的價值。

02 意義換框：如何改變人的感受和行動

1 重定意義：改寫人生

我上過一個即興表演培訓班，上課過程中做過一個很有趣的遊戲，遊戲規則是，不管你的對手說什麼，你只能說yes，不能說no，但是你可以在yes之後補充一句話，讓事情變得合理。

我們來模擬一下。

對方說：「你就像一坨大便。」我會回答：「yes，我就像大便那樣在滋養萬物。」

對方又說：「你就像一條狗。」我會回答：「yes，我像狗那樣對人忠誠。」

對方說：「你就是一隻蟑螂。」我會回答：「yes，我像蟑螂一樣擁有頑強的生命力，在任何地方都能夠生存。」

對方又說：「你就是一個賊。」我會回答：「yes，我像賊一樣偷走了世間的智慧。」

在這樣的對話中，你發現了什麼沒有？

同一個事物，一定有很多種不同的意義。當別人用惡毒的語言咒罵我們時，我們可以把它轉換為另外一種意義，這時，對方語言的攻擊性就煙消雲散了。

上一節我們講了環境換框，它可以避免「當局者迷」，上面這個遊戲用到的是另一個換框技巧——意義換框。**所謂的意義換框就是重新定義一件事情的意義，隨著意義的改變，我們的感受和行動也會跟著改變，進而結果也會跟著改變。**意義換框能幫助我們感悟人生智慧。

莎士比亞有一句名言：世事本無好壞，皆因思想使然。

你怎麼看下雨這件事？我相信，肯定有人會說：「下雨的時候，我的心情總會很鬱悶。」還有人會說：「下雨的時候，我的心情總會很欣喜。」同樣是下雨天，為什麼會有兩極分化的感受呢？

美國心理學家艾利斯提出的「ABC理論」認為，不同的人對於同一事件會有不同的情緒和行為反應。並非事件本身引起了這種反應，而是人對這個事件的不同看法導致了不同的反應，看法在這個理論中被稱為「信念」。

A（activating event）是指誘發性事件；B（belief）是指個體在遇到誘發性事件後產生的信念，即他對這一事件的看法、解釋和評價，也就是本節所說的意義；C（consequence）是指特定情境下個體的情緒及行為的後果。

很多人認為，是事件引發了一個人的情緒和行為，但是ABC理論認為，**事件只是激發了我們的信念系統，讓它發揮作用，由於人對各種事件的看法不同，才會出現各種不同的情緒和行為。**也就是說，你賦予一件事情的意義，會影響你對這件事情的感受和行動。這個理論也可以解釋，為什麼面對同樣一件事情，有些人表現出一種行為，另一些人表現出另一種行為。真正起作用的就是B，你的信念。

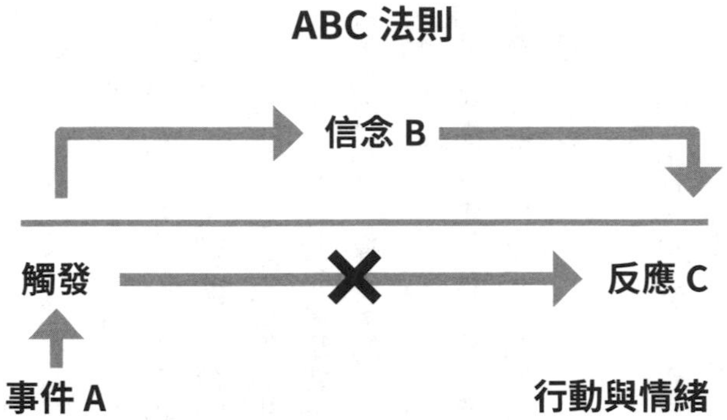

ABC 法則

信念 B

觸發

反應 C

事件 A

行動與情緒

圖 3-2

信念是思想裡最關鍵的元素，它決定了一個人的行動方向，不同的行動會導致完全不同的結果，如此，信念也間接決定了一個人活著的狀態，如圖 3-2 所示。

正所謂一念天堂，一念地獄，一念之轉，我們的整個人生就會變得不一樣。

蘇格拉底是古希臘著名的思想家、哲學家，前面我們講了他辯論的故事，跟在辯論時針鋒相對的形象不同，在家裡的蘇格拉底完全是另一種面目。他本身相貌非常醜陋，卻娶了一個漂亮潑辣的女人。有一天，蘇格拉底在客廳裡跟一幫朋友高談闊論，聊著聊著忘了時間，忘了完成老婆交代他的一件事，這時，他老婆氣呼呼地走了過來，把蘇格拉底叱罵了一番，然後當著所有朋友的面，端起一盤髒水，淋了蘇格拉底一身。在場的學生們都以為蘇格拉底會暴跳如雷，可出乎意料的是，蘇格拉底只是拍了拍渾身濕透的衣服，然後風趣地說：「我知道，打雷以後，必定會下大雨的。」有人大膽地問蘇格拉底：「為什麼要娶這樣一個老婆？」蘇格拉底回答：「擅長馬術的人總要挑烈馬騎，騎慣了烈馬，駕馭其他的馬就不在話下。我如果能忍受得了這樣的女人，恐怕天下就再也沒有難相處的人了。」現在知道為什麼蘇格拉底會成為哲學家了吧？因為他能自如地換框看待任何問題，在他眼裡，家裡有一個脾氣暴躁的老婆成了一種最好的修煉。無論身處何種境地，換一種想法看世界，世界就會變得更美好。

面對別人的批評和指責，你會是什麼反應呢？生氣？那你的人生不就被別人控制了嗎？就好像你生命的遙控器被別人拿在手上，只要有人按了某一個按鈕，你就生起氣來。這樣的人生是主動的還是被動的？

要想真正掌握自己的人生，就要學會意義換框。

如果身材樣貌是影響我們生命的硬件的話，那信念就是影響我們生命的軟件。一個人每天都會碰到各種各樣的信息，這個信息進入我們的大腦，經過我們大腦裡信念的運算，會輸出一個行動，這個行動會產生一個結果，結果的累積就構成了我們的人生。因此，**我們的人生不是由外在的事情決定的，而是由我們的信念決定的，至少大多數是由信念決定。**而意義換框就是改變我們的信念，讓我們的信念不斷地更新，我們的人生進而會越來越好（見圖 3-3）。

讀到這裡，也許有人會說了，你費了這麼多筆墨，意義換框不就是阿 Q 精神嗎？魯迅老先生一百年前就說明白了。

我們來看看這兩者的區別。

什麼是阿 Q 精神？阿 Q 精神是一種自我安慰的精神，是使用精神勝利法進行自我安慰，

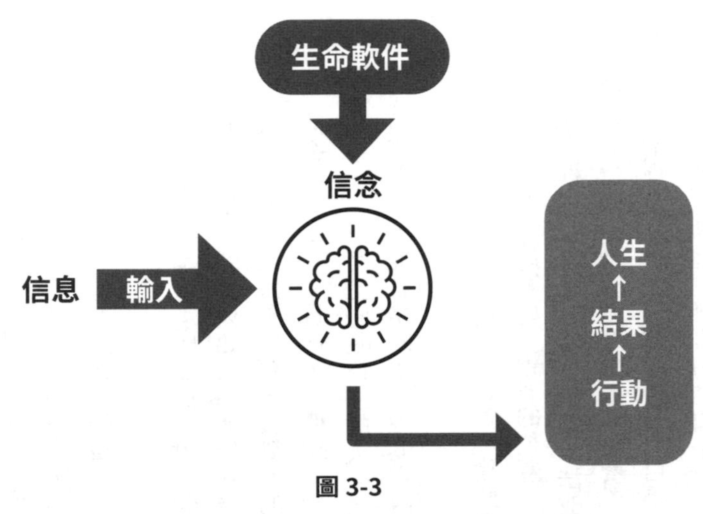

圖 3-3

或者即刻忘卻。在魯迅先生筆下，阿Q最擅長的就是在假想中克敵制勝，比如有一次，阿Q在與人打架時吃了虧，他心裡想：「我總算被兒子打了，現在世界真不像樣……」分明挨了打，他卻想「這是兒子打老子」。所以，阿Q精神其實就是一種酸葡萄式的自我安慰，是失敗者的藉口，是逃避者的麻醉劑。

意義換框跟阿Q精神是有著明顯不同的，我的導師張國維博士為意義換框總結了一個名為「LOVER」的原則，LOVER原則由五個英文單詞首字母組成：

- Learning：學習，不管發生什麼事情，是成功還是挫敗，只要我們抱著學習的心態，你一定能從中學到什麼，當你保持學習，能力自然會越來越高。
- Outcomes：效果，張國維博士說過，一艘沒有目標的船，海上吹什麼風都不是順風，只要你知道你要的效果，設定你人生的方向，不管吹什麼風，你自然會調整你的風帆，讓四面來風為你助力。

- Value：價值，任何物品都有其價值，一切行為背後必有其正面動機，事情的發生總有它有價值的一面，一塊石頭是絆腳石還是墊腳石，全看你把它放在什麼位置和如何使用它。意之所在，能量隨來，只要你心中有價值，你一定能從外在發現萬物萬事的價值。
- Ecology：整體平衡，任何事情必須是在你好、我好、大家好的整體平衡狀態下才能夠長遠發展，只要有一方的利益沒有顧及，一定會招致某些力量的對抗、攻擊或破壞，因為大自然會有一股無形的力量讓事情回歸平衡狀態。
- Responsibility：責任，人們總是習慣於把責任推給他人或環境，一輩子活在被動的狀態中。只有主動為自己的人生負起責任，人才能走向成熟。當一個人開始為自己負起責任，他就拿回了人生的主導權，生活自然會越來越好。

阿Q自我安慰後，睡了個好覺，除此之外，他的人生沒有進步，下次遇到同樣的情況，還是會挨揍，他仍舊處於受害者的位置，他仍舊無法為自己的人生負責。

意義換框則完全不一樣，我們無法改變事件本身，但我們可以改變對這件事的看法，從而採取更積極主動的態度，從中學習，找尋事件中對自己有利的價值，負起責任，在整體平衡的前提下，讓一切轉化為實現目標的資源。

意義換框法就像是風帆航海年代的船長，一旦確定了目標，不管海上風向如何轉變，他都能夠調整風帆，讓東西南北風都成為其到達目的地的動力。

2 重定身分：從自信到自尊，讓壞習慣連根拔起

在過去的二十三年，我之所以能夠堅持傳播心理學，是因為我在課堂上見證了太多太多生命的改變，這些活生生的案例給了我無限的動力，讓我的生命同樣得到滋養。

記得有一年我在新疆講公益課，那是一個容納了兩三百人的課堂。我在台上講課的時候，有很多義工戴著綬帶站在門口服務。有一個十七八歲的小女孩引起了我的好奇，明明是讀書的年齡，怎麼會來這裡做義工？

下課休息的時候，我就跟她聊天，問她其中緣由。小姑娘說：「我在英國讀大學，現在放暑假回來了。我是慕名而來的。您可以說是我的救命恩人。」我一聽嚇了一跳，我說：「我們都不認識，怎麼能說我是救命恩人？」

小姑娘說：「我是一個單親家庭的孩子，媽媽跟爸爸離婚了，我跟媽媽生活。媽媽對我非常嚴厲，她在家裡準備了一根棍子專門對付我，我經常離家出走，曾經有三年沒跟媽媽說話。後來，媽媽去廣州上了你們的課，回來之後就把家裡那根棍子扔了，對我的態度發生了很大改變，我們的關係親近了很多。如果媽媽不改變，我也不知道我是否能活到今天，所以，在我心裡，您就是我的救命恩人。這次聽說您來了，我特地來看看您究竟用什麼改變了我媽媽。」

這個故事讓我很感動，因為我的工作不僅僅改變了我的學生，而且還改變了他們的孩子。千萬不要以為我有什麼超能力，也不要以為我功力深厚，之所以能夠做到這點，是因

為我學會了語言的某些技巧。這些技巧我能學會，你也同樣可以學會，如果你願意按照這本書的方法去練習，我相信，你也會跟我一樣，成為一位助人工作者。

我用什麼語言技巧改變了這位媽媽呢？那就是下面要跟大家分享的內容：重定身分。

從上面的故事中大家可以感受到，父母的一言一行都在影響著孩子的命運。我們先從一些簡單的例子說起。日常生活中，不少父母會這樣跟孩子說：「寶貝，好好讀書，將來找份好工作。」這句話有問題嗎？聽起來好像沒什麼問題，對嗎？

但是，如果換一種說法呢？「寶貝，好好讀書，將來會有很多人靠你吃飯的。」

這兩種說法有什麼不一樣？我想聰明的讀者已經發現其中的秘密了：身分的定位完全不同。前者假設了自己的孩子是一名打工仔，而後者則暗示孩子未來是一位領導人、企業家。

「王侯將相，寧有種乎？」陳勝吳廣起義的時候，喊出的這個口號之所以流傳千古、振聾發聵，是因為它引發了平民共鳴：我們的身分與命運，是由天定的嗎？追問的多了，越來越多的人就會意識到「我命由我不由天」。

我命一開始就由我嗎？一個繞不開的事實是，你是一個什麼樣的人，或者你將來會成為一個怎樣的人，一開始是由你的父母潛移默化來決定的。也就是說，你對身分的概念，最早來自父母。如果父母在教育過程中不注意，就會從小給孩子灌輸一個不良的身分定位。

「我是誰？」這是一個哲學問題，也是對身分認知的問題。這個問題的答案，直接決定了你會擁有怎樣的人生。為什麼這樣說呢？

我們先來看看社會上那些大成就者有什麼特質。他們並不是一生好運，他們的人生同樣會遇到各種各樣的挫折，他們跟失敗者最大的不同是，他們遭遇挫折時，會勇於面對，他們自信而有力量地戰勝了一次又一次的困難，最終站上了人生一個又一個高峰。

而失敗者呢？不用說人生有重大的挫折了，別人簡單的一兩句話，就足以把他送進深淵，他們彷彿有著一顆玻璃做的心，脆弱、易碎，禁不起一絲波瀾。

用一個心理學的名詞來詮釋這兩者的不同，那就是「抗挫折能力」。什麼叫抗挫折能力？我們先來了解兩個心理學名詞：「自信」與「自尊」。

自信，是一種通俗的說法，心理學上的精確表述是**「自信心」，指的是個體對自身成功應對特定情景的能力的評估。**從這個定義中我們可以看到，大多數人對「自信」的理解都是偏頗的，因為我們經常忽略「特定情境」這一具體範疇。

在課程中經常有學員問我：「我不夠自信怎麼辦？」

遇到這種情況，我會反問他：「你真的不夠自信嗎？」

學員：「我真的不自信！」

我：「你好像對你不自信這件事很自信啊？」

這時候，學員會一臉茫然，愣在當場，我繼續問他：「你吃飯的時候自信嗎？」

學員：「這個當然自信。」

我：「你走路的時候自信嗎？」

學員：「自信。」

我：「那你又說你不自信？你的意思是做某些事情的時候不自信，對吧？那麼，你具體做什麼事情不自信？」

學員：「對，比如，我上台演講的時候就很不自信。」

……

從上面的對話中我想大家已經明白了，自信是有「特定情景」的，跟一個人完成某件事情的能力有關，如果你具備了這種能力，你就有信心完成這件事情。當你缺乏某種能力時，你就沒有信心。人並不是什麼都會的，所以，當一個人對做某件事情沒有自信時，是可以理解的，並且是正常的。所以，千萬不要再去苛求別人自信了，特別是對自己的孩子，要允許孩子有不自信的時候。

也許你會說，有些人做任何事情都前怕狼後怕虎，畏首畏尾、退縮、懦弱，這樣的人不就是缺乏自信的人嗎？對，人們通常都會這樣理解，但正確的表述是，這樣的人是低自尊。

什麼叫自尊？**自尊，即自我尊重，是個體對其社會角色進行自我評價的結果，即自我價值感，它是對自己綜合價值的肯定。**

能分辨出來嗎？自信是在特定情景下自己對完成某件事的信心；而自尊則是對自己整個人的綜合價值的主觀評價，也就是對自己這個人的信心。你可以對完成某件事情沒信心，因為你暫時還沒有具備完成這件事情的能力。但你不能對你這個人沒信心，因為人是活的，是變化的，今天你不會，只要你願意學習，你明天也許就會了。當一個人不會因為某件事情而影響對自己的評價時，我們把這樣的人稱為高自尊的人。

自尊源自自我價值，自我價值是一個人對自己價值的主觀評價。理論很抽象對吧？我的天賦是善於把一些抽象的、複雜的東西簡單化、實用化。為了讓大家更直觀地理解「自我價值」的含義，借用我在《升級生命軟件》課程裡用過的一個演示，大家很容易就能明白這個抽象的概念。

課堂上，我問其中一位學員：「你的手機，你知道它的價值嗎？」

學員：「知道，當時買的時候花了五千多元。」

我：「不光是錢的問題了，你知道這個手機能給你帶來很多的便利嗎？」

學員：「對。可以打電話，視頻溝通，發微信，拍照還有學習。」

我：「我們想像一下，假設在亞馬遜叢林還有最後一個野人，他一直生活在叢林裡面，不知道手機的存在，當他看到你整天拿著手機時，他可能會笑話你，『你為什麼整天拿這個破玩意兒？這多蠢啊！』你會跟他計較嗎？你的心情會受到影響嗎？」

學員：「不會。」

我：「為什麼？」

學員：「因為他跟我不是同一個世界的人，他根本不懂手機的價值。」

我：「所以，你只會帶著憐憫心看他。心裡在想著，『這麼好的東西你都不懂，好可憐！』為什麼你這麼淡定呢？因為你對自己手機的價值有200％的信心和把握。」

學員：「對。」

我：「現在假設你是一個古董愛好者，你花了八十萬元從古董商那裡買了一串手鍊，據說是清朝慈禧太后戴過的，價值三千萬元。你雖然花了八十萬元買到，但心裡始終有點忐忑，為什麼？因為你不知道它的真假，你心裡沒底。當你把它拿給一位鑑寶專家，他拿著手鍊左看右看的時候，你的心情會怎麼樣？」

學員：「很複雜。」

我：「因為你沒底，所以很在乎專家說的話。如果專家說是真品，你彷彿上了天堂；如果他說是假貨，你又瞬間下了地獄。別人一句話可以讓你上天堂，或者讓你下地獄，是因為你對這件古董的價值沒底。如果你對這件古董的價值十分確定，你還會在意專家說的話嗎？」

學員：「不會。」

我：「同樣的道理，如果你對自己的價值不確定，你就會在乎他人的評價；相反，如果你對自己的價值非常確定，有人說你不夠優秀時，你會心裡暗笑，你這個亞馬遜叢林的野人，哪裡懂得我的價值？」

我用這個演示是想告訴大家，物品的價值如此，人的價值也是一樣的，如果你對自己的價值有一個十分確定的認知，你清楚地知道自己的價值，你就不會在乎別人對你的評價，你的喜怒哀樂就不會受控於人，你人生的主導權就會牢牢地掌握在自己手上，這樣的人我們認為有較高的自我價值。相反，有較低的自我價值的人很容易受到別人評價的影響，他們的情緒完全受控於外人或外在的環境，別人小小的一句話、一個舉動，就會刺激到他，並讓他感到自己受到了莫大的傷害，他們之所以會這樣，是因為他們就像那件價值不確定的古董一樣，對自己的價值完全沒底，心中沒數，因此只能靠外界的評價或自己所做事情的價值來獲得自我價值的認知，他們把自己價值的決定權拱手讓給了別人，在這樣做的同時，他們也就把人生的遙控器交到了別人手上，允許他人來掌控自己的人生。

既然自我價值對我們的人生有如此大的影響，那麼我們該如何提升自我價值呢？要回答這個問題，我們首先來看看自我價值是從何而來的。

自我價值的建立通常取決於小時候父母的教育方式以及周圍的成長環境，包括學校的教育和社會的文化影響等綜合因素。我們從自我價值的定義中可知，自我價值是一個人對自己價值的主觀評判。一個小孩剛來到這個世界，他對自己價值的評價只能來自他身邊的重要他人，而父母是所有重要他人中佔有最重要位置的人物，所以父母的教育方式直接影響著孩子的自我價值，通常以下三個方面對孩子的自我價值影響較大：

第一，父母的愛與接納是否是無條件的。一個孩子在成長的過程中，能從父母那感受到「無論我怎樣表現，他們都愛我」，這個孩子的內心就會形成「我是有價值的、我是值得被愛的」這樣的信念，這是自我價值形成的基石。

第二，在情緒上是否得到足夠關注。小孩子在還沒學會言語表達之前，是用情緒來表達的，當一個孩子的情緒沒得到充分的關注，他就會認為「我不夠好，我是不值得別人關注的，我是沒有價值的」。

第三，父母是否習慣於用孩子所做的事情來衡量孩子的價值。絕大多數沒學過心理學的父母都會犯這個錯誤，就是當孩子有好的表現時，就會給予肯定、表揚或者物質上的獎勵，而當孩子遇到挫折，或做某件事情失敗後，父母就對孩子進行全盤否定，這樣孩子的潛意識就會收到這樣的信息，「我的價值取決於我所做的事，當我暫時不能做成某些有價值的事情時，我就毫無價值」。

原理講到這裡，我們回到前面的那個故事，為什麼那位媽媽上完一個課程回去之後就改變了對女兒的教育方式？因為她明白了，孩子的叛逆，根本原因在於孩子的低自尊。由於低自尊，所以總想證明自己，於是總喜歡跟母親作對。為了管教孩子，母親採取了強硬的方法，為了讓孩子聽話，甚至不惜使用武力。這樣的結果，只會更加摧毀孩子的自尊，於是孩子變本加厲，離家出走……陷入了一個常見的死循環。

上完課的母親開始明白，孩子的低自尊是自己以及自己與前夫的關係造成的。因為婚姻的破裂，她心情不好，總拿孩子出氣，沒想到這樣的結果深深傷害了孩子的自尊。當她明白了這點，回去之後重定身分，也就是重新建立孩子對自己的評價，孩子原來那些壞毛病就連根拔起了，因為孩子不再需要通過叛逆來證明自己的價值了。

3 重定身分：提升自我價值

前面我們講了，一個人能否對自己的價值有十分確定的認知，決定了他能否將人生的主導權牢牢地掌握在自己手上，那具體可以怎麼做呢？如何才能重定身分，重新幫助一個人建立自尊？

自我價值基本上來自成長過程中的重要他人，是一種主觀的感覺。當我們明白了這一點，那麼提升自我價值就有路可走了。做為孩子重要他人的父母，需要經常對孩子說以下五句話，重塑孩子的自我價值，重定身分。

第一句話：「我注意你了。」

人總喜歡被別人注意，因為當一個人被注意的時候，他才有存在感。人們為什麼喜歡發朋友圈？發朋友圈被很多人點讚，你是不是很開心？為什麼？因為你被注意了。當一個人發覺自己被關注了，就會感覺到自己是有價值的。

當然，我們不能直接對別人說：「我注意你了。」這樣會顯得很怪異。我們可以換一種說法，比如：

「從朋友圈中看到你去歐洲旅遊了，真羨慕你啊，可以周遊世界！」

「哇，你今天髮型很漂亮！」

「哇，你換了新衣服！」

「你最近進步不少哦！」

為什麼人人都喜歡聽這種話？因為他被看到了！

第二句話：「你是有價值的。」

每一個人都需要被別人肯定，當一個人感覺有價值的時候，他就會覺得活得很有意義，孩子尤其如此。當孩子做了一些好的行為能夠得到重要親人的及時肯定的時候，他會覺得自己很有價值。相反，如果做了好事跟沒做一樣，完全被忽略了，這樣的結果會讓人毫無價值感。

第三句話：「你是獨一無二的。」

我們要讓孩子明白，你雖然不是完美的，但至少是這個世界上獨一無二的。全世界七十多億人中只有一個你，所以要懂得欣賞自己的優點。你有你的特質，你有你獨特的地方，儘管你不是聰明過人，也不是顏值驚人，但你始終是世界的唯一。

第四句話：「你是有貢獻的。」

很多現代家庭把孩子當成掌上明珠，什麼都不用孩子做，這樣的結果是慢慢地把孩子養成了廢物。而一些聰明的父母會讓孩子從小為家裡做些力所能及的事情，並及時地讚美孩子的貢獻，這樣成長的孩子，他從小就知道付出，這對形成孩子的價值感非常重要。

第五句話：「你是屬於這裡的，我們這裡需要你。」

一個飛機少了一個零件，是飛不起來的，是會有危險的。在一個組織裡面，不管是掃地的阿姨，還是運營全盤的CEO，他們在公司裡面、組織裡面都發揮著獨有的價值。同樣道理，讓家庭裡的每一個成員都對家庭有歸屬感，這個很重要。父母對孩子最大的傷害是，讓孩子覺得他在這個家是多餘的。這一點在一些重男輕女的家庭中長大的女孩子身上最明顯，這些女孩子從小都不被重視，長大之後往往都有一段很長的自我療癒的路要走。

經常對孩子說這五句話，一定能夠提升他的自尊。而如果你想培養一個有自我價值感、有自尊的孩子，我建議你把這五句話打印出來，掛在你家牆上，變成一個家庭裝飾品。

當然，一個人永遠都給不了別人自己沒有的東西，如果父母本身也是低自我價值的人，很難培養出一個高自我價值的孩子。那如果從這部分的內容裡你覺察到自己就是一個低自我價值的人，怎麼辦？

最好的辦法當然是找一位專業的心理諮詢師療癒自己。我經常呼籲大家，心理有病跟身體有病是一樣的，並不丟人，只要你願意找專業人士，就像你身體生病了找醫生一樣，你很快就會恢復到健康的狀態。

在你去找心理諮詢師之前，可以跟我做一個小練習：

找一個舒服的位置坐好，輕輕地閉上你的眼睛，背部靠著椅背，雙腳放到地板上，雙手放到大腿上，深深地吸一口氣，緩緩地吐出來。再深深地吸一口氣，緩緩地吐出來……

在這個過程中，大腦把注意力放到你的童年，想想小時候，父母是怎麼評價你的。他們說過一些什麼話，也許曾經傷害過你，或是你運氣比較好，能得到很多的鼓勵和愛。不管是什麼，請重溫一下，然後深深吸一口氣，把從父母那裡得到的好的評價吸進身體，把父母的差評隨著呼氣呼出體外，默默地在心裡跟父母說一聲：「爸爸媽媽，我知道你們對我的評價低，僅僅是因為你們對我有更高的期待而已。」

是的，沒有父母不希望自己的孩子卓越，父母為什麼會給孩子一個差評？是因為在父母心目中，你還可以變得更好。知道這一點很重要，因為當你明白了這一點，你就知道了，你並不是不夠好，而是還可以變得更好。

接下去，你要做的是，把當年父母對你的差評默默還給他們，在心裡再說一句話：「爸爸媽媽，我不是你們說的那個樣子，我收到你們對我的期待了，我要重新評價我自己。」

然後，用你的手抱抱你的肩膀，彷彿抱著一個孩子，重新做自己的父母，默默跟這個孩子說：「寶貝，雖然你還不是完美的，但是在我心中，你是獨特的，我喜歡你，我知道你會越來越好，我愛你。」

很多父母沒學過心理學，他們不懂，所以他們的語言有意無意中會傷害到孩子，雖然那不是他們真正的意思。我們今天已經是成年人了，當年父母做不到的，我們可以自己來完成，我們可以給自己一份肯定、一份認可、一份欣賞、一份鼓勵。如果連自己都不願意肯定自己，你還能指望這個世界誰可以肯定你呢？從現在開始，請做一個決定，好好重新評價你自己。

最後，請記住：我們的自尊，就是我們對自己的價值評價。而所有的評價都是主觀的，沒有一個統一的標準，你認為自己值十分，你就是十分，你認為自己零分，你就是零分，你的信念決定你的世界。愛自己，現在就給自己一個重新評價的機會，給自己一個好評！而如果你想改變一個人，最好的方法就是，通過你的語言，重新改變他的自我評價。

03 破框：人在框內，叫囚；人在框外，就是自由

前面我們講了什麼是框架，怎麼設框，怎麼換框，這一節內容，我們要講破框。為什麼要破框？因為人生有很多的困局，都源自我們被某種框架困住了。

為什麼我的錢總是不夠花？!這是很多人共同的困惑，網路上有一個段子：高中是錢夠花，覺不夠睡。大學是覺夠睡，錢不夠花。現在上班了，錢不夠花，覺也不夠睡。為什麼累死累活，錢還是不夠花？

錢不夠花時，人們會自然而然地做出一個決定：省錢，不敢花錢買書，不捨得花錢報課，連中午跟朋友一起吃飯也不捨得，自己找個藉口躲在房間裡吃泡麵。這樣的人會有進步嗎？沒有進步能夠賺到更多的錢嗎？自然是不能，於是，越省錢就越沒錢，越沒錢就越省錢，人生陷入一個死循環（如圖 3-4）。

錢的困局讓很多人痛苦不堪。夫妻關係困局，又是什麼滋味呢？

當夫妻有矛盾的時候，我們總想去改變對方。我們想改變對方，就會對對方提要求，

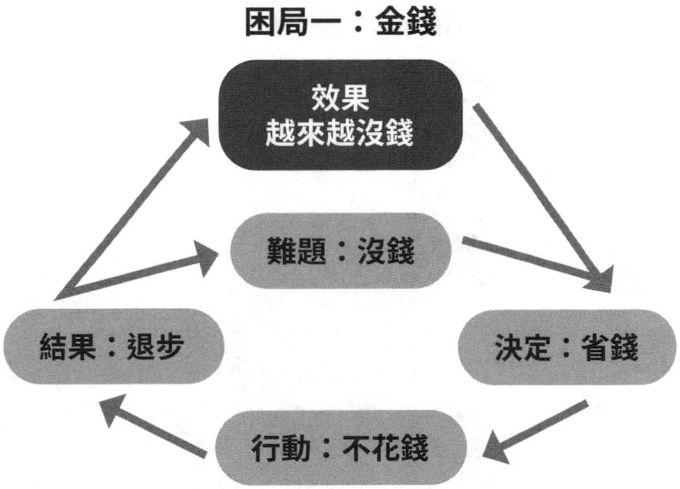

困局一：金錢

圖 3-4

我們越是對對方提要求，對方越要反抗，結果矛盾沒能解決，反而被強化了。「為什麼對方就是不肯改變呢？」在這樣的思想下，很多婚姻關係陷入了困局（如圖 3-5）。

除了夫妻關係外，在孩子教育問題上，很多在外面叱吒風雲的人物也遭遇了滑鐵盧。當孩子身上出現一些偏差行為，比如打遊戲、不做作業、拖拉、懶惰、打架、網戀等，很多父母想改變孩子，會下意識地採取控制手段，比如不給零花錢、語言上嘮叨不停甚至動手打孩子。可控制帶來的結果是什麼呢？哪裡有壓迫哪裡就有反抗，控制只會引發孩子的對抗，他們會愈加強化自己的偏差行為，到最後，越控制問題越大，親子關係也就陷入了困局中（如圖 3-6）。

幾乎所有中年人都會遇到這三大困局：錢越省越少、對另一半越是提要求矛盾越

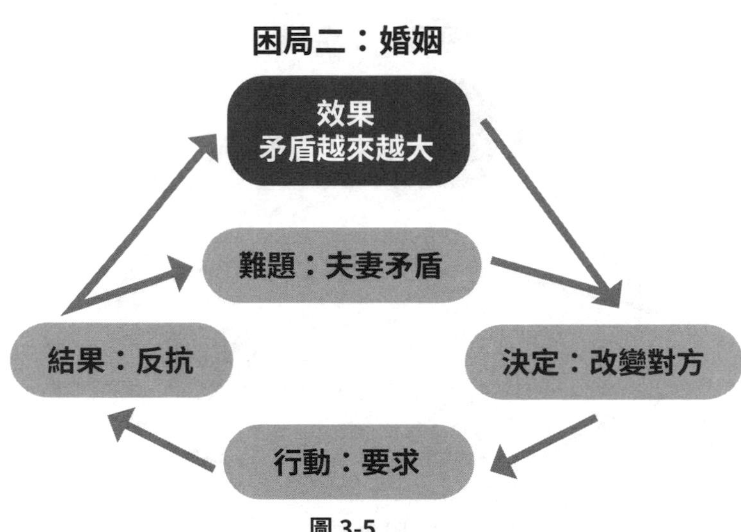

圖 3-5

大、孩子越管越叛逆。身處困局中，我們越是努力，越是得不到想要的效果，它就像一個旋渦，把人吸在裡面不停地旋轉，人身處其中卻無力掙脫，顯得特別渺小、無力又無助。

面對這種種困局，我們可以做點什麼呢？

人在框內，叫囚，身在框中，四處碰壁，人會非常痛苦（如圖 3-7）；人在框外，就是自由，跳出框外，世界無限大，人就會快樂起來（如圖 3-8）。破框的前提是我們能夠看得見這個框架。前面我們講了所有的框架都是一個信念、一個想法，因此，**所謂的破框，就是改變固有的信念，如此，我們就能從牢籠中走出來。**

泰戈爾說：「信念是鳥，它在黎明仍然黑暗之際，感覺到了光明，唱出了

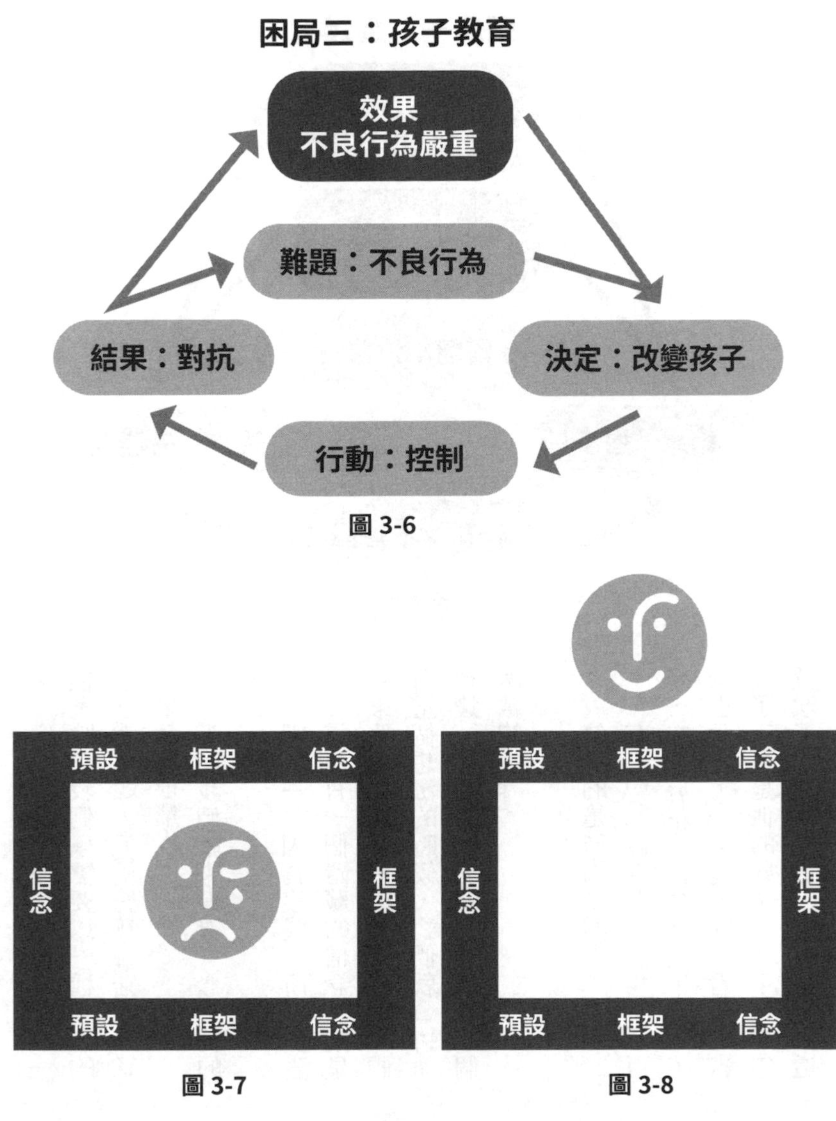
困局三：孩子教育
效果
不良行為嚴重
難題：不良行為
決定：改變孩子
行動：控制
結果：對抗
預設
框架
信念
信念
框架
預設
框架
信念
信念
框架
預設
框架
信念
信念
框架
預設
框架
信念

圖 3-6

圖 3-7

圖 3-8

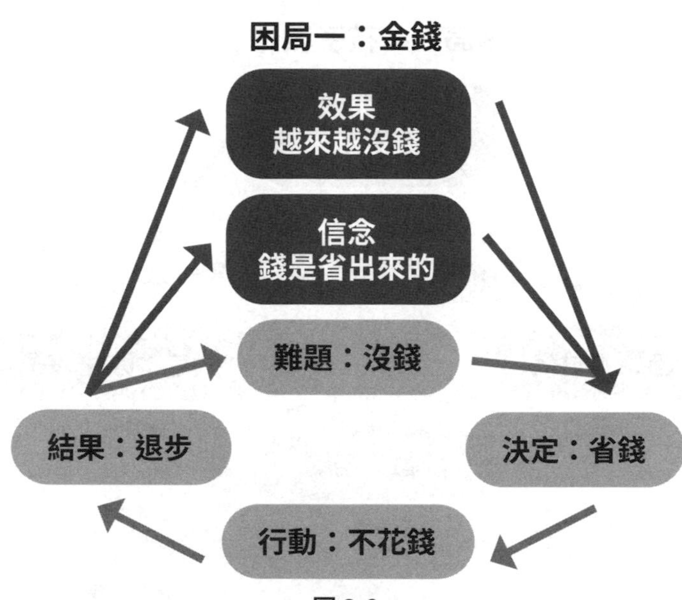

圖3-9

歌。」「一念天堂，一念地獄。」很多時候我們只需要以一種正確的信念看問題，一念之轉，無須努力，效果就會很驚人。

下面我們就來看看一念之轉的威力。

困局一，因為沒錢，所以要省錢，這裡有一個隱藏的信念：錢是省來的（如圖3-9所示）。當我們有這個想法的時候，我們就會拚命省錢，想要破框，就要去挑戰這個隱藏的信念。

錢真的是省出來的嗎？

有人買一雙品牌鞋花了五百元，穿了五年。另外一個人花了一百元買了一雙地攤鞋，看似是省錢了，可是他的鞋子穿了不到半年就壞了，又要去買一雙新鞋。他這筆支出是多了還是少了？

有人想方設法省錢，除了必要的衣食住行花銷外，一分錢也不肯多花。有人在滿足日常衣食住行花銷外，還每個月拿出一筆錢買書、買線上線下的課程，通過學習，個人能力越來越強。

十年之後，這兩個人誰會更有錢？

有人對漂亮的衣服、高端的消費敬而遠之，每天宅在家裡不出門，能不花錢就不花錢。有人會穿上一件高檔衣服，辦一個俱樂部的卡，去一些高檔場所結交朋友、交流信息。十年後，這兩個人誰更有錢？

為了省錢，放棄了進步的機會，我們就會越來越沒錢，越沒錢就越要省錢，越不肯花錢就越賺不到錢。很多人陷在這樣的惡性循環裡，把日子過得越來越差。正確的做法是怎樣的呢？

金融大鱷喬治·索羅斯說：「賺錢，一個乞丐就可以做到；用錢，十個哲學家都難以做好。」因此，賺錢的關鍵點不在於如何省錢，而在於如何花錢。如果你能把有限的錢花在提升自己上面，這樣你的能力就會有所提升，當你的能力提升了，你的賺錢能力也就提升了，你的錢自然會越來越多。這樣你就打破了原有的困局，進入了一個新的循環，原來的框架就被你破掉了。

省錢的結果，就會變成沒什麼好失去的了。**錢根本不是省來的，而是靠能力掙來的。**一味地省錢只會越省越窮，把錢投在自己身上，把自身變成一個轉化器，經過對知識的發酵，我們就能越來越有能力，就能創造出無限的可能（如圖 3-10 所示）。

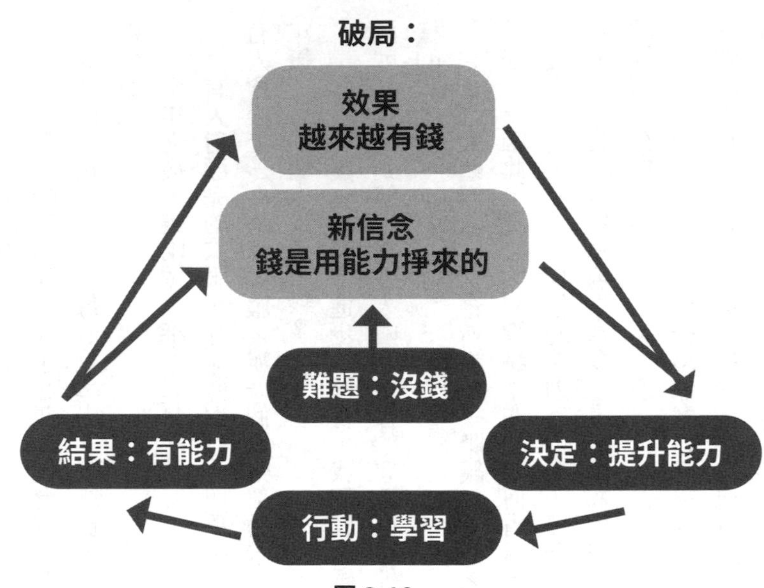

圖 3-10

困局二，所有婚姻出現問題的家庭，都有一個隱藏的信念：婚姻出錯的所有責任都是對方的。有一句話是這樣說的：成功的事業易得，而幸福的婚姻難求。為什麼？因為在很多人的觀念裡，事業的成功是自己的功勞，而婚姻的失敗都是對方的責任（如圖 3-11 所示）。

真的都是對方的責任嗎？

格式塔心理學又叫完形心理學，是西方現代心理學的主要學派之一，這個學派曾經用一首小詩來描述婚姻：

讓我們墜入愛河吧！

不過。

你先來。

在婚姻關係裡，我們總在等待另外一個人先來，到最後，誰也沒

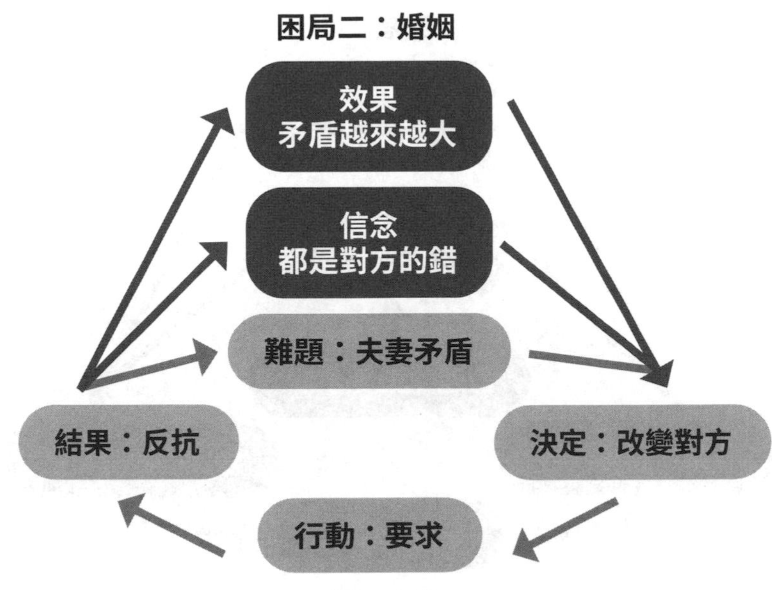

圖 3-11

有挪步，關係就僵住了。

小時候我們都看過《兩隻小羊過獨木橋》的寓言故事。小白羊從西往東走，小黑羊從東往西走，兩隻小羊在獨木橋上遇到了，小白羊說：「我先上來的，你退回去讓我先過。」小黑羊說：「是我先上來的，你該退回去。」兩隻小羊互不相讓，最後雙雙掉進了河裡。這個故事我們最熟悉不過，但仍深陷跟兩隻小羊同樣的困局中，如何才能破局呢？

婚姻困局中誰先退第一步？我們要轉變信念，不是誰先退，就說明誰輸了，而是誰先退，說明誰的水平高，誰有拯救婚姻的方法，誰就先行動起來。甚至對方有錯在先，我們也是有方法的，首先，我們要把對方擺在對的位置。前

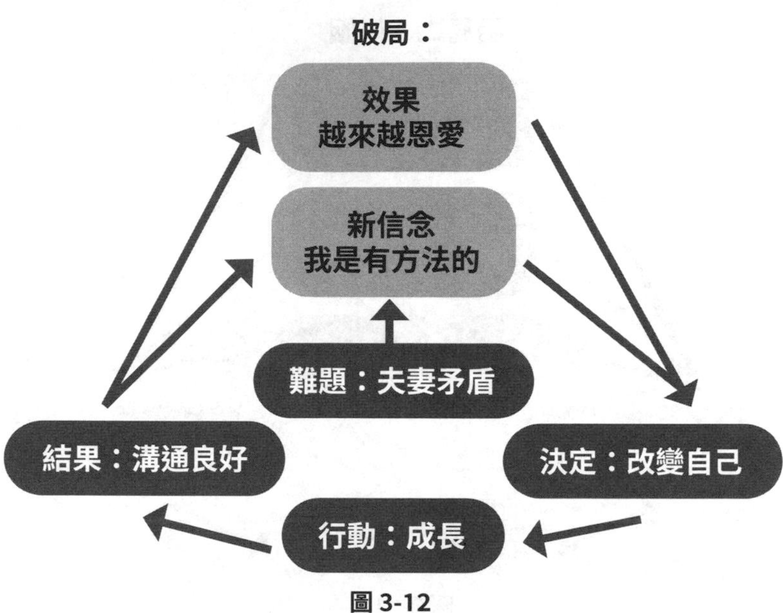

圖 3-12

面我們講過，你把對方擺在錯的位置，他會越來越錯，擺在對的位置，他才能變得更好。沒有人願意承認自己是錯的，人只願意承認自己是對的，進而他才有可能做得更好。另外，我們要明白，改變夫妻關係是從改變自己開始的。當我們改變自己時，我們就會通過行動來不斷提升自己的能力；當我們有了能力，我們的溝通就會越來越好；當我們的溝通越來越好，夫妻間就會越來越恩愛，我們就更加強化了這個信念：**我是有方法的**。如此，我們就更願意去改變自己。於是，在改變自己的過程中，我們的人生就會越來越好（如圖 3-12 所示）。

困局三，糟糕的親子關係背後有什麼隱藏的信念呢？

我這輩子聽過很多演講，其中星雲大師的一次演講最讓我震撼。我記得很清楚，那是幾年前，在廣州中山紀念堂，在互動環節，一位家長問星雲大師一個問題：「我的兒子現在是叛逆期，念初中，他現在有好多問題，打架、不做作業、不願意回學校上學，大師，我該怎麼辦呢？」星雲大師回答說：「這位施主，你複印過文件嗎？如果你發現複印件有錯誤的時候，請問你改複印件還是改原件呢？」

什麼意思？每個孩子都是父母的複印件，而父母才是原件。父母盯著孩子的不良行為，希望他做出改變，殊不知，最應該改變的是自己。

糟糕的親子關係背後都有一個隱藏的信念：聽話才是好孩子，叛逆的孩子不是好孩子，只有等孩子可愛了，我們才會去愛孩子。這樣的邏輯合理嗎（如圖 3-13 所示）？

我們《薩提亞的親子關係》課程的導師林文采博士，是著名的親子婚戀專家，她發明了一個偉大的詞：心理營養。什麼叫心理營養？我們身體長大，要吸收營養，比如，脂肪、糖、蛋白質、礦物質，等等。同理，我們的心理長大也需要營養的支撐，如果身體長大了，心理沒長大，那這種人就成了著名心理學作家武志紅老師口中的「巨嬰」。心理沒長大的原因是心理營養不夠，林文采博士對心理營養做了詳細的闡述，它包括愛、讚美、肯定、認可、表揚，等等。在一個人的成長過程中，如果他得不到這些營養，他的心理就會飢餓，一個心理飢餓的人，他就會向外求，拚命抓取外在的東西，並且抓到多少都不滿足。孩子之所以會出現不良行為，很大一個原因就是心理營養不足。他的心理一直處於飢餓狀態，

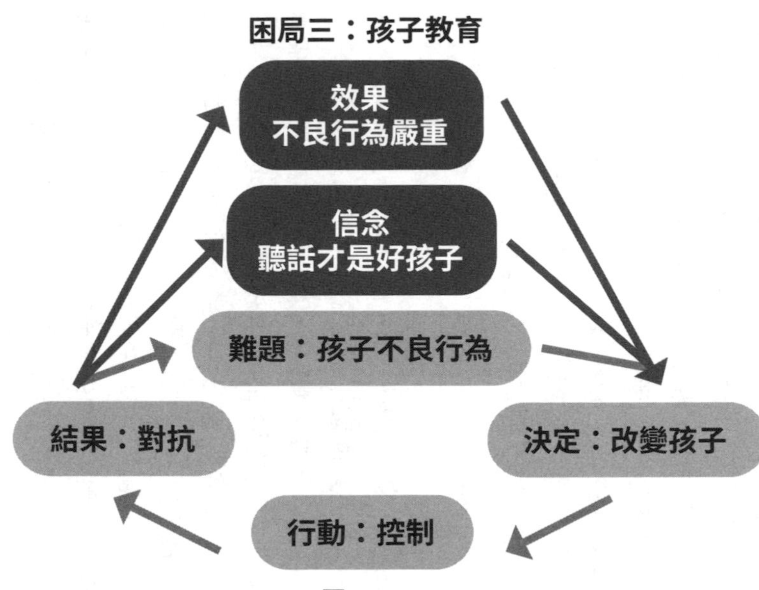

圖 3-13

他就會做出各種不良行為，希望能得到父母的關注。

對此，美國正面管教體系創始人簡．尼爾森在《正面管教》一書中做了詳細的闡述，她認為，當孩子小的時候，他們在原生家庭中「尋找歸屬感」和「確定自己重要性」需求的時候，如果沒有被家長滿足的話，孩子們就會出現一些偏差行為，這些偏差行為一般有四個階段。

第一個階段：引起注意。

孩子的腦門上就像是寫了三個字：關注我。他們一心希望自己得到父母的關注。學習好的孩子，他會拚命讀書，因為考出好成績就能得到父母的肯定。學習不好的孩子，他會出現各種調皮搗蛋的行為，比如，在家裡打爛東西、做事磨磨蹭蹭、早上賴床晚上不睡，所有這些調皮搗蛋的行為，都是為了抓住父母的注意力。

不僅僅是調皮搗蛋，有時候孩子還會用一些更奇怪的方法。跟大家分享一個真實的案例。故事的主人公是我公司的一位前同事，一個很優秀的小女孩，各方面的能力都很突出，但是每隔三個月，她就會大病一場，都要請一個禮拜左右的長假。等她回來上班，同事們關心地問她：「妳得的是什麼病啊？」她總會說：「醫生也查不出來，反正就是渾身不舒服。」後來，在一次聊天中，我發現了她生病的真相：這個女孩有一個哥哥，是位天生的殘疾人。一個是健康的孩子，一個是殘疾的孩子，父母的關注點自然全都放在了哥哥身上，她心裡很難過，總覺得父母不愛她，直到有一天，她偶然生病了，父母全都緊張地關心她、關注她，這場病讓她覺得特別幸福。自此之後，每當她想媽媽了，她的身體就會配合她，大病一場，每當這時媽媽都會過來看望她，媽媽來了，她的病很快就好了。三個月後，她又想媽媽了，就又病了，如此反復。就連她自己也沒意識到，她在用生病來吸引媽媽關注。

第二個階段：尋求權利。

孩子會不斷挑戰父母權威：「我不想做，你不要逼我！」因此，早上你讓孩子拿雨傘，他偏不拿；你讓孩子多穿一件衣服，他偏不穿；你讓孩子別吃垃圾食品，他偏要吃。他通過一切途徑跟家長抗衡，他只是想告訴家長：你不關注我，所以我就不聽你的。

第三個階段：報復。

孩子通過各種努力仍舊沒能得到父母的關注，他覺得自己被父母深深地傷害了，他會反過來報復父母。在這種心理下，他會通過各種手段讓父母難堪，比如，偷東西、打架、考倒數第一名，等等。

第四個階段：自我放棄。

很多父母以為孩子乖是件好事，可真相是，所謂的乖孩子就是自我放棄的孩子，他們經過反抗後發現，自己根本沒有力量跟父母抗衡，這個時候，他就會完全放棄自己人生的主導權，變得沒有主見、唯唯諾諾，這樣的孩子，你覺得是好孩子嗎？

如果你的孩子現在有一些東西還不能讓你滿意，那恭喜你，你的孩子還沒到最壞的階段，現在一切還來得及，你只要給孩子補充心理營養，就能讓孩子變得更好。當孩子有了足夠的心理營養之後，他就會表現出愛和關懷的行為，他就會變得更優秀和卓越，進而，你會給孩子提供更多的愛和關懷，如此，我們的親子關係就成功破框，進入另外一種良性循環（如圖 3-14 所示）。

從上面三個案例中可以看出，所謂破框，就是看見原有信念對人生的局限，挑戰原有的限制性信念，換一種強而有力的信念，這樣，人生中的很多困局就會迎刃而解。

一念之轉，我們就能從框架中走出來。破框最大的難點是，我們身處困局中，卻總想證明自己是對的，我們想盡辦法證明：錢就是省出來的，婚姻中的問題都是對方的錯，聽話的才是好孩子。當我們努力證明自己是對的，我們的道理正讓我們陷入困局。

人類最大的悲劇，就是腦子裡有錯誤的想法，而自己又意識不到。無論別人說什麼，自己都會堅守著自以為正確的道理，對別人驗證過的道理視而不見。身在框中，卻固執於自以為是的道理中，自然就只能被困框中了。

有位華人企業家說過這樣一句話：「雞蛋，從外打破是食物，從內打破是生命。」**從**

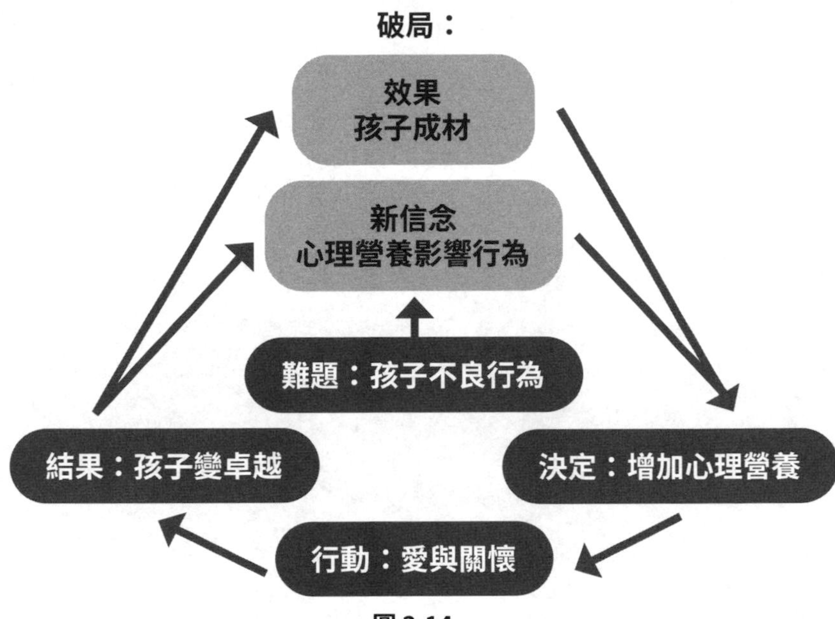

圖 3-14

內打破的力量是巨大的，對人生而言，破除內在框架，意味著跨越式的成長，意味著更好的重生。可人類的信念像金剛石一樣堅固，改變信念是世界上最難的事情，如何才能改變信念呢？我們在後面的章節詳細跟大家分享。

語言歸類法
智慧語言模式

「
- 我們有很多執著的念頭，像金剛石一樣堅固。
- 只要掌握了恰當的語言技巧，我們就能改變最頑固的人類執念。
- 只要你需要跟別人達成共識，避免跟別人對立，或者需要得到別人的信任和支持時，都可以使用上歸類語言。
- 下歸類的語言技巧可以幫助我們對整件事情有更清晰明確的認識，找尋具體細節、數據。
- 橫歸類可以容許我們將兩樣看起來毫不相干的事物自由連接，同時可以讓我們跳出原有的框架，發現無限的可能性。

」

語言是一種能夠改寫歷史的力量

我們先來看一個故事。

春秋時期，宋國最後一任國君宋康王，窮兵黷武、暴虐無道，是個典型的好戰分子，他四處發動戰爭，侵略鄰國。而戰爭非常耗費國力，連年征戰使得整個國家民不聊生。於是，宋國的忠臣們紛紛勸諫宋康王停止戰爭，休養生息。可宋康王不僅聽不進去，還以動搖軍心為由殺了幾個大臣。這時，宋國的口才大師惠盎出場了，惠盎是儒家傳人，主張仁義治國，他準備用仁義之道去勸諫宋康王，朋友知道後，勸他：「宋康王是個荒淫暴虐的昏君，有人勸諫他，都被殺了，人們都稱呼他『桀宋』，你用仁義之道去勸諫他，肯定會被砍頭的。」

惠盎不聽，他義無反顧地來到朝廷，拜見康王。剛一見面，康王就毫不客氣地大聲說：「我只喜歡那些勇武有力的男子漢，不喜歡那些滿嘴仁義道德的謙謙君子。你來見我，有何見教啊？」

對康王這毫無禮貌的舉止言談，惠盎毫不介意，他誠懇地說：「大王，我知道你希望勇武的男子漢來保護您、保護我們國家。我有一個這樣的道術，可以讓再勇武的人都不敢揮刀刺您、不敢傷害我們國家，大王，您願意聽一聽嗎？」康王的態度一下就和緩了，他說：「好，我很想知道。」

惠盎又說：「那些人雖然不敢刺您、不敢傷害我們國家，但是保不準他們有這樣的想法。我有一種道術，可以徹底打消人們敵對的想法，您願意聽一聽嗎？」康王越聽越高興了，他急切地說：「好，這正是我所希望的。」

惠盎又說：「那些人雖然沒有敵對的想法，但是不見得有愛戴您的忠心。我有一種道術，讓天下所有男子女子都愛戴您。大王您難道無意於這種道術嗎？」康王兩眼放光，更興奮了，他說：「快說，這正是我想要得到的。」

惠盎說：「孔丘、墨翟就能做到這點。他們沒有領土，卻能像君主一樣得到尊榮；沒有官職，卻能像官長一樣受到尊敬。天下的男子女子無不伸長脖子，抬著腳跟盼望他們。大王您現在是擁有萬輛兵車的大國君主，若真有這樣的志向，百姓對您的愛戴肯定能遠遠超過孔丘、墨翟。」惠盎說完，便快步離開了。康王呆愣了很久才長嘆一口氣，對身邊的人感嘆說：「真是善辯啊！他只用這麼幾句話就說服了我。」

這個故事裡，惠盎用簡單的幾句話說服了一個暴虐無道的君主。他是如何做到的呢？

佛經中的《金剛經》，全名叫《金剛般若波羅蜜經》，意思是我們有很多執著的念頭，像金剛石一樣堅固，《金剛經》引導人們破除一切執念，排除妄想。語言有著像《金剛經》一樣強大的力量，**只要掌握了恰當的語言技巧，我們就能改變最頑固的人類執念。**

02 上歸類：與持不同觀點的人達成共識

天地萬物皆為吾師，我們這裡跟算命先生學習一下。

我猜，不少人都被別人算過命，不管是用生辰八字、手相還是星座，也許你還覺得算得挺準，對嗎？其實，算命先生的語言是有技巧的，如果你掌握了這些技巧，你也可以幫別人算一算，而且還挺準的。

這是一種怎樣的語言技巧呢？我們來看一下這種常見的場景。

某天你走在大街上，有人從背後叫住你說：「我看你印堂發亮，你最近一定有些好事正在發生，對吧？」對於一個現代人來說，每天都會發生很多事情，在那麼多的事情裡面，總會有一兩件可以稱之為好事的吧？於是，你會覺得算命先生說得真對。取得了你的信任之後，他就要開始賺你的錢了，接著說：「我看你走路的樣子，你好像有些心事，這些心事可大可小啊！如果不及時解決，會有嚴重後果。」又被說中了對不對？於是你馬上就想到了最近一直困擾你的問題，心裡暗暗驚嘆：這算命先生怎麼這麼厲害？我的問題被他一眼就看出來了。

你曾有過類似的經歷嗎？有的人跟算命先生一樣，他好像能讀懂你的心，你的很多心事好像都被他看穿了。其實，沒有你想像的那麼神奇，他們只不過運用了一種語言技巧而已，這種技巧叫作「上歸類」。

所謂上歸類，就是擴大語言的範疇，由細節上移到大畫面、由個別例子擴展至一般事件。因為範疇足夠大，所以，你內心所思所想都在語言的範疇之內。這就像如來佛的手掌心，任憑孫悟空有七十二變，都跳不出來。

以上面的算命先生為例，他說的「有好事發生」、「有些心事」等，都是範疇很大的語言，至於什麼好事、什麼心事，他並不知道。如果他說的詞語範疇很小，就很難猜中。

我們來看看下面這幾個詞：

賓士、轎車、車、交通工具、工具。

它們的範疇一個比一個大，如果你是算命先生，你對顧客說：

「我知道你是坐賓士來的。」

這麼說出錯的概率就非常大，但如果你說：

「我知道你是藉助交通工具來到這裡的。」

那準確概率就一下子高很多了。這種把語言上升到一個更大的範疇，讓詞語涵蓋更多內容的語言技巧，叫作「上歸類」。

有形物品的上歸類很容易理解，就是把物品上升到一個更大的範疇。比如手錶，它的上歸類就是生活用品；蘋果的上歸類是水果；牛肉的上歸類是食物等。下面我想跟大家分享行為的上歸類。

比如，你們現在正在做的行為「讀書」，它的上歸類應該是什麼呢？

每一個行為的背後都有一個正面動機，也就是這個行為的意義和好處。行為也許有錯，但動機總不會有錯。以小偷為例，小偷偷東西這個行為肯定不對，但他為什麼要偷東西呢？他的正面動機也許是為了讓自己生活得更好，你能夠說「讓自己生活得更好」這個動機是錯的嗎？

行為背後的正面動機就是行為的上歸類。讀書的正面動機是學習和成長，成長就是讀書的意義。為什麼說成長是讀書這個行為的上歸類呢？因為成長除了讀書之外，還可以通過其他方式達到，比如上課、旅遊、交朋友等，也就是說，成長涵蓋了讀書、上課、旅遊、交朋友等這些行為方式，它的覆蓋範圍比單個行為更廣。

當然，上歸類語言並不是只有算命先生會用，只要你需要跟別人達成共識，避免跟別人對立，或者需要得到別人的信任和支持時，都可以使用上歸類語言。政治家的演講中隨處可見這樣的例子，比如馬丁·路德·金恩的著名演說《我有一個夢想》、巴拉克·歐巴馬的演講《我們需要改變》等。他們為什麼能引起很多人的共鳴，因為但凡有上進心的人都會有夢想，都會想著改變，這是一個大範疇的語言，它展現了大多數選民的內心世界，所以，能夠獲得選民的支持。

在社交場合，陌生人第一次見面，雙方互不了解，第一句話說什麼呢？「今天天氣不錯」、「你今天看起來很精神」、「一看就知道你是一個追求生活品質的人」……這些話一定是對的（假如真的是好天氣的話），因為這些話的歸類範疇都很大。它們聽起來是廢話，卻能有效地拉近雙方的距離，打破彼此的隔閡，這就叫「廢話不廢」。

在 Yes Set 章節，我們講過，要想說服別人，為了打消對方的牴觸心理，一個有效的方法是引導對方說「yes」，他連續說了幾個「yes」後，我們再提出我們的建議，他很容易就能接受。可怎樣才能讓對方連續說「yes」呢？這裡就需要用到上歸類法，你提出的問題的範疇足夠大，他就不得不說「yes」。

引導一個人上歸類的問話方式有：

「更大的範疇是什麼？」

「這對你有什麼意義／好處？」

「這會帶給你什麼？」

只要你說的範疇足夠大，就很容易跟對方達成共識，迅速拉近彼此的關係，這就是上歸類法的魅力。

下歸類：找出問題癥結，讓問題迎刃而解

說完了上歸類，我們來看看語言的另一個方向：下歸類。

在工作和生活中，我們經常會聽到下方這樣的對話：

員工向老闆匯報工作：「老闆，出事了。」老闆一聽，心裡咯噔一下：「又有麻煩了，怎麼辦？」

伴侶之間，一方跟另一方說：「我們的關係最近出問題了。」另一方一聽，馬上就緊張起來。

孩子跟父母說：「老師講的我聽不懂，我不想上學了。」父母一聽，不知如何是好。

心理諮詢師也經常遇到顧客說：「我的人生遇到一個很大的坎，我不想活了。」缺乏經驗的諮詢師，不知下一步如何進行……

聰明的讀者朋友，我相信你一下子看明白了，這不就是上歸類的語言嗎？「出事了」、「出問題了」、「老師講的」、「很大的坎」這些詞都是歸類範疇很大的詞。

任何事情都有它的兩面性，上歸類也一樣。上一節我們講了上歸類的好處是可以和不同觀點的人達成共識，構建和諧關係。另一面從上面這些例子中可以看出來，上歸類會放大問題，讓人們不知不覺間被問題所籠罩。那怎麼辦呢？

以第一個例子為例，聰明的老闆會問：「出什麼問題了？」

員工：「有顧客投訴我們。」

老闆：「有多少個顧客投訴？」

員工：「只有一個。」

老闆：「投訴什麼產品？」

員工：「某某產品。」

老闆：「這種產品佔我們公司產品的比重多少？」

員工：「大概千分之一。」

對話進行到這裡，你是不是可以長長地舒一口氣了？因為出問題的僅僅是你眾多產品中的極小部分，只要迅速把這小部分產品進行革新，問題就會迎刃而解。

這種通過發問，不斷把語言的範疇縮小的過程叫作「下歸類」。下歸類是由一般事件到特定事件，從整體到部分，從宏觀到微觀。下歸類的語言技巧可以幫助我們對整件事情有更清晰明確的認識，找尋具體細節、數據。在溝通中，下歸類可以找出問題的癥結，讓問題迎刃而解。

下歸類的通常問話方式如下：

「具體是什麼？」

「什麼時間、地點、人物？」

「怎麼做？做什麼？」

「細節是什麼？」

掌握了下歸類，下次有人對你感嘆「這份工作，我真的不行」時，你可以用下歸類的語言一直往下問：「你哪裡不行？是團隊關係方面不行，還是業務能力方面不行？你一天八小時的工作時間，有多長時間是不行的？多長時間是行的？」在你的引導下，他或許就會意識到：哦，我的業務能力還行，就是團隊關係不行，80％的工作我能處理好，有20％的工作沒處理好，如果這就放棄，還為時尚早。

04 橫歸類：提升自己的創意能力

這個世界是一個矛盾體，每年都有大量的人找不到工作，可是做老闆的人都知道，要找到一個能用的人才是多麼困難，特別是那些有創意的人才。為什麼會這樣呢？我們從中國父母對孩子的教育方式上也許能看到一些端倪。

我從事心理教育工作二十多年，也涉及親子教育的部分內容，在講親子教育類的課程時，經常被家長問到這樣一個問題：「孩子不聽話怎麼辦？」從這個問題可知，在大多數家長的心目中，聽話的才是好孩子。可是聽話的結果是什麼呢？下面給大家分享一位美國藝術家的觀點。

我兒子是學藝術的，大一那年我去美國看他。他的一位藝術老師聽說我們來了，想見一見我們，於是邀請我們一家到她家裡做客。在和老師聊天的時候，老師當著我兒子的面批評我兒子，說我兒子學習不用功，畫畫基本功不夠扎實。正當我們一家人感到沒面子的時候，老師話題一轉，開始表揚我的兒子，說：「這孩子的畫風非常自由，沒有束縛，我教過不少中國學生，他們往往基本功很扎實，但可惜的是畫風基本固化了，只會按照一些套路去畫畫。你的孩子仍然保持自由奔放的畫風，這實在難得。基本功任何時候學都來得及，但畫風一旦固化了，藝術生涯基本就結束了。」

多麼有見地的觀點！我想，這番話不僅適用於畫畫，同樣適用於人的一生：任何時候學知識、提升能力都來得及，但一個人的思維模式一旦形成，他的一生基本上就被框定了。

聽話的結果很可能就是放棄自己的主見，犧牲創意，只會按照父母或者權威的要求做事，這樣的人，就算努力學得了一身好本領，人生也沒有什麼大作為，因為他只會重複別人曾經走過的路。

那怎樣才能讓孩子有創意呢？這就需要學習橫歸類的語言技巧了。

所謂橫歸類，就是在同一個組別中，由一個組別移向另一個組別。橫歸類可以容許我們將兩樣看起來毫不相干的事物自由連接，同時可以讓我們跳出原有的框架，發現無限的可能性。

很多在家裡負責買菜的朋友都會很為難，因為不知道今天該做什麼菜。但你用橫歸類的方法試試，你會發現你有無窮無盡的選擇。我們先從炒這個組別開始，炒可以用肉和蔬菜兩個類別進行組合，常用的肉類有豬肉、牛肉、羊肉、雞肉、鴨肉、鵝肉、兔肉等；蔬菜類有白菜、菜心、空心菜、娃娃菜、豆瓣菜、香菜等。於是這兩者一組合就有了：豬肉炒白菜、豬肉炒菜心、豬肉炒空心菜、豬肉炒娃娃菜……我想我不用寫下去了，學過數學的朋友都知道，單這兩樣的組合就好幾十種，如果三樣進行組合，那是幾何級數的增加，而且，這僅僅是炒這一個類別，再加上炸、煎、燒、燜、燴、熏、燉、煮、蒸……這豈不就是無窮無盡了？

還記得前面講框架那一章提到的無望框架和破除方法嗎？一個人之所以沒有創意，是因為被某個「無望」的框架給困住了，所以，想不到其他的可能性。橫歸類就是讓你從一個框架中走出來，進入同一層次的另外的無限可能性中。

那如何才能讓一個人進行橫歸類式思考呢？下面幾句話就是經典的問句，我把它稱為「潛能開發問句」：

「你說呢？」

「還有呢？」

「除了……之外，還有呢？」

「假如有的話，是什麼呢？」

比如，你的孩子問你：「爸爸／媽媽，人類從哪裡來的？」如果你簡單地把你從書本裡看到的所謂知識告訴他：「人是猴子進化來的。」這樣你的孩子只有這一個答案，這個答案也未必是正確的。更要命的是，當他有一個答案之後，他就停止了探索。但如果你不是簡單地塞一個答案給他，而是反問他：

「你說呢？」

孩子會問你這個問題，他一定是經過思考的，他會有他自己的答案，只是他不確定而已，經你這樣一問，他也許會說：

「書裡說是猴子變的。」

當他有了一個答案之後，你接著問他：

「還有其他可能性嗎？」

這時，他就會開始思考，把他以前知道的說出來：

「聽同學說，是上帝創造的。」

你不要停止，接下來繼續問：

「除了是猴子變的和上帝創造的這兩個可能性之外，還有呢？」

這時候，他就會思考，源源不斷地說出各種他知道的可能性，直到他說「沒有了」，你依然不要放過他，繼續追問一句：

「假設還有的話，是什麼呢？」

這個時候，他很可能就會陷入沉思，經過深思之後說出來的，很可能就是他自己的創意了。

你試想一下，如果是在這樣的對話中長大的孩子，他未來會是一個怎樣的人呢？

05 智慧語言模式：高情商的語言技巧

如果對上歸類、下歸類和橫歸類進行比喻：上歸類就像一隻鷹，牠飛得高，看得廣；下歸類就像一隻老鼠，雖說鼠目寸光只看得到眼前，但牠勝在能將眼前的事物看得一清二楚；橫歸類則是這個比喻本身，它能讓你跳出原有的框架，找到更多的可能性。

我們以車為例，圖 4-1 所示就是它的三種歸類：

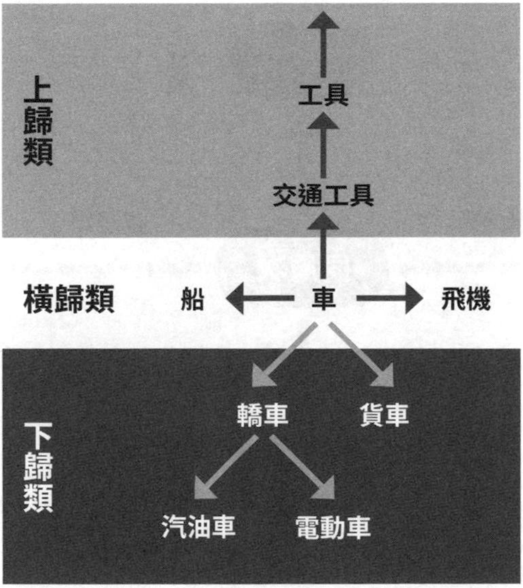

上歸類
工具
交通工具
橫歸類
船
車
飛機
下歸類
轎車
貨車
汽油車
電動車

圖 4-1

歸類法還可以用攝影來做比喻，上歸類就像廣角鏡，它可以將更大的視野收入照片中；下歸類就像長焦，就算是遠距離的景物，也能夠將細節拍得清清楚楚；橫歸類就是手拿相機的這個人，他可以選擇將鏡頭對準哪裡。

上歸類，就是將事物上升到更大的範疇，或者找出當事人行為的內在推動機制。下歸類，就是拿到了解事情真相所需要的具體資料。橫歸類，就是讓當事人看到更多的可能性，如圖 4-2 所示：

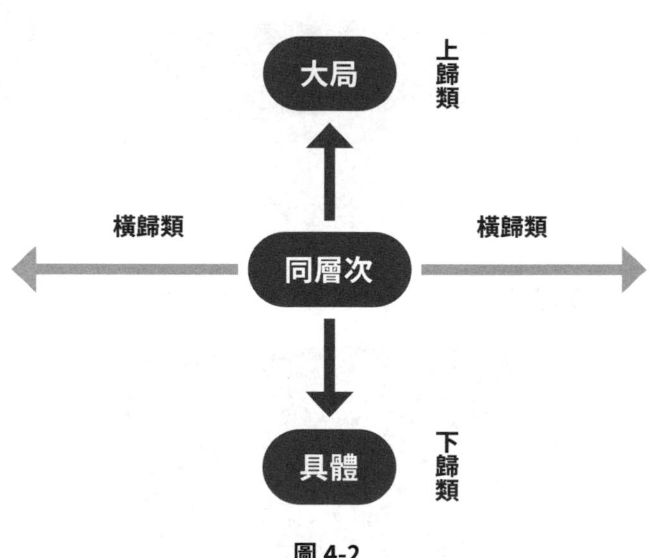

圖 4-2

如果用一句話來概括歸類法，它就是**「上歸類求共識，下歸類更清晰，橫歸類多選擇」**。

下歸類除了會讓你看得更清晰之外，也會帶來一個副作用，會引發分歧。比如，夫妻倆在商量買車，老婆說：「老公，咱們買輛車好不好？」老公說：「好啊。」在這個層面，兩人達成了一致意見，再往下進行下歸類，麻煩就出現了。老公說：「買什麼車？」老婆說：「買BMW。」老公說：「不行，買大眾。」爭吵就此開始了，這就是下歸類會產生分歧的原因。那怎麼辦呢？這時，只要話題往上走，上歸類求共識，爭吵很容易就平息了。老婆說：「老公，不就是買車嗎？我們都是為了生活的方便，對不對？」老公肯定會點頭：「對，老婆說得有道理。」

從這個案例中可以看出，如果雙方有分歧，只要一方把話鋒往上歸類方向一轉，雙方馬上就可以達成共識。那些高情商的人之所以會受人歡迎，就是因為他們善於在觀點不一致時，先從上歸類開始。

我們回頭再來看看惠盎說宋康王的故事，面對宋康王的譏諷，惠盎說：「我知道你希望勇武的男子漢來保護您、保護我們國家。」他將宋康王喜歡勇武的男子漢這件事上升到了意義層面，這是上歸類，通過上歸類，惠盎跟宋康王達成了共識，兩人站在了同一條戰線上，消除了彼此間的牴觸。接下來，惠盎提出了幾個選擇：「讓再勇武的人都不敢揮刀刺您」、「徹底打消人們敵對的想法」和「讓天下所有男子女子都愛戴您」。他讓宋康王看到了多種可能性，給了幾個高下立判的選擇，這屬於橫歸類。最後惠盎說出了自己的答案：「像孔丘、墨翟一樣走仁義之道，就能得到天下的愛戴。」這裡給出了解決問題的行動方案，屬於下歸類。惠盎通過上歸類、橫歸類、下歸類這三招，把宋康王從固執的思維框架裡帶了出來。

我們經常會羨慕某些高人，但如果僅僅停留在羨慕階段，對我們毫無意義。我們不僅要知其然，還要知其所以然，才能從中受益。通過對惠盎說宋康王故事的剖析，我想大家已經看出惠盎這位智者的語言模式了，他的語言模式其實就是「上歸類—橫歸類—下歸類」的組合，我把這種組合方式命名為「智慧語言模式」，如圖 4-3 所示：

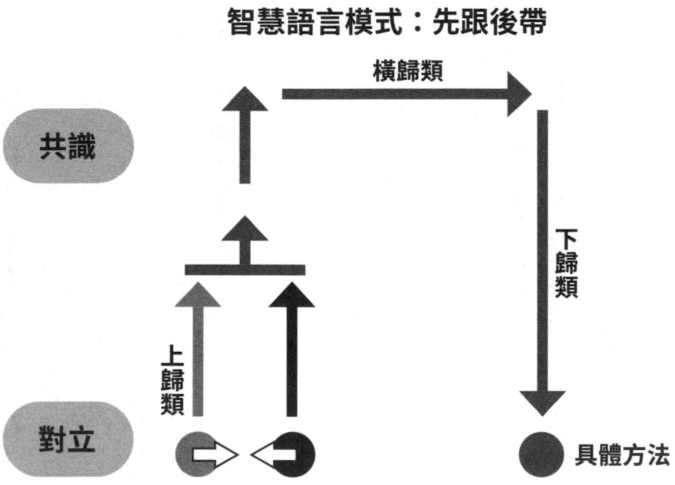

智慧語言模式：先跟後帶

圖 4-3

我們再來看一個簡單的、更容易理解的案例。我兒子東東上小學的時候，有一天突然跟我說：「爸，我不想在家吃飯了，我要吃麥當勞。」在我的觀念裡，麥當勞是垃圾食品，小孩不能吃，可如果我直接拒絕的話，我們的父子關係立馬就會對立起來。於是，我用了一個上歸類的方法，我說：「東東，你不想在家吃飯，想到外面吃頓好的，對嗎？」我把吃麥當勞上歸類到吃頓好的，這跟他達成了共識，他說：「是啊，家裡的飯我吃膩了，我想吃頓好的。」我說：「吃頓好的可以啊，爸爸陪你，但是我不喜歡麥當勞，還有別的選擇嗎？」我引導他進行橫歸類，他說：「肯德基也行啊！」我搖搖頭：「不都是漢堡加薯條嗎？再換一個。」他說：「那就必勝客吧！」我勉強接受必勝客，就繼續進行下歸類：「我們到哪裡吃啊？」他說：「到天河城，吃完之後我們一起看電影。」我同意他看電影的要求，然後引導他：「我也很想跟你看電影，不過你作業做完了沒有啊？你做完作業再來找我，好不好？」兒子聽完，高高興興地做作業去了。我們的談話主題本來是要不要吃麥當勞的，最後被我帶到了做作業。這個叫作先跟後帶，我們做任何一個事情，總會有一些動機的，我們把它上升到動機之後，就能夠轉化這個力量，讓它變得為我所用。

從上面兩個例子中，大家已經充分體會了三種歸類方法整合起來的威力，我們在某一個層面，會跟對方有一些衝突，處於兩個對立的層面，這個時候，我們可以先上歸類求共識，再橫歸類增加選擇，最後下歸類找到具體的行動方案，這是一套非常有用的智慧語言模式，它能有效解決分歧，把對方從固有思維中帶出來，引到我們需要他去的地方。

前面提到語言與刀劍一樣具有力量，也跟刀劍一樣會傷人。

現代社會，城市就像是巨大的鋼鐵叢林，人們雖然不會再像戰爭年代那樣隨時有可能被刀劍所傷，但人的語言冷嘲熱諷，也讓你防不勝防。

「你怎麼這麼笨？」

「你腦子進水了？」

「你這衣服也太難看了吧？」

「你怎麼又肥了呢？」

……

類似的話語是不是很熟悉，這些話語讓我們的心被深深刺痛了，我們受到了深深的傷害，怎麼辦？脾氣差的人就直接拳腳相向了，脾氣好點的，一股氣憋在肚子裡，能憋出內傷。總之，面對別人的言語攻擊，不傷人則傷己。

在百度上搜索關鍵詞「言語不合殺人」，相關結果有三千多萬個，語言攻擊顯然已經成了一個影響很大的社會不和諧因子。怎麼破解這個難題呢？用智慧語言模式就可以了。

比如，下次再有人說你的衣服很難看，你可以馬上上歸類：

「謝謝你這麼關心我的形象。」你從對方的攻擊性語言中，先看到他的正面動機——只有關心你形象的人才會在意你的衣服，難道不是嗎？然後橫歸類：

「那你有什麼好的建議嗎？我穿什麼衣服才好看呢？」如果他說出了其中一種方式，你接著橫歸類：

「還有嗎？」

「除了這些，還有嗎？」

這時候，你會發現，對方已經變成了你的服裝顧問了，當你從他眾多的回答中找到一個你也認同的，你就可以下歸類了：

「到哪裡能夠買到你所說的衣服？你能帶我去買嗎？」

你看，本來是攻擊你的人，被你這樣一跟一帶，突然就為你所用了。

當然，也許有讀者會說：「如果對方說，你穿什麼都不會好看。」這該怎麼辦？冰凍三尺非一日之寒，對方有這樣的反應，很可能是你平時樹敵太多的結果，對方內心明顯積壓了很多對你的負面情緒。

日本有一種跟中國太極非常相像的功夫叫作合氣道，合氣道不主張主動攻擊，但當別人攻擊我的時候，我可以把對方的力量轉化成我的能量，因此，對方的力量越強，我借用他的力量就越多。智慧語言模式有著跟合氣道同樣的原理，我們可以把對方的任何攻擊接下來，一上一橫一下，通過這樣的轉化，把別人的攻擊轉化成自己的能量。

《三國演義》中有一個經典的故事——諸葛亮草船借箭。曹營的箭是用來攻擊諸葛亮的，可諸葛亮卻巧妙地用草人把這些箭借了過來，轉化成了自己的資源，然後敲鑼打鼓地讓士兵大聲地喊「謝丞相送箭」。攻擊性的語言跟箭一樣，可以傷你，也可以為你所用，全憑你的應對方式。就像美國心理學家薩提亞女士說的那樣：「問題不是問題，如何應對問題才是問題。」

我非常喜歡看《三國演義》，蘇軾的《念奴嬌．赤壁懷古》裡有一句話形容周瑜：「談笑間，檣櫓灰飛煙滅。」讓我對周瑜佩服得五體投地。當然，現在是和平年代，我們不需要讓敵國的檣櫓灰飛煙滅，但每個人內心都有各種各樣的心魔，所以，我有一個理想：談笑間，心魔灰飛煙滅。我相信，只要能熟練地運用這些語言方法，總有一天，你就能夠做到，讓心魔在談笑間灰飛煙滅。

催眠語法

繞過你的防衛，給潛意識下指令

「

- 對於不確定的事情，大腦總想得到一個確定的答案。對於未完成的事情，大腦總有一種要去完成它的衝動。
- 運用大腦的這種特性，我們人為地創造一種空白，讓你的大腦通過想像去填滿它，這就是催眠。
- 很多時候，我們的未來並不是由意識決定，而是由潛意識決定。
- 催眠就是作用於人的潛意識，它可以繞過我們意識的防衛，直接對潛意識下指令，進而讓人活得更加清醒。

」

一句話足以改變一個人的命運

先來看兩個小故事。

一九一九年，在美國的一個小農場裡，一個十七歲少年被兇猛的脊髓灰質炎（俗稱小兒麻痺症）襲擊了，他全身陷入了癱瘓，除了說話和轉動眼球外，不能做任何事情。男孩的媽媽請來了三位醫生，他們做出了同樣的診斷：「妳的兒子活不到明天了。」對於一個母親來說，這話實在是太殘忍了，躺在床上的男孩雖然不能動，可他的意識是清醒的，看著傷心的母親，他在心裡默默對自己說：「我一定不能讓醫生們的斷言實現。」第二天，男孩的媽媽再次請來了醫生，醫生看到男孩不僅活著，而且精神更好了，感到非常驚訝，可他一直信奉的醫學常識還是促使他再一次對男孩的媽媽做了一個殘忍的斷言：「妳的兒子就算能活下來，也永遠站不起來了，他會終生癱瘓。」男孩聽到這話，又在心裡默默地對自己說：「我一定不能讓醫生的斷言實現。」結果如何呢？幾年後，這個男孩成功站了起來，直到八十多歲才去世。

這個男孩就是著名心理治療師米爾頓．艾瑞克森，他是醫療催眠、家庭治療及短期策略心理治療的權威，又被譽為「現代催眠之父」。小時候的這段經歷讓他發現語言有激發人類潛能的力量，它能幫助人類戰勝身體的疾病，還能幫助人們走出心理上的誤區，改變人類的命運。後來，他用一句話改變了一個孤苦的老婦人的人生。這就是我們的第二個故事。

當時，艾瑞克森到美國中南部的一個小鎮講學，他的一個學生就在這個小鎮裡，聽說老師來了，他專門找到艾瑞克森請他幫忙。他說：「我的姑母獨自居住在一間古老的大屋裡，無親無故，她患有重度的抑鬱症，過得很不開心，可她特別倔強，不肯改變生活方式，你看有沒有辦法幫助她？」艾瑞克森是一個特別善良的人，聽學生說後，他特意抽出時間去拜訪了這個老婦人。

到了之後，艾瑞克森發現，在這棟又老又舊又大的房子裡面住著一個了無生氣、滿臉愁容的老婦人，雙方簡單介紹後，艾瑞克森和善地對老婦人說：「我能參觀一下妳的房子嗎？」於是，老婦人帶著艾瑞克森一間房一間房地參觀。艾瑞克森真的想參觀這棟老屋嗎？不是，他是在找一樣東西！他想在這老婦人毫無生氣的生活環境裡，找尋一樣有生命氣息的東西。終於，在一間房間的窗台上，他找到了幾盆小小的非洲紫羅蘭——屋內唯一有活力的植物。艾瑞克森由衷讚歎道：「這幾盆小花真漂亮。」老婦人聽了這話，有點動容，她說：「我在家沒事做，就喜歡打理這幾盆小東西，這一盆還開花了。」這時，艾瑞克森說了一句話，就是這句話，改變了老婦人未來的人生，他說：「如果妳的鄰居或者朋友們在他們人生的特別日子裡，比如結婚、生子或生日的時候，能收到這麼漂亮的花，妳想，他們該有多開心啊！」

艾瑞克森留下了這句話，就告別離開了。在以後的日子裡，老婦人開始大量種植非洲紫羅蘭，她開始留意鄰居近期特別的日子，到了這一天，她會從花圃裡挑選一束最漂亮的小花送給他們。幾年過去了，小鎮的人雖然忘記了老婦人的名字，但他們都稱呼她「非洲紫羅蘭皇后」。有一天，小鎮當地報紙的頭版頭條變黑了，上面大大的標題寫著：今天，我們痛失了非洲紫羅蘭皇后。原來這位老婦人過世了。在老婦人的葬禮上，這個不到三萬人的小鎮，有好幾千人出來為老婦人送行。由送葬的場面，我們就能感受到老婦人的晚年一定很幸福。

從這兩個故事中，我想大家已經領略到了催眠的威力，不管是對自己，還是對他人，有時候一句話足以改變一個人的命運。那什麼是催眠呢？

一講到催眠，很多人會不由自主地聯想到睡眠，因為都有一個「眠」字。又或者因為電影中的一些情節，以為催眠會讓人喪失理智，任人操控。所以，一般人聽到催眠都會害怕，從而敬而遠之。其實，這些都是對催眠的誤解。

催眠的英文叫「trance」，中文又翻譯為「入神」。大家有沒有這樣的經驗：在你專注於某件事情的時候，突然間就進入了某種狀態，讓你完全忘記了時間。比如說，看書的時候忘記了飛機起飛的時間；看電影的時候，兩個小時一眨眼就過去了，這種狀態就叫入神。入神就是一種催眠狀態，這種狀態的一個顯著特點就是注意力由外在轉移到了內在。

心理學上有一個「完形效應」，我們看圖 5-1：

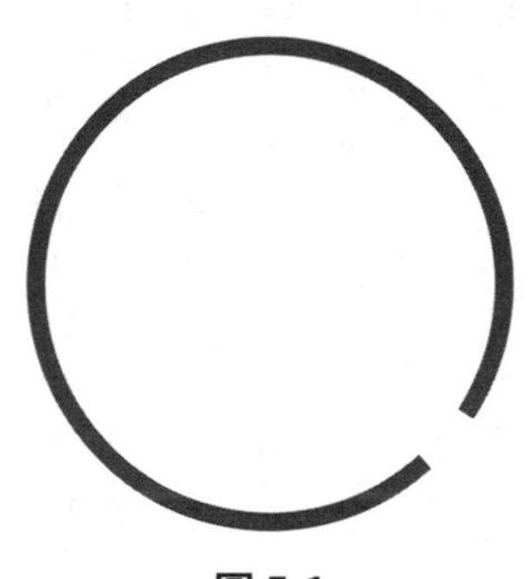

圖 5-1

這是什麼？絕大多數人都會說這是一個圓。這真的是一個圓嗎？顯然不是！這是一條曲線而已，兩端並未交接，怎麼會是一個圓呢？可是為什麼大家都會認為這是一個圓呢？這就是「完形效應」在作怪。人的大腦有一種習慣，會把那些沒有完成的事情，透過想像去完成，這種現象俗稱為「腦補」。

很多女士都有這樣的體驗，這天，老公下班回到家，妳聞到他身上有一股陌生的香水味，這時，妳控制不住自己的腦袋，腦海裡開始湧現出很多的信息：老公是不是跟哪個女人親密接觸了，他是不是出軌了，他最近還有一些舉動好像也反常……這就是入神狀態，注意力從外在進入了內在，大腦自動去補充一些信息，讓整件事變得合理。

對於不確定的事情，大腦總想得到一個確定的答案；對於未完成的事情，大腦總有一種要去完成它的衝動。**運用大腦的這種特性，我們人為地創造一種空白，讓你的大腦通過想像去填滿它，這就是催眠。**艾瑞克森幫助老人走出抑鬱，對老人說的那番話，就用到了這個原理，還記得他是怎麼說的嗎？他說：「如果妳的鄰居或者朋友們在他們人生的特別日子裡，比如結婚、生子或生日的時候，能收到這麼漂亮的花，妳想，他們該有多開心啊？」

這句話創造了一個未來的空白場景，由老人未來用行動去填充，這樣老人就會按催眠師所設定的範疇行動，從而輕易走出原來的抑鬱狀態，這就是催眠。

催眠有兩個流派，一種叫作傳統派，一種叫作策略派。傳統派的催眠是讓你掌握一種工具去幫助別人，幫別人做心理治療。策略派的催眠也可以幫助別人，但是它更多發生在生活裡。也就是說，策略派的催眠並不一定需要什麼複雜的場景。坐在舒服的椅子上，拿一塊懷錶在你眼前晃來晃去，旁邊有一個時鐘在滴答滴答……這是傳統派催眠的做法；策略派催眠可能是很隨意的一句話，但是它能在無形中影響到別人，甚至改變別人的一生。

米爾頓．艾瑞克森創立的催眠方式就是策略派催眠。他對催眠做了這樣的解釋：催眠不是將一個「暗示」植入被動接收器的過程，而是來訪者的意識被暫時擱置起來的過程，以便無意識產生有意義的轉變經驗。這句話很抽象，簡單來說，艾瑞克森認為：人的意識很聰明，但人的潛意識更有智慧。很多時候，我們的未來並不是由意識決定，而是由潛意識決定，也就是說，我們未來想怎樣，我們自己說了不算，我們的潛意識才是真正的主人。催眠就是作用於人的潛意識，它可以繞過我們意識的防衛，直接對潛意識下指令，進而讓人活得更加清醒。

讀到這裡，也許有部分聰明的讀者已經反應過來了，這不就是前面講過的「設框」和「上歸類」嗎？對了！催眠其實就是設一個上歸類的框，讓當事人在無意識的狀態下，在設定的框架內做選擇。

前面設框那一節中很多例子都使用了催眠的語法，比如，餐廳服務員問：「先生，喝什麼茶？」服務員在這裡設定了一個「茶」的框架，我們在無意識的狀態下只能在茶的框架裡做選擇，看似是自由的，是我們自己在做決定，其實不管我們做任何選擇，都沒能跳出對方的框架，不知不覺間，已經被催眠了，你根本不需要閉上眼睛，所以，這種催眠方法也稱為「睜眼催眠法」。

這樣的例子還有很多，我們對孩子說：「寶貝，你是搞衛生還是做作業？」領導對員工說：「小強，你是現在交報告給我，還是下班之前交給我？」這裡運用的是同樣的催眠技巧，催眠者下指令的時候，給當事人創造了一個空白，讓當事人自行填補，創造了一個看似可以讓他自由做決定的機會。其實在這個看起來自由的空白外面，有催眠師設定的範疇，但奇妙的是，這個範疇並不容易被當事人的意識覺察。所以，催眠師的指令就能夠輕易地繞過當事人的意識防衛，直接進入潛意識。

簡單的一句話，足以改變人的一生，試想一下，如果每個人都能成為這樣的催眠大師，這個世界是不是將會更加美好！

02 猜臆：讀心術的秘密

催眠語言法一共有十八種，我們先來介紹第一種：猜臆法。

這是算命先生常用的手法，他聲稱知道你的一些事情，你對他所說的感到十分神奇，因為他說得真的很準。他是怎麼做到的呢？這個我們在「上歸類」那一節已經交代過了，算命先生之所以會說得準，只不過是他的用詞範圍足夠大罷了。

在「我知道」的後面，加上一些範疇足夠大的上歸類詞語，你也能夠讓別人覺得神奇，因為他們會以為你懂讀心術，他們心底的秘密好像全都被你知道了似的。我們來看看下面這些句子：

「我知道你希望生活得更好。」

「我知道你有你的夢想。」

「我知道你會繼續學習的。」

「我知道你是善良的人。」

「我知道你會越來越好的。」

當我說出「我知道你希望生活得更好」的時候，對方的大腦就會自動展開想像，去補充空白，這時，對方可能會說「是的，你怎麼知道我想換個新髮型」，「生活得更好」是「新髮型」的上歸類，當我聲稱「我知道」的時候，就是給了對方一個暗示，讓對方在這個範疇裡展開想像。

同樣道理，當我說出「我知道你有你的夢想」時，對方會又驚訝又驚喜地說：「您怎麼猜到我想去創業？」我猜到了嗎？沒有，我只是給出了一個大的框架，引導對方用一個具體的詞去彌補我的框架。實際上，我並不知道，可我卻聲稱「我知道」，**引導對方去填滿我留下的空白，這就是猜臆。**在這樣的催眠語言下，對方會很輕易地按我們設定的正面框架去行動。

學會了猜臆這種催眠語言後，我們督促孩子寫作業時，應該怎麼說？如果我們直接命令說：「寶貝，趕快做作業。」這時，孩子沒有選擇權，懂得心理學的人都知道，人對於自己選擇的事情會安心接受，對於別人給的指令會抗拒，因此，如果你直接下指令，讓孩子去做作業，他一般會抗拒地說「我一會兒再寫」或者「我不想寫」。但如果我們換一種說法：「寶貝，我知道你會用你自己的方式完成你的功課，對嗎？」這句猜臆式的催眠語言，聽起來是廢話，但是孩子一聽，他會做出反應：「是的，媽媽，我有我的方式完成我的作業，我現在去做，做完就可以玩一會兒了。」效果立竿見影。

前面我們講過人的潛意識是無法處理否定詞的，我們讓對方不要想「白貓」，他的大腦卻會直接出現白貓的圖像。因為潛意識的這種特徵，我們把猜臆和否定詞配合起來使用，就會發生神奇的作用。

比如，面對一個艱鉅的工作任務，我們對下屬說：「我不知道你會想出什麼解決辦法，但我會在這裡等你的好消息。」下屬聽了這話，就會積極地想解決辦法，會積極地去完成任務，因為他的潛意識已經接收了一個指令：你一定能想出解決辦法的。

跟聲稱「我知道」一樣，聲稱「我不知道」也是一種猜臆，加上否定詞，有時會讓當事人的意識更加毫無察覺，讓當事人更容易被催眠。

讀到這裡，我知道你對催眠已經產生了興趣，如果你想學習更多的催眠方法，請你繼續往下讀，後面還有十七種催眠語法在等你。

03 因果：給對方一個幫你的理由

在講什麼是因果法之前，我想先跟大家分享一個實驗。

實驗發生在二十世紀七〇年代的美國。那時候，複印機是很稀缺的商品，很多公司都沒有配置複印機，要複印文件的話，人們需要到辦公大樓的一樓大堂的公共複印機上去複印，用複印機的人多的話，經常會出現排長隊的現象。哈佛大學的社會心理學家艾倫．蘭格看到這個現象，就開始思考：有沒有辦法插隊呢？

第一次，他拿著文件跑到前面，對隊伍前面的人說：「先生，能讓我複印一下嗎？」對方果斷拒絕了，他又試了幾次，仍舊沒能成功。顯然，直截了當地提出請求是行不通的。後來，蘭格換了一種思路，他拿著文件到前面說：「先生，能讓我複印一下嗎？因為我真的很急。」「先生，能讓我複印一下嗎？因為我肚子很痛。」「先生，能讓我複印一下嗎？因為我家的貓生小貓了。」蘭格給插隊找了一個理由，這個理由越說越荒唐，可不管他給出什麼理由，很多人都會同意：「好吧，你先來。」他做了一個統計，給出理由後，插隊成功的概率提升到了80％。

這就是艾倫．蘭格的插隊實驗，通過這個實驗，他發現，當我們需要別人幫忙時，只要給出一個理由，成功率就會高出很多，因為人們就是單純地喜歡做事有個理由。

蘭格特意做了這樣的對比，第一次，他先是說：「先生，我有幾張文件需要打印一下，可以先用一下複印機嗎？」結果，只有60%的人願意讓他插隊。後來，他把這句話調整了一下：「先生，我可以先用一下複印機嗎？因為我有幾張文件需要打印一下。」結果，有93%的人同意了他的請求。第二種表達方式比第一種表達方式，更加強調了理由的存在，成功率就提升了很多。也就是說，人們面對沒有緣由的事情時，他們會說不，但是當有一個緣由時，哪怕這個緣由是毫無根據的，哪怕是荒唐的，他們都願意接受。

一個理由，為什麼能如此重要呢？

中國語言博大精深，有一個詞語叫「借坡下驢」，又叫「順坡下驢」，人們騎在驢子上，驢子比較高，直接跳下驢的話，容易摔倒，這時，最好先找個陡坡，讓驢子停在低處，人從驢子身上往高的這邊下，就比較容易，還不至於摔跤。我們給對方一個台階，或者一個理由，有了這個理由後，對方就會自動接受由這個理由推斷出來的結果。

X導致了Y，如果對方接受了X，他就會自動接受Y。**這個邏輯就叫作因果，這就是我們要講的第二種催眠語法，給對方一個理由，讓他更容易接受我們的陳述或者指令。**

我們給孩子或者下屬正向激勵：「你一定會很有前途的。」對方的大腦聽到這句話，會產生懷疑：「我真的會有前途嗎？」這時，我們改變一下說法：「這麼好學，你一定會很有前途的。」前面給出了一個對方更容易接受的理由，他的意識就會放下防衛，我們的話就能夠直接進入他的潛意識了。

感受一下這些催眠語言：

因為你認真，所以你一定能學好。

因為你戴著眼鏡，所以你一定很有學問。

因為你坐在椅子上，所以你一定能感覺到越來越放鬆。

因為你認真練習了，所以你一定能掌握這種語言的技巧。

因為你是個好人，所以未來一定有好的生活。

在這個因果邏輯裡，「因為」是真的，「結果」也就被潛意識認定是真的，我們給對方一個「因為」，他就更容易接收「結果」，哪怕兩者的邏輯關係並不是非常嚴謹。

因果法在幫助那些自我價值低的人時特別有效，如果你讚美一個自我價值很低的人，他一定會認為你說的不是他，或者你在取笑他，但如果你能從他身上找到一點證據的話，他就無法拒絕了：

從你今天穿的衣服就可以知道，你的品味不錯；

你看這件工作你都能輕鬆完成，你是一個很有潛力的人；

……

04 複合等同：你是如何被廣告影響的

在傳統催眠方法裡，有一句很常見的指令：感受一下你的右手大拇指，如果你的手指頭都放鬆了，你的全身就都放鬆了。事實上，手指頭放鬆跟全身放鬆沒有直接關係，當把兩者結合在一起時，就達到了催眠的效果。

在廣告中，這種現象更多：

穿某某牌牛仔褲，真男人的象徵。

穿某某牌子衣服的女人，是有品味的女人。

某某牌汽車，是最安全的汽車。

牛仔褲與真男人，這是毫不相干的兩個概念，但被放到一起後，你卻覺得毫無違和感，並且在不知不覺中就接受了，這又是什麼催眠語法呢？

這種催眠語言跟因果有點類似。因果的邏輯是，因為 X 導致了 Y，當對方接受了 X，就會更容易接受 Y。這種催眠語言更加簡單粗暴，它直接把 X 等同於 Y，也就是**把兩個完全不相關的事情看成等同，這種語法叫作「複合等同」**。

複合等同用起來很簡單，我們只需要把對方擁有的東西跟一些優秀的特質等同起來，就能起到正面催眠的作用，進而帶給對方正向激勵。比如：

戴眼鏡的人都有學問。

喜歡學習的人都很善良。

會做菜的人都很幸福。

愛運動的人身體一定健康。

「戴眼鏡」和「有學問」，「喜歡學習」和「善良」，「會做菜」和「幸福」，「愛運動」和「健康」並沒有直接的、必然的聯繫，但是我們把它們等同起來，對方的潛意識就很難抗拒，在不知不覺中，我們的正向指令就進入了當事人的內在潛意識。

05 預設：無可反駁的隱藏指令

所謂的預設，就是在一句話中隱含了一個前提假設，這是我最喜歡的催眠語法之一，所以，我已在第三章將它單獨講述。在這裡我們再從另外一個角度重溫一下。

我們先回顧一下假設的邏輯概念：有A才會有B，那麼A就是B的必要條件。如果B成立了，也就是說A是必然成立的，A就是語言中的假設。比如，如果你問「他該判幾年」，這句問話就隱藏了一個假設：這個他，是有罪之人。因為只有「犯罪之人」才會被「判刑」，「犯罪」是「判刑」的必要條件，如果「判刑」成立，那這個人一定是「犯罪」的人，所以，「犯罪」就是這句問話隱含的假設。

在催眠時，催眠大師經常會把催眠指令隱藏在前提假設中：

「現在，請留意你的身體，感覺一下哪個部分開始放鬆了。」

這句話隱藏的假設就是，你的身體已經有一個部分放鬆了，現在你要做的是找出到底是哪一部分。當你聽到這句話時，你會不由自主地去找出身體中最放鬆的部分：「對，我的腳已經放鬆了。」這就是預設。

所謂預設就是把一個正向的指令隱藏在前提假設中，讓當事人在沒有覺察的情況下接受這一指令，從而讓生活變得越來越好。

下面這些例子就是很好的預設：

讀完這本書，請留意你的生活發生了哪些好的改變？

（隱藏的預設：你的生活一定會發生好的改變。）

讀這本書之前，你知道會收穫這麼大嗎？

（隱藏的預設：你一定會有所收穫。）

你準備用什麼方法解決你眼前的問題？

（隱藏的預設：你已經有了解決問題的方法。）

你打算用什麼方式回報社會？

（隱藏的預設：你一定會回報社會。）

讀到這裡，請各位讀者用預設的催眠語法催眠一下你的孩子和伴侶，看看你可以設計出怎樣的催眠句子來。

06 虛泛詞：留白的藝術

虛泛詞，是一種被名詞化的過程用語，比如，「溝通」、「理解」、「感受」、「允許」等。

我們前面說過，催眠實際上就是設一個上歸類範疇比較大的框，留下一個空白，讓當事人去填補這個空白。**虛泛詞就是一個很好的空白，因為它把一個過程虛泛為一個名詞，讓當事人在這個被虛化的框架中自由填補與自己有關的內容。**

比如，催眠師說：「注意你的感受……」

他並沒有說是什麼感受，感受本來是一個過程，是一個動詞，但這樣被名詞化之後就變成了一個框架，這時聽到這句話的人就會把自己的感受填補進來。

當你要把當事人帶到某個狀態時，你可以說：

我知道你們之間會有很好的溝通……

讀完這本書之後，請留意那些美好的感受……

請給自己一個允許……

如果你想拉近與人的距離，增加親和感，你可以說：

我明白你的感受……

你對這件事情有很好的理解……

我們會有很好的合作……

07 以偏概全：像樂觀者一樣思考

「盲人摸象」的故事，我們都很熟悉。

五個盲人把大象說成了五種樣子，各執己見，互不相讓。到底誰是正確的？實際上，他們都只摸到了大象身體的一部分，把部分當成了整體，他們感知到的自然不是大象真正的樣子。

盲人摸象這個故事很有寓意，它指出了人們看事情以偏概全的問題。生活中，很多耳聰目明的人同樣會犯盲人摸象的錯誤。

心理學上有一個專屬名詞——刻板印象，人們會對某一類人或事物產生固定、概括而籠統的看法，當某個人或某件事觸發了我們的這些固定看法時，人類的大腦不會詳細探索下去，它會直接按照已形成的固定看法得出結論，做出以偏概全的判斷。以偏概全的主觀臆斷會影響我們的判斷與決策，讓我們無法對人或事情有清晰、完整的認識。

從全面認識事物這個角度看，以偏概全的作用是消極的，不過，消極的東西換一個角度，也可以發揮出積極有益的作用。**在催眠語法中，我們可以利用以偏概全這一規律，把某個單一的正面事件一般化，從而強化當事人的正面行為，讓當事人從這一單一事件開始，慢慢養成良好的習慣，最後真的改變人生。**

比如，孩子期末考試排名提高了兩名，這時我們就可以誇獎孩子：「你總是這麼優秀。」老公送給我們一個情人節禮物，這時我們就可以感謝老公：「謝謝老公，你永遠不會忘了愛我。」

以偏概全催眠語法中經常用到的詞有：總是、永遠、所有、沒有、一切等，我們可以這樣說：

你總是那麼好學。

一切愛學習的人都會越來越好的。

永遠都存在著希望。

所有人都可以學會催眠。

沒有人是沒有資源的。

前面在講「語言的焦點」時，講過「樂觀者」與「悲觀者」，樂觀者會把單一美好的事情以偏概全，而悲觀者剛好相反，會把單一的壞事以偏概全。在運用「以偏概全」這一技巧時，要記住一個關鍵點，要像樂觀者那樣看待事情。如果你遇到一些悲觀者式的以偏概全，我們要用另一種語言方式來反催眠，這個在後面的「後設語言模式」中詳細講述。

08 可能性與必須性：把規則隱藏起來

前面我們講過，人的大腦有兩個特點：第一，人類的大腦會自動去補充一些空白的東西，它要自己去尋求未知中的確定性；第二，人喜歡自己做決定，不喜歡別人為自己的人生做決定。

如果我們直接給別人下指令，對方的意識就會馬上警覺起來，進入防衛狀態，你的指令就很難進入對方的潛意識了。那怎麼才能有效地下達指令呢？我們來看看催眠師是怎麼做的。

「如果你願意，你可以閉上你的眼睛。」這句話是催眠中的常用語。有一些學藝不精的催眠師會說：「請閉上你的眼睛。」這有什麼區別嗎？區別很大。

當你直接下達指令「請閉上你的眼睛」時，當事人的意識就會問：「我憑什麼要閉眼，我為什麼要閉眼？」這句話會觸發意識的防禦功能。

「你可以閉上眼睛」這句話給了對方選擇的空間，會讓他覺得安全、確定，他會自然地做出決定：閉上眼睛，因為那是他自己的選擇。

失之毫釐，謬以千里，看起來沒什麼區別的兩句話，卻能產生完全不同的結果。

二〇〇三年，嘉士伯啤酒推出了它的新廣告詞：嘉士伯可能是世界上最好的啤酒。如果嘉士伯敢說自己是世界上最好的啤酒，一定會引來各種攻擊，在這裡，中間加了兩個字「可能」，沒人能再攻擊，可很多人心理上卻建立了嘉士伯就是世界上最好的啤酒的認知。

「可以閉上眼睛」、「可能是世界上最好的」，其中是什麼在發揮作用呢？

前面講過的預設，是把我們想要發生的事情用假設的方式隱藏在句子中，而「可以」、「可能」這些詞語，同樣是**把一個「可能性」的或「必須性」的規則隱藏在了句子裡，讓對方無法對抗和否定，這就是催眠的第七種語法：可能性與必須性。**

可能性與必須性催眠語法的一般用詞有：可以、不可以、必須、應該、一定等。比如，下面這些句子：

你應該擁有更好的生活。

你可以變得更有錢。

你一定會感謝今天的決定。

你必須對自己好一點。

聽到這些話的人，暗中被下了一個指令，這個指令，他感覺不到，也抓不住，但是內在卻能全盤接受。

人與人之間關係的紐帶，說到底就是溝通。懂點催眠技巧，一方面，可以降低我們的焦慮指數，讓我們的內心更加平和寧靜。另一方面，我們與他人的溝通會更為順暢，能構建更加良好的人際關係。除此之外，我們還能更好地理解他人，釋放並傳遞內在的正能量。掌握了這些語言技巧的你，一定能擁有更好的生活。

到現在我們講完了七種催眠語法，後面還有十一種，後文我們繼續燒腦。

09 遺失行動者：無晝處皆成妙境

由羅大佑作詞作曲，張艾嘉演唱的〈童年〉，相信很多人都很熟悉，「等待著下課，等待著放學，等待遊戲的童年」。還有後面「總是要等到睡覺前，才知道功課只做了一點點，總是要等到考試後，才知道該念的書都沒有念」。是誰在等待著放學、等待著遊戲，又是誰到了睡覺前，功課只做了一點點呢？歌詞裡沒有點名，可所有人都覺得歌中唱的就是自己的故事。隨著旋律響起，人們的腦海中湧起的是自己童年時的點點滴滴，它能讓我們被感動、被感染、被催眠。這裡應用了什麼催眠技巧呢？

在說某件事時，我們並不明確指出這是誰說的，或者是說誰的，而是把行動者隱去，對方會自動把自己往故事裡套，感覺說的就是他，這是第八種催眠語法：遺失行動者。

為了鼓勵身邊的人，我經常會說這些話：

學習真的很重要。

新年抓住機會，再上一個台階。

自從學了神經語言程序學之後，人生更自在了。

進入教室後，整個人感覺更有能量了。

自從學了心理學，人際關係好多了。

這裡使用的就是遺失行動者語言，我並沒有點出明確對象，可聽眾卻會自動把自己代入進去，他們會思考：「是的，學習對我真的很重要」，「是的，我新的一年一定能再上一個台階」，「是的，我的人際關係一定會越來越好」。用這個語言技巧，我們可以通過說某個人的故事，影響所有的人。

繪畫中有一種技法叫「留白」，在構圖時有意識地留出「空白」，就能達到「無畫處皆成妙境」的藝術境界，給人無盡的想像空間。莊子也說過：「虛室生白，吉祥止止。」意思是如果房間堆滿了東西，有光亮也透不出來，空的房間才顯得敞亮，喜慶好事才會不斷出現。

留白的技巧同樣適用於語言中，說話七分滿，三分情，言不在多，達意則靈。在合適的時候，適當留下空白反而能有更好的效果。在遺失行動者催眠語言中，我們把主語省略了，下面要講的比較刪減、動詞不明確、說話者不明確都在某些地方使用了留白的語言技巧。

10 比較刪減：沒有傷害的比較

我們先來看個小故事。

兩個好朋友在森林中遇到了一頭猛獸，其中一個立刻換上輕便的運動鞋，另一個跟他說，你換鞋也跑不過猛獸啊。那人回答，我只要跑得過你就可以了。

也許有人會說：「這個人太陰險了，關鍵時刻不管好友的死活，自己先跑了。」在這裡我們先不討論道德問題，這個故事很好地說明了人們為什麼總是會跟別人比較。

在求生存的環境下，比身邊人優秀的人能夠獲得更多的生存機會。達爾文的物種進化論「優勝劣汰，適者生存」就很好地詮釋了叢林法則的奧義。災難來臨時，什麼人存活的概率更大？當然是「跑得快的人」。所以，「比較」是人類的天性，是為了滿足自己生存的需要。從遠古時代開始，人類為了求生而進行的比較就內置在我們的基因程序中，它讓我們獲得更多的生存機會，不管我們願意或者不願意，我們都會自覺或不自覺地跟別人比較，只有我們比身邊的人優秀時，才會心安。

可是，很多時候，人比人氣死人，因為一個人不可能處處都比別人優秀。那怎麼辦呢？催眠師發現了一種語法，把比較的對象刪減掉，這種催眠語法叫「比較刪減」。

所謂比較刪減，就是進行比較時，沒有比較的對象，讓比較的對象留下空白。因為沒

有具體的比較對象，所以人們就不會在比較中受挫。所留下的空白讓當事人自己去填充，這樣就會起到一種正向的暗示作用。

比如，對女士，我們可以說：「妳比較漂亮。」這是在跟誰比較？我們刪減掉了，沒有點出來，可對方聽了卻很開心，好像她贏了全世界。

對孩子，我們可以說：「你越來越有才華了。」這是在跟什麼階段比較？幼兒園，還是昨天？我們同樣刪減掉了，沒有點出來，可對方卻很高興，他會悄悄給自己打氣：「我一定要朝著更好的方向努力發展。」

比較刪減還有很多，如下例句供大家參考：

你感覺越來越放鬆了。

你可以做得更好。

讀完這本書，你的語言水平會更高。

你值得擁有更好的生活。

你的人生會越來越好。

說話者不明確：讓它像真理一樣

危機危機，危中一定有機。

一利必有弊，凡事都有其兩面性。

每個人都擁有成功的資源，就像每一顆種子都有成長的基因一樣。

選擇比努力更重要。

凡事都有三個以上的解決方案。

……

上面這些話聽起來是不是很有道理？你會很容易認同它，可是這些話是誰說的呢？話中沒有交代，給你留下了一個空白。

為什麼留下空白之後你更能接受它呢？試想一下，如果這些話是某人說的，這個某人在你心目中並不是權威，不但不是權威，而且很可能你還看不上他，這時他說的話再有道理，你的內心也會產生抗拒，你的意識自然而然地就會冒出來這麼一句話：憑什麼？

因此，為了減輕當事人的防衛意識，讓某些觀點直達潛意識，催眠師刻意把說話者隱去，這種語法叫作「說話者不明確」。**所謂說話者不明確，就是引用某句話時，不說明是誰說的，讓這句話彷彿是真理一樣讓人容易接受。**

當然，很多時候說到哲理性的、思想性的、真理性的語言時，人們都習慣在前面加上「誰誰說」三個字，比如「魯迅說」、「卡內基說」、「洛克菲勒說」，這樣更有說服力。這樣做的前提是這個「誰誰」必須是個權威性的人物，這也是一種催眠語法，我們在後面「延伸引述」中會為大家介紹。

當你並不是權威人物，而你想表達的觀點又不是出自某權威人物之口時，你可以採用這個方法：隱去說話者，讓某個句子沒有出處，可它卻像真理一樣讓人沒辦法抗拒、沒辦法懷疑。

比如，下面這些話，你看是不是很有道理？

地圖不是疆域。

沒有兩個人是一樣的，所以要尊重別人的內心世界。

沒有失敗，只有回饋。

凡事必有三個以上解決方法。

別人做得到，我也做得到。

人會在每一刻做出自己認為最佳的選擇。

沒有難相處的人，只有不善變的溝通者。

人的行為不等於他的本質。

沒有無資源的人，只有缺乏資源的狀態。

身、心屬於同一個系統。

溝通的意義在於你得到的回應。

意之所在，能量隨來。

每個行為背後都有其正面動機。

若要求知，必須行動。

重複過去的行為，只能得到過去的結果。

……

以上這些是神經語言程序學這門學問的預設前提，是一些強而有力的信念，藉此送給各位讀者，我知道這些話語對你們的生活一定會有所幫助。

12 動詞不明確：把掌控權留給別人

「來，深深吸一口氣，把你的注意力放到你的內在，去聽……去看……去感覺……」這是催眠師經常說的一句話，他下達指令，讓你去聽、去看、去感覺，可是聽什麼、看什麼、感覺什麼，他並沒有交代，這又是一種留白的催眠技巧，叫作「動詞不明確」。

所謂動詞不明確就是動詞後面沒有明確的說明，開放空間讓聽者自行想像。

類似的語言還有：

我知道你知道……

覺察你能覺察到的……

只要你願意去做……

如果你要提升自己，你需要學習……

這種語法在生活裡可以怎麼用呢？

我們鼓勵伴侶時，可以這樣說：「只要你願意去做，你就能成為完美老公（老婆）。」讓對方去做什麼呢？這裡留白，對方就會竭力去做一些讓自己更加完美的事。

我們在鼓勵孩子時，可以這樣說：「只要你努力了，你就能越來越好。」努力什麼呢？照舊留白，孩子就會在各方面去努力。

在空白的空間裡，當事人感覺自己好像有話語權，好像掌控了自己的人生。雖然這實際上是催眠師設好的框架，但是這種框架能夠幫助當事人變得更有力量。

13 附加問句：讓指令變得溫和

我們設想一個場景：孩子放學回家，已經玩了很長時間了，還沒做功課。家長群裡老師又在催促家長要督促孩子做功課，說今天功課比較多，一定要在當天完成。這時，你會怎麼做？

第一種做法，你黑著臉走過去把孩子大罵一頓，然後，強硬地說：「趕緊去做功課，功課不完成，不准玩！」

第二種做法，你和顏悅色地對孩子說：「寶貝，先把功課做完，這樣就可以很輕鬆地玩了，怎麼樣？」

兩種做法，結果會如何？我們要知道，當一個人受到他人的強迫時，心理上會很自然產生反抗，同樣的事，自願去做和受到強迫去做，效果相差很遠。第一種做法，在家長的強勢監督之下，孩子也許會聽話，可是等你一走，他們很可能就又偷懶了，就算不偷懶，也會培養出一個逆來順受的孩子。

第二種做法，在指令的後面，加上了一個附加問句，讓孩子在接受指令時，會感覺自己是有選擇權的，這樣行動起來是主動的、積極的。

中國古代對君子的標準有「三和」：語柔和、身矮和、心平和。排在第一位的語柔和指的就是話語要溫軟如玉，在表達想法的同時，還要讓對方心生歡喜，能讓他情願接受。那麼，怎樣才能做到語柔和呢？

在溝通中，當我們直接給對方一個指令時，會引發抗拒，這時，如果在指令語言後面，我們附加一個問句，對方就能很容易接受。比如：

你一定可以按時完成作業，不是嗎？

你的工作可以做得更好的，對吧？

一個願意學習的人會有好運氣的，不是嗎？

你值得擁有更好的生活，不是嗎？

所謂附加問句就是依附在陳述句或祈使句的句尾，用以詢問或徵求對方同意的簡短問句。

生活中，很多夫妻發生爭吵就是因為語氣問題，有些人會覺得，伴侶彼此間這麼熟悉了，就用不著詢問商量了。

於是，丈夫會對妻子說：「去把我的襯衫洗了。」妻子很生氣：「我是你的傭人嗎？」妻子會對丈夫說：「下班早點回來。」丈夫也很生氣：「我是妳的兒子嗎？」

解決這個問題的辦法很簡單，不要覺得沒必要，也不要怕麻煩，在你的話語後面加一個小尾巴——「去把我的襯衫洗了，可以嗎」，「下班早點回來，好不好」，夫妻關係立刻會融洽很多。

當沒有後面的附加問句，只有前面的指令性語言的句子時，這句話會顯得很生硬、冷峻，給人一種我們在發號施令，對方不得不接受的感覺，對方內心很自然地就會出現抗拒——「憑什麼？」、「為什麼？」、「我偏偏不」。

而多加了一個簡單的附加問句後，整個句子就有了雙方處於平等地位、相互商量的感覺，對方的抗拒心理就會小很多。提問者的指令一下轉變成了應答者的需求，對方很容易就接受了，這就是附加問句的魅力。

同步現有經歷：讓人無法抗拒的指令

傳統催眠中，催眠師經常會這樣做，他先用一個無可否認的方式描述當事人現在正在經歷的情境，然後帶出一個催眠指令。比如，催眠師會說：「你正坐在椅子上，你的背部靠著椅背，你的身體開始放鬆。」「你正坐在椅子上，你的背部靠著椅背」，這是當事人正在經歷的情境，是對方無法否定的，然後催眠師帶出催眠指令「你的身體開始放鬆」，當事人很容易就接受了這個指令，並按照這個指令去做。這裡用到的就是同步現有經歷的語言技巧。

類似的還有：

「當你坐在椅子上時，身體開始放鬆。」前面一句是真實發生的，後面一句是說話者希望發生的，也就是指令。

「找一個舒適的坐姿坐下來，背部靠著椅背，雙腳放到地板上，雙手放到大腿上，深深吸一口氣。」前面幾句是真實發生的，最後一句「深深吸一口氣」是催眠師給出的指令，在這樣的語境中，對方會很自然地開始吸氣。

那這種語法在現實生活中如何使用呢？請讀一下下面這句話：

「當你讀到這裡時，你發現你的語言水平有了不少的提升。」

感覺怎麼樣？這是真的吧？這句話所用的就是「同步現有經歷」的催眠技巧，前面一句是真實發生的，後面一句是指令。我們再看下面這些常用的開場白：

「我們認識了十多年，你會相信我的。」

「今天天氣不錯，咱們合作愉快。」

「好酒、好菜、好朋友。」

……

這些話之所以有效，是因為前面是真實發生的，後面是你希望發生的。**用一個無可否認的方法描述當事人現有經歷，然後帶出一個催眠指令，這種催眠語法就叫「同步現有經歷」**。

在同步現有經歷語法中，前面的話很重要，它能讓對方的潛意識感受到溝通雙方的認知是一致的，也就能讓潛意識把對方當成「自己人」。

人際交往中有一個「自己人效應」，自己人指的是那些與自己志向、價值觀等相近，或者是處於同一地域、組織的人，人們更喜歡與「自己人」相處，面對自己人時，他們心理上會比較放鬆，沒有壓力，也不會有戒心，對對方說的話更容易相信。

利用這種原理，在與人溝通時，我們可以應用一個語言技巧：同步帶領。先同步對方說的話，最好是能有兩個同步，然後帶領對方往我們想要的方向走，就能收到良好的溝通效果。

下面是我在課堂中與學員練習的一個例子。

我：你是哪裡人？

學員：我來自廣西南寧。

我：（你來自廣西南寧，南寧可是個好地方，）你為什麼來這裡學習呢？

學員：因為我很崇拜團長，我希望能在您身上吸收到很多的能量和知識。

我：（原來你認為從別人身上吸收能量和知識對你來說很重要，那你一定是一個很愛學習的人，）你是做什麼工作的？

學員：我是做金融的。

我：（原來你是做金融的，金融是一個很大的範疇，）你具體做些什麼工作？

學員：我在一個外資保險公司做經理。

我：（原來你在保險公司做經理，保險對人是很重要的，）你喜歡你的工作嗎？

……

在這個練習中，對方說出一句話後，我會同步他，重複他說的話，對方就會有遇到了知音的感覺，他會「知無不言，言之不盡」，跟我有很多話說。我們試著把上面對話中括號裡面的同步的內容去掉，再看這個對話，感受一下學員的感受，是什麼滋味呢？他會有一種被當成犯人審問的感覺，帶著這種感覺，談話能繼續下去嗎？很難。

學會了同步帶領的語言技巧，如果有人跟我們訴苦，我們就會這樣說：「我知道你現在很傷心，這樣的情況肯定會讓你感到很難過，接下來你有什麼計畫呢？」前面兩句是同步，後面一句是帶領，這樣的語言結構，一方面能讓對方明白你非常理解他的感受，另一方面能夠激發對方繼續傾訴的欲望。感受一下，把前面兩句同步去掉，我們直接說「接下來你有什麼計畫呢」，對方什麼感覺？他或者覺得你在敷衍，或者覺得你難以共情，他傾訴的欲望一下就冷卻了，用一個網路語言來說，就是「把天聊死了」。

在與人交談的過程中，適當重複對方的話，能體現我們對對方的尊重，還可以對問題和結果進行強化，激發對方談話的興趣，加深朋友之間的交往。不過，要注意，重複也要恰到好處，過多的重複容易給人一種你的關注點沒有在這裡的感覺。

15 雙重約束：讓人沒有選擇的選擇

還記得前面我們講過的一個例子嗎？賣米粉的問：「加一個雞蛋還是兩個雞蛋？」顧客看起來可以選擇一個或者兩個，但是，不管如何選擇，都必須加蛋。

這種讓對方看起來有選擇，其實不管如何選擇，都在自己設定的框架之內的催眠語法叫「雙重／多重約束」。這是前面講過的「預設」催眠語法中一個更細的分類。

讓當事人在兩個選擇中選擇，叫雙重約束；如果給出更大的選擇範圍，讓當事人選擇，叫作「多重約束」，比如：

你準備請我吃什麼菜？是粵菜、川菜還是湘菜？

你打算什麼時候開始運動？是今天，明天，還是後天？

在銷售行業，銷售員有一條公認的銷售鐵律：永遠不要讓顧客做問答題，而是做選擇題。

什麼是選擇題，什麼是問答題呢？

顧客來了，了解完需求後，銷售員問顧客：「這三套房子，你看中哪套？」這是給出了選擇題，如果銷售員問：「您感覺這幾套房子怎麼樣？」這就是問答題。兩種詢問方式，結果會截然不同。

在選擇題的前面隱藏一個假設，這就是雙重／多重約束，也就是讓對方看起來有選擇，但不管如何選擇，對方都在我們設定的框架之內。

還有一種更隱蔽的雙重約束，當事人根本意識不到這是一種選擇，其實也是一種選擇，比如：

「在讀這本書之前，你知道自己原來還挺有語言天賦的嗎？」

不管你的回答是「知道」還是「不知道」，「你是有語言天賦」的這個指令我已經植入你的潛意識了。

16 延伸引述：故意讓你聽不明白的技巧

前面講過的「說話者不明確」是隱去了說話者，現在我們要分享的這種催眠語法剛好相反，它格外強調說話者。

我們先看下面這段話：

「我的老師張國維博士曾經跟我說，他有一位得了不治之症的學生，因為學習戰勝了疾病，重新活了過來，這位學生專程來告訴他學習真的可以改變命運。」

你看完這段話，對「學習真的可以改變命運」這個觀點是不是更容易接受了？這種引述某人說的「某人說」語法，叫「延伸引述」。

所謂延伸引述就是引述某人說某人說過的話，這裡兩個某人不是重複了，他們指的是兩個不同的人。這樣做的好處是繞過當事人的意識防衛，減輕意識的抗拒。

前面說過，當某句話是權威人士說的時，一般人比較容易接受。但當說這句話的人並不權威，至少不是大眾認可的權威時，可以隱去說話者，也可以用多個說話者的方式來強調這句話的可信性。

比如，我跟你們說：「有一次在一個社交的場合，我碰到一位陌生人，他說他太太上完我的課後告訴他，心理學是人生最值得學的學問。」在一個很隨意的場合，聽到這句話，什麼信息會牢牢地進入你的頭腦，肯定是「心理學是人生最值得學的學問」。

這樣說話是不是讓人聽著很繞，這恰恰是延伸引述的魅力所在，前面一些繞彎的語言讓對方意識迷糊，降低了他的防衛心理，這個時候，我們降低語速，強調後面正向暗示的內容，對方的潛意識就會全盤接受。

所以，學過催眠的朋友都知道，有時候說話的目的不是讓你聽懂，而是故意讓你的意識迷糊，只有在你的意識迷糊的時候，關鍵的話才能有效地進入你的潛意識。延伸引述就是這樣一種催眠語法。

17 選擇性違反限制：違反常理才符合常理

雍正八年（一七三〇），翰林院士徐駿因為一首詩而被雍正所殺。這首詩叫〈無題〉：

莫道螢光小，猶懷照夜心。
清風不識字，何故亂翻書？

為什麼這首詩會讓徐駿送命呢？原來，徐駿自幼就有才子之名，他對清朝統治十分不滿，經常藉詩畫表達對清朝統治的不滿。這首詩就是藉「螢光」、「清風」來表達自己的思想和感受。

在中國古詩詞裡，這種借物抒懷的詩句比比皆是：

子規夜半猶啼血，不信東風喚不回。——王令〈春晚〉
郴江幸自繞郴山，為誰流下瀟湘去。——秦觀〈踏莎行〉
春花秋月何時了？往事知多少。——李煜〈虞美人〉
流鶯枝上不曾啼，知君腸斷時。——佟世南〈阮郎歸．杏花疏雨灑香堤〉

這是一種違反常理的描述，將動物或沒有生命的物品用擬人的手法賦予生命和感受，這種語法在催眠裡叫「選擇性違反限制」。

在人們的交往過程中，有時會出現這樣的情況：有一些話語使人尷尬、惹人不快、招人厭惡，如果直接表達出來，就會讓人覺得粗俗、生硬、刺耳、無禮，會得罪人，可不表達出來的話，我們又會覺得委屈，讓自己生活得不開心。這時，你可以使用這一語法，這樣既能讓人接受，又不太傷對方面子，同時還帶出幽默感。

比如，一個兩百多斤的顧客來餐廳用餐，餐廳服務員聽到椅子被壓得咯吱響，想給顧客換一個承重力更強的椅子，她直接說：「你太重了，坐這個吧。」顧客很可能會惱羞成怒，這時，不如換一種說法：「這張椅子想休息一會兒了，您坐這一張吧？」顧客會更容易接受。

孩子在摔打玩具，我們直接說：「不要摔，會摔壞的。」這會激起孩子的逆反心理，我們越說，孩子越是忍不住要摔，我們態度會越強硬，親子大戰就又開始了。這時，不妨換一種說法：「哎呀！好痛！玩具說它好痛，身上疼，頭也疼，胳膊也疼。」用擬人的手法把玩具的感受表達出來了，孩子會更加感同身受，他會自發去約束自己的行為。

一個內向的男孩向心儀的女孩告白，動聽的話，他不好意思說出來，這時，他就可以在女孩生日的時候送她一束火紅的玫瑰，女孩立刻就能明白男孩的心意。女孩想拒絕男孩，又怕傷了男孩的心，她就可以把玫瑰推給男孩說：「不好意思，我的貓不喜歡花。」事實上呢？女孩並沒有養貓。「我的貓」指代的就是「我」，「不喜歡花」其實就是「不喜歡你」。

學會了選擇性違反限制，你肯定能發現，很多時候，巧妙暗示勝過直接表達，婉轉迴旋的表達方式，溫和卻有力，用好了，自己和他人都能心情舒暢、愉快相處，取得事半功倍的效果。

18 含糊：一語雙關的催眠指令

據說有這樣一個典故。一次，乾隆權臣和珅和編修紀曉嵐在花園飲酒（當時和珅官居尚書，紀曉嵐則為侍郎），忽然，一條狗從他們身旁經過，和珅藉機捉弄紀曉嵐，於是指著狗問紀曉嵐：「是狼（侍郎）是狗？」紀曉嵐呢，不愧是個才子，他巧妙地回答：「尾垂為狼，上豎（尚書）是狗。」

這是一則巧妙利用雙關語罵人的故事。這種語法在催眠裡也經常被採用，比如，我們都知道，一個人睡不著時，可以數綿羊。但大多數人不知道的是，數綿羊這個方法在中文語境下是沒有效果的，因為這是一種在英文語境下的催眠方法。

綿羊的英文叫「sheep」，睡覺的英文是「sleep」，這兩個詞的發音類似，因此人在數綿羊時，雖然說的是「sheep」，但潛意識聽到的是「sleep」，於是，在這種暗示下，很快就會進入睡眠狀態。

那中國人睡不著時怎麼辦呢？可以數「水餃」，因為「水餃」與「睡覺」發音相似，當你「一個水餃、兩個水餃、三個水餃……」這樣數下去時，你的潛意識就會收到「睡覺」的暗示，在重複的暗示中，就會慢慢睡著。

二〇二〇年，全球新冠肺炎疫情暴發，按照中國的經驗，隔離是最好的防治舉措，可美國就隔離和人權問題糾結了很久。對此，網路上出現了這樣的段子：

隔離，人權沒了；

不隔離，人全沒了。

後來，網民又對這個段子進行了升級：

隔離，I see you；

不隔離，I C U。

這裡也用到了雙關語。

這種語法在催眠中叫作「含糊」，就是一語雙關，表面上在說一件事情，但是讓對方的潛意識卻能聽到另外一個意思，這樣，催眠師所發出的指令，當事人的意識來不及防衛就被潛意識接收了。

在中國的禪宗公案裡，有大量利用這種語法讓人開悟的故事。

《指月錄》裡記載了這樣一個故事。德山宣鑑二十歲出家，在佛理上頗有造詣，在四川經常跟人講《金剛經》，人稱「周金剛」[4]。他聽說南方有禪宗可以直指人心，可以讓人頓悟，感覺非常憤怒，他認為，出家人千年萬劫地修行，還未必能成佛，現在居然有人說可以見性成佛，這簡直是魔道。於是，他挑了擔解說《金剛經》的《青龍疏鈔》離開四川，準備到南方擒獲那些走岔道的修行者。走到澧陽路上，見到一位老婆婆在賣點心，他肚子餓了，就放下擔子，向婆婆買點心。

4 德山宣鑑，唐代高僧，俗姓周。

恰巧，這位婆婆就是一位禪宗高手，她指著擔子問：「擔子裡是什麼？」

德山：「解讀《金剛經》的《青龍疏鈔》。」

婆婆：「我問你一個問題，如果你答得出來，這點心就送你，算是我供養有道之人，如果答不出，請你離開，我的點心不賣給你。」

德山心裡想：《金剛經》我已經背得滾瓜爛熟了，還怕妳問？於是接受了這個條件。

婆婆道：「《金剛經》說，『過去心不可得，現在心不可得，未來心不可得』。現在你說要點心，請問你點的是哪個心？」

德山頓時被問住了，他完全沒想到，佛法還有這樣一片天地。

被婆婆點了心後，德山點心沒吃成，腹中空空，但心中卻生起了很多疑團，便急往龍潭寺求解。

這時，他沒有忘記自己是為什麼而來的，所以，見了崇信禪師後，德山高聲喊道：「久聞龍潭大名，近日來到此地，為何潭又不見，龍又不現。」

面對這個外來和尚的挑釁，崇信欠身笑道：「你不是來了嗎？」

宣鑑再一次愣住了。

是啊，自己已經到了龍潭，如果龍也不見，潭也不見，那自己是什麼？

宣鑑禪宗被崇信的佛法迷住了，他在龍潭寺住了下來，潛心學習禪法，最後成了一代宗師，他所開創的流派被後人稱為「德山禪」。

從這個故事中，我想大家已經體會到雙關語的威力了。禪宗大師點悟弟子所用的語言叫「機鋒」，所謂機鋒就是在適當的時機下，用鋒利的語言直指人心。直指人心用現代心理學的表述就是直接進入對方潛意識，這一點跟催眠很相似。一般的教學中，老師說一是一、說二是二。禪宗不一樣，禪宗會用言外之意，去破掉一個人的「我執」，讓人豁然開朗。所謂我執，就是一個人原有的信念系統。

催眠也一樣，通過含糊這種語法，繞過一個人意識的防衛，直達其潛意識，避開他習慣的信念系統，在其潛意識中種下一顆新的種子，等到這顆種子長大後，被催眠的當事人就可以獲得新的生命。

當然了，催眠中的含糊跟禪宗的機鋒一樣，是需要時機的，也需要大量的語言積累，才能在時機到來時一語中的。

在這套催眠語言裡，只有這裡的一語雙關是需要很高的文采的，其他的語言技巧只要我們理解到了、感悟到了，然後勤加練習就能信手拈來、靈活應用。

19 利用：一切都可以成為資源

宋代文豪蘇東坡不僅詩文卓絕，說話也很有機鋒。一天，蘇東坡和老友佛印對坐閒聊，突然來了靈感，想戲弄一下佛印，便說：「我想起了兩句詩，『鳥宿池邊村，僧敲月下門』和『時聞啄木鳥，疑是叩門僧』，可見，和尚和鳥是一對兒。」

佛印聽了略一思索，冷不丁地說：「正是，就像貧僧跟學士您。」

蘇東坡本想把佛印和鳥歸在一類，嘲諷一番，不想佛印機敏過人，一句話便把蘇東坡當成了「鳥」。蘇東坡一時竟無言可對。

這就是利用。世上沒有無資源的人，只有不會使用資源的人。如果你懂得利用，當下發生的一切，都可以成為你的資源。

〈煮酒論英雄〉是《三國演義》中一個非常著名的精彩片段。當時，曹操氣勢正盛，而劉備一無所有，只能韜光養晦，每天在地裡種菜打發日子，生怕曹操發現自己有稱霸一方的野心，提前把他滅了。

有一次，為了試探劉備，曹操邀請劉備來喝酒。酒席上，曹操突然說了一句話：「天下英雄，只有你和我算得上。」劉備一聽，以為曹操識破了他的偽裝，大吃一驚，手中筷子啪嗒掉地上了。

如果曹操發現了劉備的心思，肯定會殺了他的，怎麼辦呢？恰好這個時候，天邊響起了一串炸雷，劉備靈機一動，他從容地拾起筷子，說：「這個雷太響了，嚇了我一跳。」劉備這一隨機應變真是太漂亮了，不僅解釋了自己為什麼掉了筷子，還加深了自己一貫的胸無大志的形象，進一步迷惑了曹操。

劉備和佛印都是利用資源的高手，他們一個利用了天上的響雷，一個利用了對方嘲笑自己的詩句，把不利的形勢扭轉了過來，**這種把當時的環境變化都化成自己的可用資源的語法在催眠裡叫作「利用」**。

一個好的催眠師，能夠把課室裡發生的任何事情都為己所用。假如在催眠時，催眠師正說到「閉上眼睛，深深地吸一口氣，放鬆你的身體」時，外面「轟隆」一聲打了個響雷，催眠師會怎麼反應呢？他會把這個意外事件利用起來，適時補上一句：「剛才的一聲響雷讓你的每一個細胞都更加放鬆了。」

這種語言技巧在銷售中也很好用。當我跟客戶介紹產品時，客戶敷衍我說：「你們的課程挺好，可我沒有時間。」這時，我會說：「那就對了，我的課程就是專門針對您這種沒時間的企業家設計的，我之所以會設計這個課程，是因為我看到大量的企業家忙於工作，沒有時間享受生活，我感到痛心，所以，我設計了這個將心理學用於管理的課程，如果你掌握了這種『教練式管理』方法，那您就有更多時間享受生活了。」總之，無論他說什麼，我們都可以巧妙地把它變成為我所用的資源。

有些人很害怕突發的意外，害怕在自己掌控範圍外的變化，今天，你學會了「利用」這種催眠語法後，就再也不怕任何變化和意外了，因為所有的變化和意外都成了你可以利用的資源。

20 識別催眠十八法

好了，催眠十八法已經全部跟大家分享完畢了，最後留個小功課給大家，請大家閱讀下面這段話，檢測你能夠識別出其中使用了多少種催眠語法。

親愛的讀者們，當你讀到這裡，這本書的內容已經過半了，我相信你的語言水平已經有了很大的進步，你的人際關係可能更好了。請你留意一下，在你的生活或工作中，發生了哪些好的變化？

我知道你是善良的人，因為善良的人會在意別人的感受，所以，為了你愛的人和愛你的人，你會繼續提升語言水平的。善良的人都是好人，好人心地都善良，但是，光有善良是不夠的，還需要有智慧，不是嗎？如果你同意這一點，我想你會去練習。我不知道你會與你的家人練習，還是與你的朋友練習；我也不知道你是今天去做，還是明天開始做。不管是什麼時候，如果你有進步了，我希望你能跟我分享你的喜悅。

你看我的這本書，我知道你是一個好學的人，好學的人都會有好的人生。我的一位八十多歲的老師告訴我，她說她這輩子得到最好的忠告來自她的媽媽，她的媽媽告訴她：「學習可以改變家族的命運。」我非常認可這句話，一個不斷成長的人，小狗都會喜歡你，更不用說人了。

也許有讀者會說，語言太難學了。正是因為語言不容易學，一旦你學好了，你就會更有優勢。我們都知道，顏值很重要，「言值」同樣很重要。只要你掌握了語言的技巧，你的「言值」就會大大地提升。

不管你今天過得如何，你都可以變得更好，因為，你值得擁有更好的人生。

反催眠

後設語言模式

「

- 負面語言的殺傷力是非常恐怖的，它的影響出現在社會生活的方方面面。
- 面對負面催眠時，如果可以退後一步，從一個抽離的位置來看待這些語言，就不會受到它們的影響。
- 後設模式就是站在一個超然的位置去看清楚語言中的模式，從而能跳出語言中的負面框架。
- 看到就能知道，當我們能看到的時候，問題也就不再是問題，負面框架也就無法束縛我們了。

」

負面催眠正在吞噬你的人生

一個失落的孩子，拿著二十六分的考卷回到家，考這麼差的成績，本來已經十分難過，可是更慘烈的還在後頭：

「你腦子讓豬吃了嗎？」

「考成這樣，還有臉回家？」

孩子不小心弄碎了花瓶，低著頭，不知所措，還沒等開口認錯，父母難聽的話語便席捲而來：

「天天毛手毛腳，你上輩子是闖禍精啊？」

「家裡有你，真倒大楣了！」

一個小孩抱著足球回家，他剛剛踢了一場超有趣的足球賽，興奮地想跟父母分享，卻被父母各種嫌棄：

「沒見過這麼髒的孩子。」

「你是從垃圾堆裡撿出來的？」

上面是全球兒童安全組織Safekids發布過的海報的三個場景，這樣的場景是不是很熟悉？美國艾奧瓦大學的一項研究顯示，每個孩子平均每天會從父母口中得到超過四百條的負面評論，而正面評論卻只有三十多條。

「你怎麼這麼笨？」

「一點小事都做不好！」

「為什麼別人能做到你就做不到！」

「你腦袋裡裝的是什麼？」

「這麼簡單的題目都不會！」

「別哭了，再哭就不要你了。」

這樣的話語是不是很熟悉？

世界上絕大多數父母都是真心愛孩子的，可很多時候，他們的愛卻在不經意間造成了傷害。

美國著名兒童教育學家阿黛爾．法伯說過：「永遠都不要低估你的話對孩子一生的影響力。」父母的語言裡，藏著孩子的未來。父母的否定、打擊、批判，會給孩子消極的心理暗示，並轉化為孩子「內在的批判聲音」，形成強大的「反自我」意識，這種意識，他很可能一輩子都擺脫不了。

有一份調查資料顯示，40％以上的青少年罪犯，都遭受過父母語言上的傷害。這些孩子的父母用一句句暴力語言將孩子的未來斷送，也給其他人、其他家庭帶來不可逆轉的傷害。

俗話說，良言一句三冬暖，惡語傷人六月寒。負面語言的殺傷力是非常恐怖的，它的影響不僅僅局限於父母和孩子之間，而且出現在社會生活的方方面面。

著名笑星羅溫・艾金森以「豆豆先生」這個經典形象將歡樂帶給了全世界，誰能想到，他卻是一名抑鬱症患者。而他患上抑鬱症的直接原因是影評家們的批評，當時他拍攝了電影《英國間諜約翰尼》，影評家們對他說了很多難聽的話，在強大的心理壓力下，他患上了抑鬱症。

很多人不理解，一個那麼歡樂的人怎麼會因為別人的幾句負面點評就得了抑鬱症；一個能考上北大的聰明女生，怎麼會因為別人說了幾句歹毒的話，就真的放棄自己的生命？為什麼呢？因為他（她）被負面語言催眠了。

前面我們學了很多催眠的技巧，我舉的都是正面的例子，但千萬不要以為所有的催眠都是好的。催眠僅僅是一種技術，就像一把刀一樣，好人拿著可以幫人，壞人同樣可以用來做壞事。當然，還有很多不明就裡的人，他們在無意的狀態下使用了負面催眠，更有甚者，他們帶著愛的名義去傷害。因此，學會正面催眠還不夠，我們還要懂得防範別人負面的催眠。

催眠就是設一個上歸類的框，如果這個框是積極的、美好的，身邊的人就能收到正向引導，人生都會變得越來越光明。可是，如果這個框是消極的、負面的呢？

比如有人會這樣說話：

我沒有希望。

我無能為力。

我不可以。

我就是一個窮人。

我有什麼辦法？

說這種話的人，他把自己的世界框在一個負面的框架中，自我設限、畫地為牢，這叫自我負面催眠。

如果別人這樣對你說：

你越來越蠢了。

你不可能成功的，別做夢了！

這麼小的事都做不好，還做什麼大事？

你讓我丟臉！

你學歷低，這工作不適合你！

……

這些話都很熟悉吧？這是別人正在給你下套，如果你相信了這些話，你的人生也就沒什麼希望了。可是這些話語在有意無意之中使用了催眠技巧，很容易進入你的潛意識，特別是說這些話的人是領導、權威或者你所信任的人時，你就更容易被影響了。

那麼，遇到這些負面催眠時該怎麼辦呢？

催眠是一個上歸類的框，只要我們能夠看見這個框，就可以從這個框架中走出來，這叫作破框，這種技巧我們前面已經學習過了。本章重點介紹一種應對負面催眠的破框語言技巧，叫作「後設語言模式」。

後設語言模式從英文「meta-model」翻譯過來，「meta」在英文中是「超然」的意思，**所謂後設模式就是站在一個超然的位置去看清楚語言中的模式，從而跳出語言中的負面框架。**

當局者迷，旁觀者清。面對負面催眠時，如果可以退後一步，從一個抽離的位置來看待這些語言，就不會受到它的影響。這有點類似中文語境中的「反思」和「反省」，即從另一個角度去思考自己。

語言是有生命的，它同時具備創造和毀損的能力，有智慧的人都懂得從當前的狀態中抽離出來，帶著一份覺察，帶著一份清楚的認知，退後一步，重新審視讓自己迷惑的語言。這樣一種讓自己從某個框架中走出來的語言技巧，我們稱為「後設語言模式」。

後設語言模式，讓我們能對自己或別人的語言背後的含義有更好的洞察，能夠迅速發現自己或對方的語言背後的深層含義，包括自己思維和邏輯上的缺陷。

神經語言程序學有個預設前提叫作「地圖不是疆域，但是你的地圖就是你的疆域」。意思是你看到的地圖，它只是你理解這個世界的一種標記的方法，但是因為你就是憑這個地圖來認識世界的，所以，你的地圖往往會成為你的疆域。正所謂「存乎中，形於外」，我們內心的變化一定會在外部世界表現出來。我們想要改變外面的世界，最簡單的方法就是改變內在的地圖，因此，要破掉負面的框架，我們需要做的就是拓寬我們的內在地圖，如此，就可以擴張我們外在的世界。後設語言模式能幫助我們站在局外審視自己的內在世界。看到就能知道，當我們能看到的時候，問題也就不再是問題，負面框架也就無法束縛我們了。

催眠語法是設一個上歸類的框，後設語言正好相反，它是一套下歸類的破框語言技巧，分為刪減、扭曲和一般化三大類。

02 刪減：把缺失的內容找回來，就能看清真相

什麼叫刪減？我們先來看兩個小故事。

美國知名主持人林克萊特在一次節目上採訪了一個小男孩，他問：「你長大後想要當什麼呀？」

男孩回答：「我要當飛機駕駛員！」

林克萊特接著問：「如果有一天，你的飛機飛到太平洋上空時，所有引擎都熄火了，你會怎麼辦？」

男孩想了想說：「我會先告訴坐在飛機上的人綁好安全帶，然後我掛上我的降落傘跳出去。」

現場的觀眾聽了這個答案，都笑得東倒西歪，他們認為孩子就是孩子，因此才會說出這麼不負責任的話。在他們的理解裡，男孩的意思是讓飛機上的人綁好安全帶等死，而自己卻跳傘逃生。

在觀眾們的哄笑聲中，林克萊特注意到，孩子眼裡噙滿了淚水，裡面有著悲天憫人的

充沛情感。林克萊特制止了在場觀眾的哄笑，他問男孩：「為什麼要這麼做？」男孩大聲地回答：「我要去拿燃料，我還要回來！」聽到這番話，在場的觀眾都震驚了。

試想一下，如果林克萊特最後沒有給男孩說話的機會，這將造成多大的誤解。在與人溝通時，語言很難表達全面內容，大多數信息都會在有意或無意中被刪減掉，這些刪減往往會讓人得出完全相反的結論。

一位昆蟲學家和他的商人朋友一起在公園裡散步。忽然，他停住了腳步，好像聽到了什麼。

商人朋友不解地問：「怎麼啦？」

昆蟲學家聲音裡滿是驚喜：「聽到了嗎？是一隻蟋蟀的鳴叫。這絕對是一隻上品大蟋蟀。」

商人朋友靜下來，認真聽，可還是什麼都沒聽到，他懷疑地看著昆蟲學家：「我什麼也沒聽到！」

「你等著。」昆蟲學家一邊說，一邊向附近的樹林跑了過去。不一會兒，他捉了一隻蟋蟀回來，興奮地說：「看見沒有？我沒聽錯吧！這可是一隻大將級的蟋蟀！」商人忍不住感嘆昆蟲學家的聽力實在是太強。

兩人邊聊邊走，突然，商人停住了腳步，他彎腰拾起了一枚掉在地上的硬幣，這次輪到昆蟲學家感嘆商人的眼力太厲害了。

為什麼昆蟲學家能聽到昆蟲的鳴叫，而商人能看到地上的硬幣呢？因為兩人對世界的關注點不一樣，這決定了他們眼中的世界也是不一樣的。

第一個故事告訴我們，話語中信息的遺漏會給聽者造成很大的理解偏差。第二個故事告訴我們，我們的大腦會根據自己的關注點不同，而遺漏一些信息，同時選擇一些信息。

負面催眠會利用語言的刪減原理，讓當事人陷入困境。**刪減類的後設語言模式，就是對這類的刪減保持覺察，從負面催眠狀態中抽離出來，站在超然的位置，通過下歸類的語言模式，把被刪減的內容找回來，從而跳出困境。**

刪減類的語言有四種類型：簡單刪減、比較刪減、主詞不明確和動詞不明確。

1 簡單刪減

簡單刪減就是簡單粗暴地刪減了話語中的重要元素，從而使得句子不再完整，要想破解這種負面催眠，我們只需要把刪減的信息補充完整。

比如，有些人自怨自艾「我不會做」，他用這樣一個很含糊的話語把自己的潛能壓下去，潛能只好躲在一個角落裡面，不敢出來。我們要想破掉這樣的框架，只需要追問一句：「你不會做什麼？」通過下歸類讓他破框而出。

前面我們講的那個例子，員工說：「老闆，不好了，出問題了。」老闆問一句：「出什麼問題了，哪裡出問題了？」這樣就可以把信息補充完整。心情抑鬱時，有些人會自我催眠：「我什麼都做不成。」這時我們追問一句：「你做不成什麼，能做成什麼？」

面對這種類型的刪減，只要往下歸類，找出被刪減的元素，就能從負面催眠中走出來了。

2 比較刪減

比較刪減，就是刪減了話語中的比較對象，這時我們找回衡量標準就能成功破框。

很多家長經常會問我一個問題：「我的女兒原來是班上第一名的，現在考上高中之後變成了班上的第五十五名，她越來越差了，我該怎麼辦？」我會問他：「你女兒上的是哪所高中？現在高中的第五十五名，有多少競爭對手，之前班裡的第一名，有多少競爭對手？」很多家長就會領悟到：「哦，我女兒現在進入了省內最好的高中，要和全省的人競爭，之前只要和一個區的孩子競爭，因此，現在的第五十五名，並不代表女兒越來越差了。」孩子家長找到了比較標準，對孩子的問題也就能看得更加清楚了，否則，不看比較標準，只是一味給孩子貼上「太差了」、「變笨了」的標籤，孩子就太可憐了。

相信很多人都有這樣的體驗：當我們被人比較時，我們被貼上了負面的標籤，自信心和存在感都會直線下跌，世界好像突然間變成了黑漆漆的一片。這時，只要我們找到衡量標準，就能撕破烏雲，讓陽光從一片漆黑中露出頭來。

掌握了這個技巧，下次有人再說「你真笨」，我們就可以去找衡量標準。「跟誰比，你覺得我比較笨，是跟馬雲比，還是跟李嘉誠比？如果是跟這兩個人比的話，我笨一點，人生同樣可以很精彩。」

3 主詞不明確

主詞不明確，就是一句話中主語含糊不清，常用詞有「他們」、「人們」、「誰」等，這種現象在是非和流言中很常見，比如：

「他們都說你不好。」

「我們認為你信不過。」

「人們都不喜歡你。」

「顧客不喜歡我們的產品。」

「誰都會這樣想啦。」

化解這類語言的方法就是找出主語具體指代的對象。

「他們是誰？」

「『我們』是誰？你和誰這樣認為？」

「『人們』是誰？能具體告訴我嗎？」

「有多少顧客不喜歡我們的產品？佔總顧客比例多少？」

「你所說的『誰』究竟是誰？能具體告訴我嗎？」

這些負面的催眠就像一片烏雲，籠罩在我們的周圍，讓我們看不清事實的真相。破解的方法很簡單，就是把目光聚集在細節上，當你看清楚這些被模糊的細節，催眠就不攻自破了。

4 動詞不明確

動詞不明確，就是話語中動詞所描述的行為不夠清晰，化解這種負面催眠，我們需要找出動詞的特定意義。

在親密關係中，你是否曾經被伴侶抱怨過？

「你都不關心我。」

「你傷害了我。」

「我無法和你溝通。」

……

如果你的伴侶這樣對你說，你是不是很難受，或者很委屈？因為你認為你並不是對方所說的那樣。可是，溝通的意義在於對方的回應，這確實是對方的感覺，如果你只會跟對方爭論，就算你證明對方是錯的，你贏了爭吵，卻輸掉了關係。那怎麼辦呢？

你是否發現，「關心」、「傷害」、「溝通」這些動詞所指向的對象並不明確？只要你找回這些被刪減的內容，你自然就能輕鬆應對。

比如，這時你追問一句：「親愛的，你希望我怎樣關心你？」

也許對方會說：「我換了髮型你都沒反應。」

這時，你心裡就會鬆一口氣，啊，原來這樣。當你搞清楚了這些動詞所指的對象後，你是不是就可以簡單應對了？

類似的情況還有：

「他搞破壞。」

「他破壞了什麼？損失多大？」

「這件事很難處理。」

「處理什麼？希望達到什麼效果？」

在與人溝通時，言簡意賅很重要，但是言簡意賅不代表可以把重要的信息刪減掉，當有人想用這種辦法迷惑我們的時候，我們及時把刪減掉的信息補充完整就能避免負面催眠。

讀到這裡，你有沒有發現，跟前面的催眠語法比較，後設語言模式要簡單得多？這是因為它們是同一套東西的正反兩面，我們學會了催眠，破除負面催眠就很容易了，把之前學到的技巧反過來用就可以了。

03 扭曲：你認為的真實，只不過是你塑造出來的結果

看到過這樣一則小笑話。課堂上，老師說：「今天我們學習減法，比如，你哥哥有五顆蘋果，你從他那兒拿走了三個，結果怎樣呢？」小明回答說：「結果就是哥哥把我揍了一頓。」

老師口中的「結果」，意思是剩下多少蘋果，小明卻把他轉化成了哥哥的反應，同樣的用詞，卻有完全不同的意思。

在這個小笑話裡，意思扭曲，只是引得大家發笑，並沒有造成實質的傷害，但現實生活中溝通的語言被扭曲，很可能導致嚴重的後果。

有一個寓言故事叫《牛是怎麼死的？》。在這個故事中，牛在辛勤勞作一天後，對狗抱怨：「今天太累了，明天真想歇一天。」這句話經過狗的口傳給了貓，貓又傳給了羊，羊又傳給了雞，雞又傳給了豬，豬傳給了婦人，婦人又傳給了男主人，男主人從婦人嘴裡聽到的話是這樣的：「牛想背叛你，牠想換一個主人。背叛是不可饒恕的，你得好好想想怎麼處置牠！」男主人聽了這話，氣得要死，對婦人說：「對待背叛者，殺無赦！」然後他就把牛殺了。

有一個成語叫流言蜚語，意思是一些風傳的、沒有根據的話說著說著就變味了，這就

是扭曲。扭曲語言有五種類型：猜臆、因果、複合等同、預設、虛泛化。對於這種被扭曲的語法，如何化解呢？

1 猜臆

猜臆就是聲稱自己知道對方的想法或感受，事實上只是主觀猜臆。比如，下面這些對話：

「我知道你看不起我。」

「他不再愛我了。」

「他是有意針對我的。」

「我知道你討厭我。」

……

我們很容易認出這類句子，因為他的判斷是自己無法確定的。如何打破這種負面催眠呢？我們需要挑戰說話者判斷的依據。

「你根據什麼做出這樣的判斷？」

「你是怎麼知道的？」

「是嗎？你從哪裡看出來的？」

……

用下歸類語言，去尋找判斷的依據，當對方找不到絕對的證據時，負面催眠也就破解了。

2 因果

催眠部分，我們講過艾倫・蘭格的插隊實驗，知道了只要給出一個理由，插隊的成功率就會高很多。運用這個原理，我們在給人正面暗示時，可以在指令前加上一個前因，這樣當事人會更容易接受。

同樣，有了一個似是而非的「因」，負面指令也很容易進入當事人的潛意識。

比如：

「今天天氣不好，我心情很糟糕。」

「今天堵車，所以我才遲到了。」

「他不愛我了，我活著也沒意思了。」

「經濟不好，生意難做。」

……

這些話聽起來很有道理，對吧？如果你這樣認為，你已經被催眠了。這種催眠明顯會局限你的人生，所以，我們必須破解它。

如何破呢？

你認真看看這些句子後會發現，它們有著共同特點，就是把兩件本無必然關係的事情關聯起來變成因果關係。

「天氣不好」跟「心情糟糕」並無必然關係，天氣不好時，有很多人的心情是可以很好的。如果把自己的心情好與壞的決定權交給了天氣，就好像把自己人生的遙控器交給了別人一樣，只能被動地活一生。

挑戰這兩者的因果關係，讓當事人看到這兩者並沒有必然的因果關係，催眠就被破解了。

「你的心情是由天氣決定的嗎？天氣跟你的心情沒有什麼直接關係吧？」

「堵車跟遲到有必然關係嗎？有沒有人堵車的時候也準時到？」

「他沒愛你之前，你不是活得挺好嗎？」

「經濟不好的時候，有沒有人生意做得很好的呢？經濟好的時候是不是所有生意都好做？」

當事人意識到這兩者並沒有因果關係時，就會醒悟過來：哦，這是一個很荒唐的想法。

3 複合等同

在酒桌上，有朋友來敬酒：「感情深一口悶，感情淺舔一舔，不喝這杯就是不把我當朋友。」如果你是不喝酒的人，怎麼辦？

男人們回到家，老婆一臉哀怨：「你連我的生日都不記得了，肯定是不愛我了。」如果你真的是一時疏忽，如何化解老婆的怨氣？

在爭論時，你的朋友或同事跟你說：「你不支持我，就是我的敵人。」可你真的不認同他的觀點，又不想成為他的敵人，怎麼應對？

不知道你是否發現，上面這些句子具有很強的強制性，它把兩件本無必然關係的事情等同起來，這種語言法叫「複合等同」。

要想破除這種負面催眠，就要挑戰兩者之間的必然聯繫，證實這兩個事情是無法等同的。

再看上面的例子：

如果你不想喝酒，就要破掉「喝酒」與「朋友」之間的關係：「咱們的關係怎麼能用酒來衡量呢？如果真要用某種東西來衡量我們的關係，那至少要貴重一點吧？酒值多少錢啊？」

如果老婆的生日你的確忘記了，你可以這樣補救：「親愛的，生日，一年中只有一天，我在這天表達對妳的愛是遠遠不夠的，我以後天天向妳表達愛，好不好？」

如果有人對你說你不支持他就是他的敵人，你可以這樣回應：「支持你往錯誤方向走的是敵人還是朋友？」

……

這些應對方法都是一樣的，就是挑戰複合等同中兩者之間的關係，當等同關係不成立了，這種負面催眠也就化解了。

俗話說：「一種米養百種人。」人有千種，世有百態。在成長的過程中，人們往往會把自己的人生跟某些毫不相干的事情綁定在一起，讓自己的人生動彈不得，毫無自由可言。如果你懂得運用這種後設語言模式，不僅可以幫助別人掙脫束縛，還可讓自己破繭成蝶，重獲自由。

4 預設

預設是大家最熟悉的一種語言模式了，因為到目前為止，這本書已經是第三次談預設了。前兩次我們學習的是如何用預設去設一個框，去幫助別人喚醒內在資源，都是正向的應用。

這一節我們學習的是後設模式中的預設，就是如何去破除負面的預設框架。比如，前面我舉過的一個例子：

「你最近還賭博嗎？」

這就是一個預設了負面框架的問題，如果有人這樣問你，你回答「有」或者「沒有」，都中了對方的圈套。那該如何應對這種不良預設呢？

我們先回顧一下什麼是預設。所謂預設，就是把一個不存在或不成立的假設隱藏在句子中。因此，破除這種框架最簡單的方法就是找出那個隱藏的預設，並且挑戰它。

以上面的句子為例，這句話隱藏的假設就是「你過去賭博」，所以，你可以這樣回應對方：

「啊哈，你怎麼會問這樣的問題？難道你有賭博的習慣？」

這樣一反問，你就把隱藏的預設破於無形。

我們再來看一個案例：

「請問你喝什麼茶？」這是廣東地區餐廳服務員經常問的一句話。這就是預設，裡面藏著一個假設：你一定要喝茶。如果你不想喝茶，你可以反問：「我在這兒吃飯是不是一定要喝茶的？」這樣，看見並挑戰這個隱藏的預設，你就不需要多花冤枉錢。

同樣，下面這些例子都隱藏了一個負面預設，各位聰明的讀者，我相信你們很容易就能破掉它：

「你為什麼不能多幫我一點？」（預設了你一定會幫助他）

「你怎麼總是欺騙我？」（預設了你過去曾經欺騙過他）

「你什麼時候才知道後悔？」（預設了你一定會後悔）

5 虛泛詞

催眠就是設一個上歸類的框架，就像中國國畫中的留白那樣，讓人有無限的想像。虛泛詞就是一種很好的留白方式，因為虛泛詞的歸類層次相對比較高，範疇比較大。可是，當我們在一些帶有負面暗示的對話中使用虛泛詞時，會把人帶到陷阱中，如果不覺察的話，會讓人深陷其中，不能自拔。

比如：

「我最近遇到很大的問題。」

「跟你在一起，我沒有自由。」

「你一點道德都沒有。」

「我不會搞關係。」

……

「問題」、「自由」、「道德」、「關係」，這些都是虛泛詞，這些詞範疇很大，以至於你根本無法確定它具體指的是什麼，讓你感覺被烏雲籠罩般迷失方向。

虛泛詞通常是一些抽象名詞，「蘋果」、「房子」、「電腦」這些詞語，我們稱為具體名詞。「問題」、「自由」、「道德」、「關係」這類詞語，我們稱為抽象名詞。很多抽象名詞本來是動詞，在句子中做名詞用，比如，「溝通」、「傷害」、「愛」等。

應對這類催眠最好的方法就是用下歸類把詞語具體化，或者把名詞化的動詞回歸為一個過程：

「你遇到什麼具體問題了？」

「你所指的自由是什麼？能具體描述一下嗎？」

「你如何定義道德？我的什麼行為違背了你對道德的定義？」

「你不善於處理哪種關係？夫妻關係，親子關係，朋友關係還是跟自己的關係？」

這樣，只要你把虛泛詞下歸類，籠罩在你頭頂的陰霾自然就煙消雲散了。

在溝通中，信息之所以會經常被扭曲，很多時候都是歸類層次太高的緣故，所以，面對扭曲類的後設模式，只要記住下歸類就可以輕鬆化解。

04 一般化：識破「盲人摸象」的局限

我有一個朋友身高一米八，一百八十多斤，又高又壯，看起來天不怕地不怕的樣子，可他每次到我家，都會被嚇得要死要活，他進門前都會很恐慌地說：「狗關起來了嗎？關起來了我再進門。」我家養的是一隻小小的博美犬，他就嚇成了這樣，這是為什麼？原來他小時候被狗咬過。

小時候被狗咬過的人會怕狗。與之類似，有人小時候有從樹上摔下來的經歷，長大後就會恐高；有些女士小時候被同學拿著蟑螂嚇唬，長大後，她會特別懼怕蟑螂一類的小昆蟲。一次性的經歷，成了他們一生的詛咒。

俗話說「一朝被蛇咬，十年怕井繩」，在遇到偶然間的傷害之後，一個人會選擇逃避與之相關的所有事情，也就是說，**因為安全的需要，出於求生存的本能，人類遭遇偶然性的傷害後，會逃避這一類的事情，這種現象叫作「一般化」**。

如果這件事是正面的、積極的，通過這樣的放大，我們就會有更多的收穫。可如果把一些負面的、消極的事件一般化，就會局限我們的人生。

一般化分為「以偏概全」、「能力限制」和「遺失說話者」三大類。

1 以偏概全

以偏概全，就是把單一的事件一般化，就像盲人摸象故事中的盲人一樣，把局部當成整體，話語中經常出現的用詞是：總是、永不、每一個、沒有人。

領導對下屬說：「你總是遲到。」也許這位員工遲到了幾次，大多數時候是準時的，但領導把個別的遲到事件一般化，這樣對員工來說，後果就很嚴重了。

對於這種一般化的催眠，我們該如何回應呢？

只要找出相反的例子，一般化就不成立，催眠自然就被破掉了。

「領導，對不起，我最近是有幾次遲到，我以後一定努力準時。不過我大多數時候都是準時的啊。」

有些女性被一個男人傷害了，她就會說「男人沒有一個好東西」，她把天下的男人全部都黑化了，這個時候怎麼破？我們只需找出一個相反的例子就夠了，比如：「難道妳爸爸也不是好人？」

有人曾經買了一個廣告產品，結果被騙了，他就會說「所有的廣告都是騙人的」，我們可以反問他：「公益廣告也是騙人的嗎？」只要你找出一個不騙人的廣告就可以破掉他的觀念，讓他從框架中走出來。

2 能力限制

能力限制，就是在話語裡有明顯的限制性信念，讓思想陷入困境之中，因而限制了行為的選擇性。能力限制分為「可能性能力限制」和「必須性能力限制」兩種。

可能性能力限制常用詞有：不可能、不可以、不會等。比如：

「我們之間是不可能的。」

「你不可以創業，你創業是不會成功的。」

「我不可能成為有錢人。」

……

如何化解這些限制呢？只要你能找出限制的原因，並挑戰它，你就能從限制的框架中跳出來。

「是什麼讓你這樣想？你嘗試過了嗎？沒試過你怎麼知道不可能？」

「是什麼讓你認為我不可以創業？你認為創業有標準嗎？」

「是什麼限制了你成為有錢人？」

必須性能力限制原理跟上面差不多，只不過其限制更強一些。常用詞有：必須、應該、一定等。比如：

「我也沒辦法，我必須十二點後才睡得著。」

「男子漢應該堅強。」

「你一定要保持沉默。」

……

化解方法跟上面一樣，找出限制的原因，並挑戰它：

「是什麼阻止了你？你試過十二點前睡覺嗎？」

「男人偶爾不堅強又會怎樣？」

「什麼東西限制了我說話？法律，還是道德？」

3 遺失說話者

在前面催眠語法部分講過，在做出價值判斷時，有些話並沒有說明誰說的，以及他為什麼這麼說，這些話會顯得像真理一樣不容懷疑。如果這種語言模式是正面的，當然是很好的催眠，可是如果這些話帶有負面的暗示，那必須用後設模式破掉它。比如：

「男人有錢就變壞，女人變壞就有錢。」

「無商不奸。」

「有錢人都不是什麼好人。」

「學歷低的人做不成什麼大事。」

這些話聽起來很有道理，不知不覺中就會進入你的潛意識。如果你接受了這些語言，無形中你已經被套住了。要破掉這些催眠很簡單，只要把被隱藏的說話者找出來，並挑戰其權威性就可以了：

「這話是誰說的？在什麼背景下說的？他說的就是對的嗎？」

我們在環境換框法時學習過，任何一個行為和任何一個事件，只有加上環境才有它獨特的意義，環境變了，它的意義也就改變了，原來的真理也就不再是真理了。這個時候，我們做的就是回歸這句話出現的背景，挑戰說話者，當這些理清楚了，這個負面框架也就破掉了。

這就是三類一般化語言：以偏概全、能力限制、遺失說話者。掌握了這種技巧，我們就不會犯「草木皆兵」、「杯弓蛇影」、「人云亦云」這類的錯誤，我們能更清醒、更理智地看待問題。

回過頭來看催眠語言模式和後設語言模式，我們可以發現，兩種模式的原理都是一樣的，不一樣的地方在於，前者旨在運用積極的、正面的語言，後者則旨在面對消極的、負面的語言。兩種模式都是一種框架，不同的是，催眠是用一個正面的框把人喚醒；而後設模式是找到一個切口，把人從負面的框架裡面拉出來。換一個角度看，催眠是一種上歸類的語言技巧，讓人進入入神狀態；後設模式是下歸類的語言技巧，能讓人看清事情的真相。

催眠語言和後設模式都是框架的應用，一個把人框住，一個把人從框中拉出來。

05 後設模式是防火牆，可以防止網路中的病毒

唐代有一個叫孫逖的，寫出來的文章言簡意深、凝練有力、構思精密，是個寫作天才，工作是幫皇帝起草詔書。有一次，宰相張九齡看了他的文章，忍不住驚嘆說：「欲易一字，卒不能也。」意思是他想改一個字，都沒法改。

由這個故事，誕生了一個成語「一字不易」，它指的是文字精醇，一個字也不能更改。中國古代早期的部分文字是刻在竹簡上，刻起來很艱難，存儲、運輸也很不容易，因此，古代的文章能流傳開的幾乎都是經典，都是智慧的結晶，這些文章都是非常有營養的。

時代發展到現在，文章的價值越來越不禁推敲了，尤其是在今天這個互聯網時代。據統計，現在83%的人通過自媒體渠道來了解各類信息。可問題是，網路在提供我們方便的同時，也不可避免地讓我們獲得的知識受到「污染」。就像鄧小平同志說的那樣，窗戶打開了，新鮮空氣進來了，蒼蠅蚊子也會進來。

因此，日常生活中，除了要防範來自身邊人的負面催眠，還有一種負面催眠來自互聯網。我們閱讀文章是為了增長知識，如果一不注意，被一些負面信息催眠了，那就得不償失了。

前面遺失說話者部分，我們講了，對於這類負面催眠，我們要挑戰這個說話者，有什

麼根據。同樣道理，在看文章的時候，我們也要留意這篇文章的作者是一個怎樣的人，他的人生是怎樣的，如果文章作者的人生一塌糊塗，他表達的觀點很可能就帶有很強的病毒。我們閱讀並相信了這樣的作者在文章中傳達的觀點，就會被帶到一個負面的狀態。這種時候，我們讀的文章越多，受的污染也就越重。

掌握了前面講的後設語言模式的三種技巧，再看文章，只要你能保持覺察，就不至於中毒。一般來說，請注意如下四點：

1 文章作者是一個什麼樣的人？

這裡用到的是遺失說話者的破框技巧，我們可以詢問：作者是一個怎樣的人？他有怎樣的閱歷？他的人生是怎樣的？

這種情況在金融行業最明顯。在各種金融媒體上，你可以見到大量股評文章，當你看這些文章的時候，是否想過，作者是誰？他在股市賺錢了嗎？如果他都賺不到錢，你為什麼要相信他的判斷？

你想學習婚姻經營，那就要看作者的婚姻是不是幸福的，那些根本就沒結婚的人，大談特談婚姻中怎麼溝通、怎麼相處，這些話能信嗎？

當然，我並不反對你大量閱讀，我只是提醒你，以後閱讀時，要先看這個作者的背景和他的經歷，這樣才能避免被誤導。

2 文章給了你一個選擇還是更多選擇？

一個選擇叫作沒有選擇，兩個選擇叫作左右為難，凡事都有三個選擇。在一篇文章裡，作者只告訴你一條路，這個人很可能是魔鬼，因為他想控制你。一個好的作者、一個好的導師，他一定是為你打開了更多人生的可能性，它會讓你的前途充滿選擇，如此，你的人生才會變得更幸福。

3 文章看完之後，你是充滿希望的？還是絕望的？

沒有什麼比讓人看到希望更重要了。如果你看完一篇文章，或者讀完一本書後感到絕望，這樣的文章，請盡可能遠離它，文章作者很可能是抑鬱症患者，他的文字正在企圖把你帶到溝裡去。這時，你帶著覺察的態度去看，才能防止被人拖入人生的黑洞。

4 文章是在引導你承擔責任，還是在引導你推卸責任？

一個人的成長，從他承擔責任的那一刻開始。如果一篇文章在引導你推卸責任，說你的不幸是社會造成的、是父母造成的，這樣的文章就好比毒草，它會毒化你的人生，讓你陷入抱怨、糾結、痛苦的狀態中。相反，如果文章讓你幡然醒悟，開始承擔人生的責任，讓你的人生越來越好，這樣的文章是值得一讀的。

總之，我們既要防止別人用語言對我們進行負面催眠，更要提防別人用文章、視頻等自媒體內容給我們下毒，相比之下，後一種毒化的範圍更廣、影響更深。

06 後設模式的使用原則

網上有一句流行語：「我懂了那麼多道理，卻依然過不好這一生。」為什麼？這是一個「知」與「行」的問題。知識停留在大腦裡，只是一種信息，只有通過行動去實踐，才能讓知識變成力量。否則，即便你學了一堆知識，對你的生活依然毫無用處。

後設語言模式也一樣，只有把它用在生活中，才能讓它發揮作用。

由於後設模式具有一定的挑戰性，所以，在使用時，一定要把握好下面幾個原則：

原則一：首先取得對方的信任

《論語》中記載，子夏曰：「君子信而後勞其民，未信，則以為厲己也；信而後諫，未信，則以為謗己也。」什麼意思呢？子夏說：「君子在位時，先要取得民眾的信賴，然後才能讓民眾工作；如果未取得信賴，民眾會以為這是在虐待他們。君子若處於臣位時，應先取得君主的信任，然後才能規諫；如果未取得信任，君主會以為你在誹謗他。」

任何溝通都應該以信任為前提，建立在信任基礎上的溝通才是有效的溝通，溝通才能得以實現和完成。晚上下班回家，老婆對老公說：「怎麼回來這麼晚，是不是很累？」同樣一句話，在信任度不同的夫妻關係中，呈現的結果是不同的，夫妻間相互信任時，男人會說：「老婆，妳到現在還沒睡，連累妳受累了。」在相互不信任的家庭，男人會說：「妳又在疑神疑鬼是吧？我真的是在加班。」

我們用後設模式去幫助別人時，如果對方對我們不信任，再好的技巧都沒有用武之地，這種情況下，你送給對方一束玫瑰，他的眼中會只有尖尖的刺，聞不到花香。因此，對不信任你的人，不要試圖去幫助他，先用學到的知識好好保護自己。

原則二：永遠把對方放在「對」的位置

人們總想證明自己是對的，所以，千萬不要把人放在「錯」的位置上。一旦你把對方放在「錯」的位置上，無論你多麼善良，無論你話語多麼誠懇有理，對方都會將你放在一個敵對的位置上。對你有敵意的人，會以為你是在故意挑釁，跟你親近的人，也難免會心生牴觸。趕上對方心情不好，很可能會引爆一場衝突，總之，你要說的話再有價值也進不了對方的耳朵。

原則三：提前設好框架

在溝通中，我們要挑戰別人的舒適區，會問一些尖銳的問題，或者會說一些讓對方感覺不舒服的話，這時提前設框就非常重要。前面講過了，所謂設框就是在你說話之前拋出一個框架，設定一個範疇。

比如，在開始講課前，我會這樣說：「未來三天的課程不是每一個人都聽得懂的，只有那些對語言很有興趣的，並且用心學習的人才聽得懂。」有了這句話，課堂上每一個人都會把自己往這個框架裡放。就算有人真聽不懂，他也不會心生抱怨。

所以，當你要使用後設模式之前，你可以先設框：「我想問你一個問題，不過這個問題比較尖銳，有些氣量小的人可能承受不了，不知道我可不可以問？」

原則四：把決定權交給對方

為了維護自我，人們對於別人的決定通常會抗拒，總喜歡自己來做選擇、做決定。基於這一原理，我們在與人溝通時，要把決定權交給對方。如此，一方面，對於自己做出的決定，對方會更坦然地接受；另一方面，對於自己做出的承諾，對方會積極地兌現。

以上就是使用後設模式的四個原則：首先取得對方的信任，永遠把對方放在「對」的位置，提前設好框架，把決定權交給對方。這四個原則也適合一般的溝通，如果在人際關係中按這四個原則溝通，一定會有意想不到的效果。

魔術語言
讓心魔在談笑間灰飛煙滅

「

- 要想改變一個人執著的信念，只有一個途徑，那就是用他的信念來改變他的信念。
- 當一個人意識到自己認為的事實僅僅是一個信念時，就為改變打開了一個空間。
- 魔術語言是一套巧妙的破框語法，它能挑戰對方的框架，卻不跟對方產生對抗，而是以巧勁把對方固執的想法化解。

」

語言中的病毒

我們先來看兩個小故事。

有一天，有位女士與一個和尚一起乘船渡河。船艙裡空間有限，和尚不經意間看了女士一眼，女士勃然大怒，她說：「堂堂出家人，六根不淨，竟敢偷窺良家婦女！」和尚聽了，忙把眼睛閉上。不料，女士更氣了，她說：「你不但偷看了，還默默地在心裡想，簡直不可救藥！」和尚沒辦法，只好把臉背過去。女士更生氣了，她雙手叉腰，斥道：「你果然心中有鬼！現在沒臉見人了！」

第二個故事更好玩。有三個強盜一起作案，偷了七顆一模一樣的鑽石，分贓的時候，問題出現了，七顆鑽石一人兩顆後還剩一顆，其中最強勢的那個強盜就說了：「我是老大，最後一顆歸我了。」另外兩個強盜不服氣了：「為什麼你是老大？」那個強盜說：「因為我有三顆鑽石，所以我就是老大。」

從抽離的位置看這兩個故事，你一定會覺得這位女士和這個強盜一樣，蠻不講理。可實際上，生活中你我都一樣，當我們一旦生起某一觀念後，就會蒐集各種證據證明自己是對的，即便那些證據看起來十分荒唐，可我們總能讓它們環環相扣、不可辯駁，讓這個執念像鑽石一樣堅固。這就是人們會固執己見的原因。

前面我們多次論述過，一個人的信念會影響他的行動，行動會創造結果，也就是今天的生活。所以，要想生活變得更好，必須改變過去的執念。可是，如何才能改變這些堅如鑽石的信念呢？

我們可以從加工鑽石中學習。鑽石既然是世界上最硬的物質，那用什麼來加工鑽石呢？只有用鑽石才能打磨鑽石。同樣道理，我們要想改變一個人執著的信念，只有一個途徑，那就是用他的信念來改變他的信念，就像合氣道一樣，用對方的力量破掉對方的攻擊。

魔術語言就是這樣一套語言技巧，它由美國心理學家羅伯特・迪爾茨在神經語言程序學的基礎上發展而成。

羅伯特先生是我非常尊敬的學者，我曾經聽過他的課，讓我受益匪淺，從他的理論體系中，我獲得很多靈感，深受啟發，於是有了這一章的體驗和思考。在這裡要衷心感謝羅伯特先生的不吝分享，感謝他在語言魔法上富有洞見的研究。

看過魔術的朋友都知道，魔術師的表演十分神奇，讓人嘆為觀止，可是當你從後台看清魔術師的秘密時，你會發出「啊哈」的聲音，感嘆真相原來是這樣。

這套語法跟魔術有類似的魔力，它能極大地改變人們對事物的理解，將某些執念化於無形。當你看清楚它的結構時，你會驚奇地發現原來它是如此簡單。

不過，儘管魔術的秘密很簡單，可就算你知道了，你還是無法像魔術師那樣表演，除非你真的花時間去認真練習。這套魔術語言也是這樣，知道了沒有用，只有你通過不斷練習掌握了它，它才能發揮神奇的作用。

魔術語言是一套巧妙的破框語法，它能挑戰對方的框架，卻不跟對方產生對抗，而是以巧勁把對方固執的想法化解。

魔術語言與中國禪宗的機鋒有相似的地方，精彩但不容易理解，下面我結合自己多年的經驗，用中式案例以及禪宗故事，將羅伯特．迪爾茨這套神奇的語法講解一遍，希望對大家學習這套語言模式有所幫助。

02 世界觀：你認為的事實只不過是一種信念

自然界中有一種奇特的現象，有些人用鬼神之說來解釋：在沙漠裡，旅行者疲憊不堪、乾渴難耐，突然他的眼前出現了一汪碧綠的湖水，旅行者興奮地跑過去，不料，跑了很久，湖水仍舊在他的眼前，距離一點都沒有拉近，等他再往前跑，湖水突然就消失得無影無踪了。我們都很清楚，這種現象跟鬼神無關，其實是一種海市蜃樓現象。不過，不了解這種自然現象的人，他們會強調這是他們親眼看到的，湖水真的出現過，真的就在不遠的地方。事實上，我們眼睛看到的，我們確信無疑的東西，並不一定是事實。

地圖不是疆域，但是你的地圖就是你的疆域。

阿爾弗雷德．科日布斯基有一句很經典的話：「地圖並非現實。」他的意思是，地圖能幫我們抵達我們想要去的地方，但是地圖跟實際地形和風貌還是有很大差距的。每個人的內心都有一個對世界的認知和描繪，這種認知和描繪就叫世界模型。我們通過自己的世界模型來解讀世界，認為自己頭腦中的世界模型就是真實的世界。我們做任何事情都會參照這個世界模型，不同的世界模型會導致我們做不同的決定，一個個大大小小的決定累積

信念≠事實

圖 7-1

起來就形成了我們的命運。

我們頭腦中的地圖並不是實際的疆域，可因為我們會按照心中的地圖去行動，行動會創造出跟你心中地圖相符的世界，因此，我們的地圖就成了我們的疆域。

換句話說，人們認識世界的方法叫作世界觀，我們有什麼樣的世界觀，就會創造出什麼樣的世界。改變一個人的世界，可以從改變他的世界觀開始。

從上面的描述中我們知道，雖然信念會創造事實，但信念並不是事實（如圖 7-1）。

當一個人認為信念就是事實的時候，改變是不可能的。因此，改變的前提是，把他認為是事實的信念，還原為信念。

當一個人承認並意識到自己認為的事實僅僅是一個信念時，就為改變打開了一個空間。

以上面兩個例子為例。

和尚可以回應那位女士：「阿彌陀佛，原來女施主是這樣想的？」

兩個強盜也一樣，可以問那個強佔三顆鑽石的強盜：「你是這樣想的嗎？」

他們會說：「對，我就是這樣想的。」

對話進行到這裡，情況已經很清楚了，這僅僅是某個人的想法而已，並不是事實！既然是想法，就表示可以這樣想，也可以那樣想。於是，改變就變得有可能了。

「原來你是這樣想的？」這句問話可以巧妙地把當事人認為的事實還原為信念。當然，還可以有其他類似的表達方法，比如：

你一直都這樣想的，對嗎？

這是你個人的看法，對嗎？

別人會有同樣的看法嗎？

是不是每一個人都會像你一樣想呢？

是什麼讓你有這樣的想法呢？

……

通過這類問句，我們把事實還原成信念，讓對方意識到，這僅僅是他個人的看法。完成這關鍵性的一步之後，我們就可以使用前面講過的位置感知法，讓他從「他人」的角度去看問題：

「別人會怎麼想？」

「有沒有想過，我們是怎麼想的？」

「某某人會怎麼想？」

或者可以直接引用某權威人士的觀點，讓當事人意識到，這僅僅是自己偏執的想法而已。

比如，有人抱怨「經濟不好，生意難做」。這時，我們可以問一句：「是不是每一個人都會像你一樣想呢？稻盛和夫說過，經濟下行時，正是企業發展的最佳時機。」對方立刻就會覺醒，原來這是自己的一種想法而已。

夫妻關係有時會走到一個階段，當經歷過一次次失望後，有的人就會給伴侶貼上一個負面的標籤，認為對方是個人渣，並把這當成事實，一旦走到這一步，大多數夫妻關係就走到盡頭了。其實，如果願意做心理諮詢的話，這樣的關係還是有希望的。

如果下次有人向你抱怨他的伴侶是「人渣」，你不妨問他：

「啊，原來你是這樣想的？孩子也是這樣認為嗎？有沒有人不同意你這個判斷的？」

經此一問，至少能讓對方知道，他的想法未必是個事實。

明白了這個竅門之後，下次當你聽到身邊人說一些聽起來就是事實的語言時，你知道如何應對嗎？比如：

「婚姻是愛情的墳墓。」

「錢是骯髒的。」

「教會徒弟餓死師傅。」

「聽話的才是好孩子。」

……

將事實還原為信念之後，除了用位置感知法拉寬當事人的世界觀之外，還可以帶他看看，去看他堅持這個信念會給他帶來的後果，這個方法我們下節會詳細講述。

03 後果：有效果比有道理更重要

生活中，很多人會固執地堅持一些荒唐的想法：

「我這輩子是不可能賺到錢了。」

「我命不好。」

「上課的學費太高了。」

「我今天會這樣，都是你的錯。」

如果說這些話的是你的親人、朋友，你會怎麼做呢？毫無疑問，大多數人都會跟對方爭論。可是，爭論有用嗎？贏了爭論的結果，往往是輸了關係。

那該怎麼辦呢？

有效果比有道理更重要！與其跟他爭論道理誰對誰錯，不如直接帶他去看看這個想法會帶來什麼後果，等他看清楚後果之後，他就會恍然大悟，原來自己的信念是多麼荒唐！

以上面的例子為例，我們可以這樣回應：

「當你這樣想的時候，會有什麼後果？這個想法會讓你變得有錢嗎？」

「當你堅持認為自己的命不好時，命能好嗎？」

「如果你總是認為學費太高而放棄學習，十年後你會變成一個怎樣的人？」

「如果你總認為責任在對方，這對你們的關係有幫助嗎？當你這樣想的時候，主導權在誰的手上？你為什麼要把關係的主導權交給別人呢？難道你喜歡被動的人生？」

將注意力帶到信念所產生的後果，從而挑戰信念本身的這種語法，叫作「後果」。

在很多家庭，培養孩子自覺刷牙是一大難題，圍繞著這件事很可能會爆發家庭混戰，大多數爸爸媽媽會逼孩子刷牙。可是，哪裡有壓迫，哪裡就有反抗，孩子也不例外。有些理性的父母會跟孩子講大道理，可是再有用的道理，孩子就是不聽。

演員孫儷在網上透露過自己勸孩子刷牙的經驗：她找了一個關於刷牙的紀錄片，紀錄片中一個六歲的男孩因為吃了太多的糖而必須拔掉七顆牙齒，她鄭重地把這個紀錄片拿給兩個孩子看，當孩子看到紀錄片中的男孩拔牙的過程是多麼痛苦，拔牙後又是多麼不方便後，他們都自覺地仔細刷起牙來，再也不用父母嘮叨大道理了。

這就是「後果」這一語法的典型應用。

在中國，很多父母或長輩會經常這樣對孩子和晚輩說：

「我這是為你好！」

以前，也許你會跟他們爭個面紅耳赤，讓關係越來越差。現在，你可以試試「後果」這一語法：

「我知道你是為我好，謝謝你的好意。可是，當你這樣做的時候，事實上我好了嗎？我只會更加難受，我心情不好並不是你想要的結果吧？」

除了上面舉過的例子外，我們還可以通過下面這些問題，帶領對方去看信念所帶來的後果：

當你堅持這種想法會有什麼後果呢？

如果你一直這樣下去，十年之後會怎麼樣？

這會帶給你的家人什麼影響？

這是你想要的結果嗎？如果不是，你是否願意換一種想法呢？

人們總是要證明自己是對的，所以，爭論是無法讓對方改變信念的，只會激起對方的逆反心理。這時，不如把注意力放在未來，帶他去看看他堅持的想法未來會帶給他什麼樣的後果，當他關注未來時，他就能更理智地面對現在。

04 另外一個結果：無用之用方為大用

我們先來看個故事：

在某精神病院裡有一個病人，他相信自己是殭屍。精神病院的醫生嘗試用各種方法告訴他「你不是殭屍」。有一個醫生大膽地用針扎了一下他的手指，指示給他看：「你的手指在流血，如果你是殭屍的話，是不會流血的。」沒想到，這個病人竟然驚呼：「豈有此理！原來殭屍也是會流血的！」

醫生的努力白費了，病人仍舊執著於自己的信念。

這位醫生沒招了，於是請來了另外一位醫生。這位醫生了解完情況後，用幾句話就把這個病人治好了，他是怎麼做的呢？

他對病人說：「聽說殭屍也會流血的，對嗎？」病人點點頭。

他繼續說：「既然殭屍可以流血，那殭屍也可以吃飯，對嗎？」病人又點點頭。

他接著說：「既然殭屍可以吃飯，那殭屍是不是也可以工作啊？」病人又點點頭。

他又說：「既然殭屍可以吃飯、工作，那殭屍是不是也可以結婚生子、看電影、旅行？」病人仍舊點點頭。

這樣的話，殭屍的生活不就跟普通人一樣了？

就這樣，這個自己給自己命名為殭屍的病人，出院之後，過著跟普通人一模一樣的生活。

這個案例中，這位醫生沒有試圖改變病人「我是殭屍」的信念，而是把他的信念導向了另外一個結果——殭屍也可以像正常人一樣生活，這就是魔術語言中的「另外一個結果」。

所謂「另外一個結果」，就是不去改變信念本身，而是把對方的信念導向另外一種可能性。

有些不自信的人總會有這樣一些負面信念：

「我不會做。」

「我記憶力不好。」

「我太笨了。」

如果我們跟對方正面爭辯「你會做」、「你記憶力挺好」、「你不笨」，這樣是毫無說服力的，因為對方說一句「你怎麼可能比我更了解我」，就可以終結話題。應該怎麼破局呢？

老子在《道德經》第四十章裡面說：「反者道之動，弱者道之用。」這是老子的一個核心觀點，他的意思是，天下大道的運行規律，就是「反」字，道在柔弱的狀態下可以更好地發揮作用。因為道的反向調節作用，任何事情都是辯證的，都有其正反兩面，陰中有陽，陽中有陰，陰極陽生，陽極陰生。類似的內容在《道德經》裡還有很多，如「故有之以為利，無之以為用」，意思是，當你有某些東西時，它們會給你帶來便利，當你沒有的時候，它們也有另外的用處。

《莊子》中講了這樣一個故事：有一位姓石的木匠在路上看到了一棵非常高、非常粗壯的櫟樹，旁邊的人都對這棵樹讚歎不已，稱它是「神樹」，可石木匠卻嗤之以鼻，別人問他為什麼，石木匠解釋說：「櫟樹其實是一種沒有用的樹，做船容易沉沒，做棺材容易腐朽，做家具不耐用……如此沒用，不值一看。」

後來，石木匠做了一個夢，夢中櫟樹對他說：「你說我沒用，是用什麼和我比呢？長果子的樹嗎？它們的果實熟了被人們強行奪去，大的枝幹還被折斷了，小的枝幹也受到摧殘，往往等不到壽終就結束了生命。其他被你們認為是有用之材的樹木，也照樣逃脫不了這個下場。而我正是沒有你們認為可用的東西，才能活到現在，人們還認為我是神樹，紛紛來供養瞻拜，難道這不是大用嗎？」

最後，故事用一句話做了總結：「人皆知有用之用，而莫知無用之用也。」

從某個角度看是無用的事物，換個角度，也許有大用。這就是「另外一個結果」的巧妙之處，透過語言，讓當事人看到事情的另一面，從而讓他從某個限制性的框架中跳出來。

比如，有人抱怨自己的操作能力差：「這些事情我都不會做。」這時我們可以帶他去看另外一個結果：

「或許你天生就是做領導的，這種小事不用你做。你看劉邦不就說過『吾文不如蕭何，武不如韓信，謀不如張良』。他文不行、武不行，謀略也不突出，可最後卻是他坐上了皇帝的位置。」

有人感嘆：「我記憶力不好。」我們可以把他帶入另外一個結果：

「記憶力不好能讓你更加活在當下，有些人想忘掉一些東西卻忘不掉，記憶力不好的話，反而能過得更自在、更幸福。」

父母經常會抱怨：「我的孩子總是不聽話。」不聽話看起來是個不好的結果，可是不聽話的孩子還有什麼另外的結果呢？

有主見，有創意，有自己的想法。這些難道不是父母都希望孩子擁有的特質嗎？智慧源於多角度的視野，一般人總是從自己習慣的角度看世界。而「另外一個結果」，就是一種拓寬人們看世界角度的語言模式。

05 重新定義：重構語言，重構希望

重新定義，就是前面我們講過的「意義換框法」。

國外的一項研究顯示，負面詞語有著強大的暗示作用，僅僅需要一秒鐘，負面詞語就能刺激大腦產生大量皮質醇，進而打斷大腦的運作，損害人的邏輯推理、語言溝通能力。如何打消負面詞語的傷害呢？

神經語言程序學的創始人之一理查德．班德勒，因為愛好心理學，業餘讀了很多與心理學有關的書籍。大學期間，他偶然接了一份兼職，幫助美國首位家庭治療專家薩提亞女士整理錄音。這份工作花了理查德幾個月的時間，在這個過程中，他發現了一個很奇特的現象：薩提亞的病人本來是很抑鬱地走進她的診所，但是幾個小時聊完之後，病人們都能昂首挺胸、帶著微笑離開。薩提亞做了什麼呢？班德勒開始一遍又一遍地研究薩提亞的談話錄音、錄像，他最終發現薩提亞有一個語言奧秘：她經常會改動病人的負面用詞。比如，病人說：「醫生，我最近遇到一個問題了。」薩提亞會說：「來，告訴我你遇到的情況。」她悄悄地把「問題」用「情況」替換掉。病人又說：「醫生，我的生活太困難了。」薩提亞會說：「是的，你現在的生活充滿了挑戰。」她又悄悄地把「困難」變成了「挑戰」。

這個方法叫「語言重構」，也叫「重新定義」。**所謂重新定義，就是用意思相近，但含義不同的新詞，替換掉原來陳述中的某些關鍵字眼。**比如：

「問題」——「情況」

「困難」——「挑戰」

「難」——「不容易」

「不行」——「還沒找到方法」

雖然是幾個詞的改變，可整個語言卻從負面內容轉變成正面內容，對方聽後，整個心情也會不知不覺明朗起來。

舉個例子，隨著 5G 時代的來臨，短視頻成了當下的一個風口。我們團隊的小伙伴要求我做短視頻，我可以這樣回答：

「我有一個問題，我過去的工作習慣是一連講幾天的課程，你讓我用一分鐘時間講心理學，這對我來說是個很大的困難，要這麼短時間講清楚一個知識點，實在太難了，這是不可能的事情，我做不了。」

如果換一種說法呢？

「我遇到一個情況，我過去的工作習慣是一連講幾天的課程，你讓我用一分鐘時間講心理學，這對我來說是個很大的挑戰，要這麼短時間講清楚一個知識點，實在不容易，我還沒找到好方法，不過我願意嘗試。」

這兩種說法說的都是一件事情，可是帶給你的卻是完全不同的感受。前者關閉了所有的可能性，而後者開放了一個可能的空間，給人希望。

讓世界因為我們的存在變得更美好，這是我們每個人的使命。學會了重新定義，當我們聽到負面詞或者想說負面詞的時候，我們可以將負面詞轉換成正面詞。一時間想不到正面詞時，我們可以用帶否定詞的正面詞來替換負面詞，比如，我們可以用「不容易」替換「難」，用「不開心」替換「傷心」，前面講過了，人類的頭腦無法分辨否定詞，「不容易」、「不開心」留在大腦中的印象就是「容易」和「開心」，它跟「難」和「傷心」帶給人的感受是完全不一樣的。

正所謂天堂地獄就在一念之間，負面詞會把人帶到溝裡，我們悄悄地換一種表達，就能夠把對方帶往另外一個地方。如果你能常用這種技巧，你身邊的人都會覺得跟你聊天的感覺很好，你的人脈就越來越廣。人脈越來越廣後，你的機會也就越來越多，你的財富自然也就越來越多。

06 意圖：每一個行為的背後都有正面動機

在我們的課堂上曾發生過這樣一個真實的故事：

當時，張國維博士剛好講到「行為的背後一定有正面動機」，下面一名學員舉手了，他是某地產公司的老闆，財富多得幾輩子都花不完，可他卻不開心，為什麼呢？原來他家裡有一個酒鬼父親，每次喝醉了就胡亂砸家裡的東西，這讓他每天過得膽戰心驚，生怕接到家裡保姆通知他父親又砸東西的電話。

這位地產老闆舉手說：「行為的背後不一定有正面動機的。比如，我爸一喝醉酒就砸東西，你說他有什麼正面動機呢？」

張博士很溫和地看著他說：「真的沒有嗎？你爸砸完東西對他有什麼好處？」

地產老闆說：「沒什麼好處！每次砸完東西，我們兄弟姐妹就回去罵他，他更難受！」

張博士敏感地抓住了事情的關鍵點：「他砸完東西，你們兄弟姐妹都回家看他，他不砸東西的時候，你們都不回家，是不是？」

地產老闆這時明白了，他的老父親每次打電話叫他們兄弟姐妹回家吃飯，這個說有應

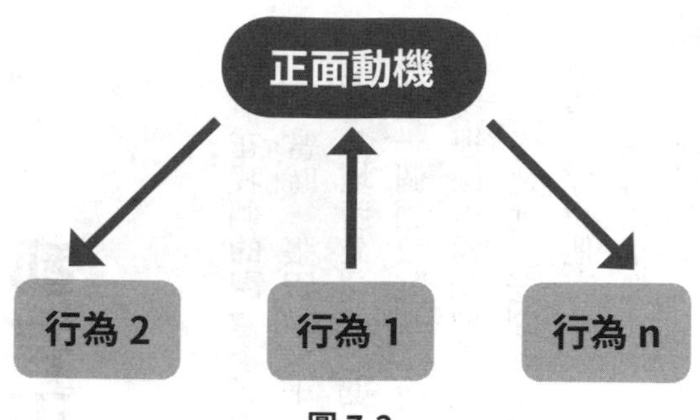

圖 7-2

酬，那個說在開會，另外一個說有事，沒有一個肯回家。老母親已經去世了，老父親一人孤零零地在家生活，能說話的只有一個保姆，他的心情是怎樣的呢？老人心情鬱悶，只能喝點小酒，有一次醉酒，失手把電視給砸爛了，孩子們得到消息，全都回來了。後來，老人想兒子了就喝酒，喝了酒就砸東西，砸了東西之後，孩子們都回來了。當然，他並不是有意識地用砸東西這種行為來讓孩子回家，可是，他的潛意識會一而再再而三地重複這種行為。

每一個行為的背後都有正面動機，這位老父親的正面動機就是希望孩子們能常回家看看。

這位地產老闆想明白之後，回家馬上召開了家庭會議，給兄弟姐妹們制定了一個輪流請父親喝早茶的時間表，自此之後，老父親酒還照喝，可再也沒有砸過東西了。

通過這個故事，我們可以發現：每一個行為的背後都有一個正面動機，為了滿足這個正面動機，人們會採取各種手段，正面行為走不通的話，他就會通過負面行為表現出來。因此，要想改變一個負面行為，我們可以用另外的行為來滿足它的正面動機，當正面動機被滿足之後，原來負面的行為自然會發生改變（如圖 7-2 所示）。

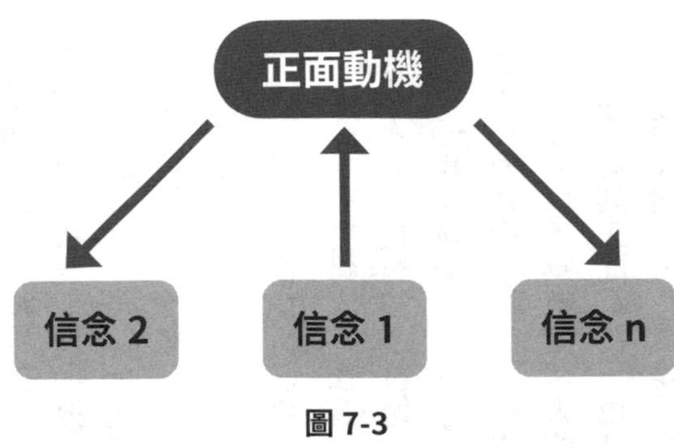

圖 7-3

這個原理同樣適用於信念，每個信念背後也有著正面的動機。一個人之所以會執著地堅持某個信念，就是為了保護其正面動機。如果我們能夠用另外一個信念來滿足這個動機，他就不需要再執著於原來的信念了（如圖 7-3 所示）。

所謂「意圖」，就是將注意力引向信念背後的正面動機，在滿足其正面動機的前提下，讓當事人換一種信念，從而改變其原有信念的一種方法。

在做婚姻輔導時，我經常碰到這樣的問題：有的女性感情受挫之後，會說「男人沒一個好東西」，這一信念下，女人很可能一輩子就選擇獨身，她對婚姻有恐懼，她不敢走進婚姻。她的這一信念背後的正面動機是什麼？她在保護自己，以免受到男人的再次傷害。看見她的正面動機後，我通常會跟她說：「我知道妳對男人的警惕是為了保護妳自己。」先肯定她的正面動機，然後引導她思考：「在保護自己不受傷害的前提下，是不是可以與一些可信賴的男人接觸呢？」如此，她就會邁出關鍵一步，願意接觸一些男人，封閉的大門打開了一條縫，也許她就能夠找到真心愛人了。

我還經常聽到這樣的話語：

「有錢人都不是好人。」

「學費太貴了。」

如果有人認為「有錢人都不是好人」，這個人是不可能變得有錢的，因為一個人是不可能讓自己變成壞人的，一旦有機會變成有錢人，他的潛意識就會做出逃離的舉動，他會告訴自己「我要把錢扔掉，我要做好人，好人比有錢更重要」。

同樣道理，如果有人認為「學費太貴了」，他就會逃避學習，就沒辦法提升能力，人生就會失去很多機會。

只有破除這些負面信念，才有可能迎來最好的生活，可以怎麼做呢？

我們先要看到話語背後的正面動機，然後換個信念來滿足其動機：

「你對有錢人好像有些期待？你身邊的有錢人是不是都達不到你的標準？如果你成為有錢人，並且有錢之後做一個好人，那有錢人裡不就有好人了？你願意這樣做嗎？」

「我知道你想用更少的錢學到更多的東西，你想省點錢，把錢用在更有價值的事情上，可有什麼事情比讓你生命成長更有價值呢？有什麼事情比改變命運更有價值呢？」

你可以不喜歡某個人的行為，同樣，你可以不同意某人的某個觀點。但是，如果你願意去看見其正面動機，也許你就能接納他的行為和觀點。你可以依然不認同，但接納會讓你的格局變大，心情變得愉快，財富變得更多。所以，接納，與他人無關，這是你自己的事情。

07 上歸類：擴大範疇破除限制性信念

「上歸類」以及下一節的「下歸類」我們在「語言的歸類法」那一章已經講述過，其原理這裡就不再重複。這裡重點講述如何用這兩種方法去破除限制性信念。

上歸類就是把語言上升到一個更大的範疇，讓詞語涵蓋更多內容的語言技巧。在魔術語言中，**「上歸類」就是將限制性信念中的某個關鍵詞，用另一個上歸類層次比較高的詞表達，讓原來的信念顯得荒唐，從而改變信念所定義的關係。**

我們再來看看前面提到過的執念：

執念一：「有錢人都不是好人。」可以把「有錢人」這個關鍵詞進行上歸類為「富足的人」：「富足的人都不是好人嗎？」

執念二：「學費太貴了。」可以把「學費」上歸類為「提升自己的投入」：「提升自己的投入，你都認為貴嗎？」

執念三：「男人有錢就變壞，女人變壞就有錢。」可以把「有錢」上歸類為「成功」：「男人成功了就會變壞，女人變壞了就會成功？」

執念四：「我沒有時間上課。」可以把「上課」上歸類為「提升自己」：「難道你連提升自己的時間都沒有嗎？」

08 下歸類：看清真相就能改變信念

我在諮詢中曾經遇到過這樣一位案主，她說年初時，算命先生說她今年有血光之災。從此之後，她一直憂心忡忡，總擔心出事，所以找我諮詢。見她十分相信算命先生，我也就不按常規手法為她做諮詢。我問她牙齒怎麼樣，有沒有需要看牙醫的地方。她說有一顆缺了的牙，因為怕痛，一直沒去種。我告訴她，去種吧，種牙會出血，妳的血光之災就完成了。她聽了很高興，按我說的去做了。後來她告訴我，自從種了牙之後，下半年心裡安樂多了。

下歸類就是把語言中範疇比較大的詞縮小，由一般事件到特定事件，從整體到部分，從宏觀到微觀。**魔術語言中的「下歸類」就是挑戰信念中歸類層次較大的詞，分解信念的組成元素，將其拆成更小的片段，讓當事人看清真相，從而改變信念。**

「血光之災」就是範疇很大的詞，包含的內容可大可小，在這樣一個含糊的預測之下，當事人當然會胡思亂想了。我的方法很簡單，只是把這個模糊不清的概念，用下歸類的手法，變成「種牙」這樣一件具體的事情，當事人的困擾就解除了。類似的信念還有很多，比如：

「男人沒有一個好東西。」

「有錢人都不是好人。」

「學費太貴了。」

在這樣的語言中，「好東西」、「好人」、「太貴」都是範圍很大的虛泛詞，它會模糊你有意識的防禦，讓你感覺很有道理，因而很容易被催眠。要破掉這些負面的催眠，可用下歸類的語法，挑戰這些大範疇的詞彙。當你看清事情的真相時，原來的限制性信念也就瓦解了。

「你所指的好東西有具體標準嗎？」

「有多少錢才不是好人呢？」

「多少錢對你來說才叫不貴？」

這個語法在「語言歸類法」那一章已經做過詳細的介紹，這裡就簡單重溫一下。

09 比喻：拉寬框架以識破荒唐信念

三國時期，有一年蜀中大旱，很多百姓沒有糧食吃，要忍飢挨餓。劉備注意到，釀酒需要用掉很多好糧食，在人都餓肚子的情況下，這樣做未免太浪費了，於是，他頒布了禁釀酒令，禁止人們釀酒，有膽敢釀酒的就判死罪。為了保證這個命令的執行效果，劉備進一步下達命令，禁止百姓家裡有釀酒設備，私藏釀酒設備的與釀酒的同罪。地方官吏接到上級指令後都不敢怠慢，嚴格按命令執行。有些百姓雖然不釀酒了，卻捨不得將釀酒的設備就這樣白白扔了，他們就把釀酒設備偷偷藏了起來，官兵因此抓了很多百姓。

劉備下達禁釀酒令，原本是為了改善貧困老百姓的生活，可事情發展到現在，禁釀酒令反而傷害了百姓。手下謀士們想給劉備提意見，可劉備正一心推行禁釀酒令，根本聽不進反對意見，怎麼辦呢？

有一天，劉備帶著謀士簡雍在街上巡視，看見一男一女正在前面走，簡雍突然對劉備說：「這一對男女當眾進行流氓行為，請把他們抓起來治罪。」劉備莫名其妙：「他們怎麼就進行流氓行為了？我怎麼沒看見？」簡雍一本正經地說：「他們雖然沒有進行流氓行為，但是私藏了進行流氓行為的工具！就跟那些沒有釀酒，卻私藏了釀酒設備的人一樣。」

劉備聽了大笑，當即下令取消了「私藏釀酒工具」的罪名。

這個故事裡，簡雍把私藏釀酒設備與私藏流氓工具進行了類比，以幽默風趣的方式引導劉備從執念中走了出來。

這種手法在魔術語言中叫「比喻」，其實就是「歸類法」中的橫歸類。這種語言技巧的巧妙之處在於，**通過另外一件類似的事情，拉寬當事人原有的框架，讓他從另一個框架回看自己原來的框架，從而看清楚原有信念的荒唐。**

在前面「破框」那一節，我曾引用過星雲大師關於「複印件和原件」的比喻，非常精彩。星雲大師還有很多精彩的比喻，下面我再跟大家分享幾則。

第一則：

一位學員問：「法師，我想問一個不太恭敬的問題。」

星雲：「請講。」

學員：「您在公眾場合是素食，您一個人在房間會不會吃肉呢？」

星雲反問：「您是開車來的嗎？」

學員：「是的。」

星雲：「開車要繫安全帶。請問您是為自己繫還是為警察繫？如果是為自己繫，有沒有警察都要繫。」

學員：「哦，我明白了！」

第二則：

一位學員抱怨道：「為什麼我努力了還是得不到想要的東西？念經行善了但命運卻不變？」

星雲：「我給你寄五百塊錢，好不好？」
學員：「師父，你的錢我不敢要呢！」
星雲：「我是要你幫我辦一件事。」
學員：「師父，你說辦什麼，我絕對幫你辦好！」
星雲：「幫我買一輛汽車。」
學員（驚訝地）：「師父，五百塊怎麼能買到汽車呢?!」
星雲：「你知道五百塊買不到汽車！可是世上有太多的人都在絞盡腦汁，想付出一點，就得到很多。」

第三則：
一位女士不停地述說自己的苦難，沒完沒了。星雲打斷她的話說：「妳的苦還真多呀！」
女士：「別人訴苦最多需要三天三夜，我訴苦需要三年！」
星雲：「那是什麼時候的苦？」
女士：「前幾年。」
星雲：「那不是過去了嗎？為什麼還緊抓不放呢？妳拉出來的糞便臭不臭？」
女士：「當然很臭啦！」
星雲：「現在糞便在哪裡呢？」
女士：「拉完就沖掉了。」
星雲：「為什麼不把它包起來放在身上，見到人就拿出來告訴別人，我被這東西臭過？」
女士：「那多噁心！」

星雲：「對呀！苦難也是一樣，它已經過去了。回憶和訴苦就如同把糞便拿出來向人展示，既臭自己又臭別人！聽懂了嗎？」

女士：「聽懂了！」

星雲：「那以後妳還要不要訴苦？」

女士：「不要了！」

星雲：「記住，越訴苦越苦，越抱怨越怨。」

女士：「嗯！」

星雲大師的話是不是很讓人佩服？有些事情我們不需要正面回答，我們只需要用一個簡單的比喻或者類比，進行橫歸類，就能引導對方到一個全新的框架中，當他離開了原來的框架，原來的困局也就灰飛煙滅了。

在中國現代著名作家錢鍾書先生身上曾發生過這樣一件趣事：《圍城》出版後，受到了世界各地讀者的追捧，許多人仰慕錢鍾書先生的才華，給他寫信，甚至爭相登門拜訪，這讓錢鍾書不勝其擾。

有一次，錢鍾書接到了一位英國女士的跨洋電話，這位女士自稱是他的粉絲，請求和他見一面，錢鍾書先生怎麼拒絕對方的熱情，又不給對方造成傷害呢？錢鍾書這時說了一句話：「假如妳吃了一個雞蛋覺得不錯，何必認識那下蛋的母雞呢？」電話那端的女士噗哧一聲笑了，聊了幾句之後，就愉快地掛了電話，沒再提見面的事。

在錢鍾書這句話裡，雞蛋是指《圍城》，母雞是指錢鍾書自己，意思是你讀了我的書覺得不錯，是沒必要去見本人的。一句巧妙的比喻，有點幽默和自嘲的意味，讓對方欣然接受了拒絕。

明白了這種語言技巧，我們回到前面討論過的限制性信念。用比喻的手法破框，可以用什麼比喻呢？有很多。比如：

「不做廚師就不用學做菜了？」

「不做司機就不用考駕駛證了？」

「不做運動員，就不用鍛鍊身體了嗎？」

如果有人說「讀書沒什麼用，因為讀完都忘了」，你可以用什麼比喻呢？

「每天吃的飯最後都拉掉了，你還吃飯嗎？」

一般人的思維方式都是線性的、邏輯的，基本上都在歸納推理和演繹推理的範疇。這種思考方式有一個致命的缺陷，就是會掉到自己的思維陷阱中不能自拔。一旦前提錯了，所推導出來的結論就會全部錯誤，這就是為什麼有人會堅持一些看起來明顯錯誤的信念的原因。而比喻，就是讓人跳出思維陷阱的最好方法之一。

我相信聰明的你已經完全掌握了比喻這一神奇的語法了，試試為破解下面這些限制性信念想一些比喻吧！

關於金錢：

金錢是骯髒的。

有錢人都不是什麼好東西。

男人有錢變壞，女人變壞就有錢。

金錢是萬惡之源。

關於婚姻：
婚姻是愛情的墳墓。
男人靠得住，母豬會上樹。
男人沒一個是好東西。
女人都愛虛榮。

關於孩子教育：
聽話的才是好孩子。
棍棒之下出孝子。
玉不琢不成器，人不打不成才。
成績這麼差，這輩子沒希望了。

上面這些是一些常見的限制性信念，這些信念像病毒一樣正在吞噬著很多人的生命。另外，這些信念具有病毒一樣的傳染性，會在人群中蔓延。

10 現實檢驗策略：挑戰信念的支撐條件

「立雪斷臂」是經典佛教傳說，感動了一代又一代人。故事是這樣的：

當時神光大師研習佛法，遇到了瓶頸，他千里迢迢找到達摩祖師，想向他求教佛法，正趕上達摩祖師面壁打坐，根本不理他。這天，天氣陡然變冷，下起了鵝毛大雪。神光站在達摩祖師面壁的山洞外，三天三夜，雪堆積起來沒過了膝蓋，他也一動不動。這時，達摩祖師出來，斥責他想這樣就得到一乘大法，是癡人說夢，神光聽後，為了表達自己求法的誠心和決心，他拿起一把鋒利的刀子砍斷左臂，並將斷臂放在達摩祖師面前，斷臂灑出的鮮血染紅了雪地。

這就是立雪斷臂的故事，常用來形容一個人求學的態度非常虔誠。不過，故事到這裡還沒完。當時，達摩祖師看著神光的斷臂，很受觸動，他沉聲問：「你來幹什麼？」神光說：「為求安心法門。」達摩祖師聽後，高聲喝道：「你拿心來，我給你安！」一句話把神光說愣，講話的是心，聽話的也是心，心在哪裡？又怎麼拿出來啊？這時，達摩祖師說：「既然拿不出來，何來的不安！」自此，神光大徹大悟，後來成為中國禪宗二祖慧可大師。

這就是禪宗機鋒的威力，看起來很簡單的一句問話，就能讓人放下執著，明心見性，當下覺悟。

類似的故事還有。

禪宗四祖道信在十四歲那年，向三祖僧璨求法：

四祖：「願和尚慈悲，乞與解脫法門。」

三祖：「誰縛汝？」

四祖：「無人縛。」

三祖：「何更求解脫乎？」（既然沒人捆綁你，你求什麼解脫！）

這是有名的「誰縛汝」公案，成就了一代禪師，道信因此開悟。

上面兩段公案都有類似的地方，都沒有去挑戰當事人的執念本身，而是直接挑戰執念的前提條件。神光說心不安，求和尚安心，這個執念的前提是「你要把心拿出來給我，我才能為你安心」。可是心又如何拿得出來呢？四祖道信也一樣，他請師父幫忙解脫，一個人需要解脫，前提是這個人是被束縛的，所以，三祖沒有幫他解脫，而是直接問他：誰綁住你？既然沒有人綁你，那我如何幫你解？

前提不成立，結論自然就不成立。

這就像我們常見的桌子，桌子能夠站立，是因為有四條腿的支撐，我們想讓桌子無法站立，只需要拆掉一條或者兩條桌腿。同樣道理，信念也需要一些支撐，我們不去挑戰信念，而是去挑戰信念下面的支撐，當支撐不成立時，信念也就坍塌了（如圖 7-4 所示）。

圖 7-4

這種先找出信念的支撐條件，然後挑戰它、破除它，使信念無從立足的方法，叫作「現實檢驗策略」。

之所以叫「現實檢驗策略」，是因為我們大腦以為是真實的東西，很多時候僅僅是大腦想像出來的。比如，很多時候大人會批評孩子說謊，因為孩子會把一些根本沒做的事情說成做了。其實孩子並不是撒謊，孩子只是分不清經歷過的事情和想像過的事情而已。

類似的事情在大人身上也會經常發生，有時候你認為已經告訴過某人的一些事情，但對方說根本不知道，為此你還與對方爭得面紅耳赤，因為你確信你曾經告訴過他，可是對方堅持說沒有。究竟是誰的錯？心理學家研究發現，大多數情況下，你以為說過的事情，僅僅是你想像過罷了，現實中，你根本沒有做過。

現實檢驗策略，就是通過一種問話方式，挑戰信念的成立條件，幫助你分清信念、事實的一種方法。它本質上是一種區分「想像」與

「現實」的策略。

比如，有些自我價值感較低的人會這樣自我催眠：

「大家都不喜歡我，我是個不受歡迎的人。」

你不需要有像前面一祖二祖那樣的智慧，你只需要挑戰他這句話的成立條件，也就是找出他在現實中是通過什麼來得出這樣一個結論的，就可以破除這種催眠。你可以這樣問：

「你怎麼知道這是真的？」

「你有什麼證明嗎？」

「你看到、聽到或者感覺到什麼了，讓你這樣認為？」

「詳細說說，你是怎麼知道這一點的？」

當然，這僅僅是現實檢驗策略的簡單應用。現實檢驗策略是一個非常智慧的語法，還有很多更高層次的應用。下面跟大家分享兩個在心理治療界的經典案例。

案例一：有位女士十幾歲時遭到了壞人的性侵，後來的人生中，她一直活在痛苦中，總是想起那個傷害自己的人。因此，她害怕並憎恨天下所有男人，四十多歲都沒結婚。痛苦是最深的執念，飽受痛苦折磨後，這位女士找到心理治療師幫助自己。了解情況後，心理治療師問她：

「那個渾蛋只傷害了妳一次，妳卻『強姦』了自己三十年，妳為什麼要這樣傷害妳自己呢？」

這位女士聽後，放聲大哭，之後就慢慢地從執念裡走了出來。

心理治療師一句話讓這位女士分清了「想像」與「現實」。壞蛋只傷害她一次，這是現實，可是過去三十年來她一直通過想像來傷害自己。

案例二：有位女士十分富有，不幸的是，人到中年時患上了乳腺癌，心情鬱悶導致又患上了抑鬱症，經過心理諮詢師一段時間治療後依然沒有好轉。

一天，她發現自己的一枚戒指不見了，懷疑被家裡的傭人偷走了，可又找不到足夠的證據，這讓她心情更加糟糕。她就以這件事為議題向心理諮詢師傾訴其苦惱。

諮詢師聽完這件事情的經過後，很智慧地問她：

「妳人生的價值還需要一枚戒指來證明嗎？」

這一問，讓她豁然開朗：「對啊，我擁有豪宅名車，有足夠的財富，可我為什麼還為一枚戒指而煩惱呢？」

自此之後，她的心情完全改變了，身體也康復了。

後來，在沙發的夾縫裡，她找回了丟失的那枚戒指。

《金剛經》裡有一句話：「應無所住，而生其心。」據說，禪宗六祖開悟就是因為這句話。世上所有的事情，只要我們不執著，不讓它住在心裡，它就不會對我們造成困擾。這也就是為什麼上面這位女士心寬之後，身體也康復的原因。

人之所以會執著於某一信念，是因為我們心中有讓這個執念生根的地方，如果我們把執念的根拔掉了，執念又如何能夠生存？

正如六祖慧能的那首禪詩所說：

菩提本無樹，
明鏡亦非台。
本來無一物，
何處惹塵埃？

「現實檢驗策略」就是這樣一種語言技巧，它不是直接評估信念，而是深入探尋信念的成立條件，當信念賴以生存的土壤不復存在時，邪念、執念又如何生存？

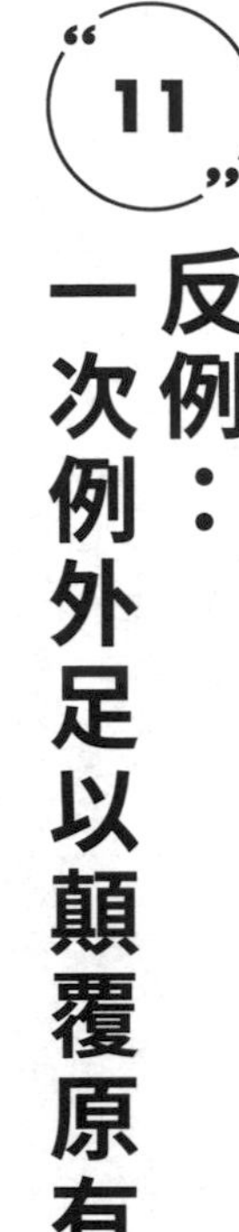

11 反例：一次例外足以顛覆原有認知

在發現澳大利亞大陸之前，歐洲人認為天鵝都是白色的，就像中國的一句俗語「天下烏鴉一般黑」。但隨著澳洲大陸的發現，澳大利亞成群的黑天鵝顛覆了人們的認知，天鵝是白色的這個信念從此崩塌。經濟學家借用這個事件創造了一個經濟學名詞「黑天鵝事件」。

黑天鵝事件指的是那些不可預測的重大稀有事件，它在意料之外，卻又改變著一切。一次黑天鵝事件會改變很多傳統的經濟模式。

「反例」就像黑天鵝事件一樣，只要有一個，就足以顛覆原有的認知。

比如，有人說：「天下烏鴉一般黑。」

你可以這樣回應：

「真的嗎？據我所知，非洲的坦桑尼亞就有三種並非全黑的烏鴉。一種叫作斑駁鴉，一種叫白頸渡鴉，還有一種叫斗篷白嘴鴉。而且，在日本也發現了一隻全身皆白的真正的白烏鴉！」

這種找出異常的例子，挑戰信念的一般化的語法叫作「反例」。

在「後設語言模式」那一章我們學習過，人們有以偏概全的思維習慣，「一朝被蛇咬，十年怕井繩」，人們的思維會把一個單一的事件一般化，在這種思維模式下，會產生很多以偏概全的限制性信念，比如：

「男人沒一個好東西。」

「有錢人都瞧不起人。」

「所有人都不喜歡我。」

……

對於這些執念，破除方法很簡單，只需要找出一個獨特的例子，這個信念就不再成立了。

所以，你可以這樣挑戰這些信念：

「男人真的沒一個是好人？像周潤發這樣的人算不算好人？」

「有錢人都不是好人嗎？據說邵逸夫先生捐的學校的階梯疊加起來足以上天堂，難道他也不是好人？」

「比爾．蓋茲幾乎把所有財富都用於慈善事業，去幫助世界上那些有困難的人，你覺得他也看不起人嗎？」

「所有人都不喜歡你？我就挺喜歡你的，難道我不是人？」

一句話就說中要害，這叫作「一語中的」，一個特例就能推翻一個限制性信念，這就是「反例」的威力。

準則層次：用更重要的價值準則重新評估信念

我們先來看一個真實的故事：

有一次，我在廣州講課，課程最後一個環節叫作「為未來定一個目標」，其中一位學員的目標讓在場所有人都震驚了，因為他的目標是能夠活到四十歲。到底是怎麼回事呢？原來，他出生在農村，為了讓家人有更好的生活，他來到城市打拚，從建築工人做起，憑藉自己的努力和用心，他拉了一支小隊伍，成了包工頭，後來又成立了一個頗有規模的建築公司。在這個過程中，為了拉單子、拿項目，他經常陪客戶喝酒，結果把肝喝壞了。他那一年三十一歲，剛剛做了換肝手術，醫生說，換肝的病人手術後大概率能活五年，他的目標是能多活幾年，所以，他說他的目標是活到四十歲。

課程結束後，這位同學一定要請我吃飯。以往也有不少學員要請我吃飯，但都被我拒絕了，因為我已經講了好幾天課程，實在是沒精力。可是這一次，這位年輕人的邀請，我實在無法拒絕，因為我知道，也許以後再也見不著了。

餐桌上，這位學員要了滿滿一桌子菜，可他一口也沒吃，這是因為換肝後，他只能吃醫生配的營養餐，不能吃外面餐廳的飯菜。當時，他的太太和一雙兒女在旁邊作陪，兩個孩子一個五六歲，另外一個還被抱在懷裡。看著他年輕漂亮的妻子和兩個年幼的孩子，想想他們很快就會失去家裡的頂樑柱，我心中十分悲傷，這是我吃過最難受的一頓飯。

席間，這位年輕人對我說：「如果我早一天聽到你的課程，也許就不至於有今天。以前我以為拚命工作就能夠讓家人活得更好，直到今天我才發現我錯了。我連自己的身體都沒照顧好，這是我最對不起家人的一件事情，可是現在後悔太遲了。」

這是一個沉重的故事，每次我分享這個故事，心裡都很難過。但我希望這位年輕人用生命換來的教訓能讓更多人覺醒，人生中，還有更多比金錢更重要的東西。

很多人創業時，都有一個非常淳樸的信念：希望通過自己的努力，讓自己及家人生活得更好。經過一番努力之後，錢倒是賺了不少，可是並沒有過上當初想過的美好生活。因為忙於工作，他們跟伴侶相處的時間更少了，陪伴孩子的時間幾乎沒有，以至於都不知道孩子是怎麼長大的。而自己彷彿成了一部工作的機器，只有工作，沒有生活。他們有時在夜深人靜的時候會想，這真是我想過的生活嗎？

為什麼會這樣呢？原來，在生存和壓力面前，人們往往會忽略那些更重要的價值，比如，健康、家庭，還有愛……因為價值混亂，大多數人都會在人生旅途中迷失方向。那怎麼辦？最簡單的方法就是讓迷失方向的人重新看見那些曾經被遺忘了的重要價值。

在課堂上，我經常會問學員一個問題：「當下什麼東西對你是最重要的？」對於這個問題，人們的答案可能是金錢、事業、伴侶、家庭、健康，等等。

不同的人對於什麼是重要的有不同的理解，這種對於價值的不同觀念我們稱之為「價值觀」。價值觀是人們生活的原動力，是激勵或說服一個人的基礎。當一個人所做的事跟他的價值觀相符時，會感到滿足、開心和充滿動力；相反，如果一個人正在做的事情與價值觀不匹配，會感到挫敗、沮喪和無力。這就是為什麼很多看起來十分成功的人士並不開心的原因，因為他正在做的事情跟他內心的價值觀已經背離。

可是，為什麼我們的行為會與價值觀背離呢？我們再來看看前面提過的那個問題，各位讀者也可以跟隨我的引導給出答案。

什麼對你來說是重要的？請把它寫下來，並按照重要度排序。

當你寫好了答案並排好順序後，請再按我的指引做下去。

「假設你的生命只剩下三個月，什麼東西對你是最重要的？請把你排好的事情重新排列。」

怎麼樣？你的排列順序有改變嗎？

對於大多數人來說，順序是會改變的。為什麼？因為在沒有時間框架之前，很多人都習慣性地認為，自己的時間是無限的。正因為如此，才會為了所謂的未來，愚蠢地犧牲了每一個當下。可實際上，時間是有限的，所謂的未來是由一個個當下組成的，如果今天過得不開心，說明已經背離了你認同的價值觀，在這種情況下，又如何能指望未來呢？

那究竟什麼才是最重要的？當然，不同的人有不同的答案。但是，我相信絕大多數人都會同意人生過得幸福是一件重要的事。那幸福和什麼有關呢？

金錢？可是為什麼那麼多有錢人過得並不幸福呢，市井間有不少普通老百姓，生活雖然清貧，但日子卻過得十分滋潤？

權力？你是否看到某些位高權重者惶惶不可終日，而有些官無半職的藝術家卻能生活得怡然自得？

健康？好像也不是，因為很多健康的人過得並不幸福，而有些身體虛弱的人因為能夠得到親人的細心照顧，雖然他們沒有健康，但依然過得很幸福。

一九三八年，哈佛大學進行了一項成人發展的研究，準備用七十五年時間，跟蹤七百二十四位男性的一生，記錄他們的工作、家庭、健康狀況，觀察他們的人生走向，找到「縱觀一個人的人生，到底是什麼讓他保持健康和快樂」這個問題的答案。

七十五年後，科學家們得出最終的結論：決定我們人生幸福的，不是錢，也不是名利、工作，而是良好的人際關係。也就是說，幸福來自人與人的互動，與家庭成員、親朋好友、左鄰右舍和諧而溫暖地相處能讓我們更加幸福和快樂。相反，一個人與每天生活在一起的人關係處理得不和諧、不融洽，哪怕他再有錢、再健康，事業再成功，他都是不幸福的。

當然，金錢、事業、健康、權力、學問等都是影響幸福的因素，只是不要忘了，生命、時間、關係、家庭、孩子、愛情、親情等這些平時被忽略的價值同等重要，甚至更加重要。

時間管理中有一個原則：優先做重要而不緊急的事情。這是因為如果不完成重要的事情，我們的人生就會被緊急的事情填滿。

比如，防火是重要的事情，救火是緊急的事情。如果不注意防火，我們就要常常救火。鍛鍊身體是重要的事情，看病是緊急的事情。如果不鍛鍊身體保持健康，我們就要常常生病，就會生出很多緊急的求醫看病之類的事情。

學習是重要的事，解決問題是緊急的事。如果平時不學習，能力不足，工作時就會有很多問題需要解決。但如果你是一個熱愛學習的人，你有足夠的能力完成你的工作，哪來什麼問題？就算有一些突發狀況，對你而言也是小菜一碟。如果你總是被一些突發事情佔用你的時間，證明你能力不足，是時候好好學習提升自己了。

明白了這一點，我們就可以用下面的方法去破除一些執念。

執念一：「我沒時間運動。」

你可以問他：

「健康對你重要還是你正在做的瑣碎小事重要？」

「如果你能看到你的健康是如何影響你的家庭的，也許你會有不一樣的想法。」

執念二：「我沒有時間學習。」

「還有什麼比改變家族命運更重要的事呢？」

執念三：「我沒有時間陪伴家人。」

「世上還有什麼東西能勝過家人的微笑呢？」

這種用更重要的價值準則去重新評估信念的方法，在魔術語言裡叫作「準則層次」，就是把那些在生存和壓力面前，人們往往會忽略的更重要的價值重新擺出來，讓當事人選擇，比如，健康、家庭，還有愛……類似的問話還有：

關係重要還是利益重要？

錢重要還是健康重要？

做大重要還是做強重要？

工作重要還是家庭重要？

生意重要還是朋友重要？

道理重要還是效果重要？

前面理解層次部分，我們講過，大多數人只能夠看到「環境」、「行為」和「能力」這三個基礎層次。我們可以通過發問，引導當事人看到「信念」、「身份」和「靈性」層次：

「你為什麼要做這個事情？」

「當你這樣做時，你是一個什麼樣的人？你希望別人怎麼看你？」

「你為誰做這個事情？你知道你所做的事情會給家人（或國家、世界）造成什麼影響嗎？」

這種帶領當事人往更高層次思考的方式，就是準則層次。

13 反擊其身：以其人之道還治其人之身

我們先講兩個故事。

孔融讓梨的故事，我們都很熟悉。孔融是東漢末年的大文學家，「建安七子」之一，他小時候除了孝順外，還非常聰明。十歲那年，在一次名人雅士的聚會中，孔融語出驚人，在場的人紛紛誇獎他，有一個叫陳韙的很不以為然，他說：「小時了了，大未必佳。」意思是小時候聰明，長大了未必就能出眾。孔融聽後，應聲答道：「想君小時，乃當了了。」他順應陳韙的邏輯，表面上誇讚他小時候一定很聰明，實際上是貶損他現在不出眾，一句話堵得陳韙無言以對。

儒家經典著作《禮記》中記載了這樣一個故事。春秋時期齊國大夫子車去世了，他的妻子和管家商議，要用活人給他陪葬。子車的弟弟子亢知道這事後，規勸說：「讓活人陪葬不好，還是不要這樣吧！」可嫂子和管家堅決不同意，說：「如果沒人陪葬，你哥哥在陰間由誰服侍呢？」聽到這話，子亢慢悠悠地說：「二位慮事周到，用心良苦。不過，與其讓別人去陪哥哥，倒不如嫂嫂和管家親自去陪，因為你們去服侍他肯定比別人更加盡心盡職！」嫂嫂和管家一聽，再也不敢提用活人陪葬的事了。

這兩個故事中，孔融回擊別人的攻擊，子亢說服嫂子和管家不要用活人陪葬使用了同樣的技巧：以其人之道，還治其人之身。借用對方的邏輯，推翻對方的觀點。

這種根據信念所定義的邏輯，或信念所陳述的標準，重新評估信念的方法，叫作「反擊其身」。

這種方法就像金庸在小說《天龍八部》中描述的一種武功。小說中有一位叫慕容復的武林高手，他有一個獨門武功叫「以彼之道，還施彼身」，這個武功能把別人攻擊過來的招式，原樣反擊回去。因為慕容復有這樣的武功，那些跟慕容復交手的人彷彿跟自己過招一樣，功力越強，受到的反擊就越厲害。

所謂的「反擊」，其實就是順著對方的邏輯去破掉對方的信念。這個技巧適用於對方強詞奪理的時候，他的信念看起來無懈可擊，其實暗含著錯誤的邏輯，這時，我們不要跟他爭辯，只需要冷靜地傾聽，抓住他的邏輯漏洞，通過「反擊其身」對他反戈一擊。

有一次課堂上，有學員過來對我說：

「我很不自信，怎麼辦？」

我問他：「你真的不自信嗎？」

他回答：「真的，我特別不自信。」

我說：「你對你不自信這件事好像很自信啊！」

學員哈哈一笑：「好像是哦，我也有自信的事。」

這裡，我用「反擊其身」，用他的信念破掉了他的信念。

美國前總統羅斯福是個很睿智的人。有一次談話間，朋友問及海軍在加勒比海某島建立基地的事：「有關基地的傳聞是否確有其事？」這件事在當時是不便公開的，但好朋友開口問了，如何不傷感情地拒絕呢？

只見羅斯福望瞭望四周，然後壓低嗓子問朋友：「你能對不便外傳的事情保密嗎？」

「能！」好友急切地回答。

「那麼，」羅斯福微笑著說，「我也能。」

朋友尷尬地笑了笑，不再提這件事了。

這一章開始時我做過一個比喻，魔術語言就像用鑽石來打磨鑽石，這個比喻在反擊其身這個技巧裡體現得最為貼切。

「你真沒禮貌。」在公眾場合，比如地鐵、圖書館、咖啡館裡，我們經常聽到有人這樣義正詞嚴地斥責別人，可是，他在公眾面前指責一個人沒禮貌的這種行為有禮貌嗎？顯然也沒有，抓住這個邏輯，我們就可以有力地回擊他。這就像照鏡子一樣，我們把他的邏輯照給他看，他就會覺得很荒唐。

類似的邏輯還有：

一個大聲讓別人安靜的人，他是不是最吵鬧的？

一個不斷要求別人包容的人，他包容嗎？

一個不斷強調要放下的人，他真的放下了嗎？

一個執著於不執著的人，他是不是有更大的執著呢？

……

太極之道講究陰中有陽、陽中有陰。孤陰不長，獨陽不生，陰陽互藏，生生不息。我們自以為正確的，並不一定正確，如果能站在這個角度看，很多執念也就消失了。

14 改變框架的大小：拓寬思想的限制以改變執念

二〇二〇年突如其來的新冠疫情打亂了世界的節奏，心理行業也受到了前所未有的衝擊。壹心理做了一個行業調查，63%的諮詢師收入大幅下降，教育培訓企業幾乎顆粒無收。面對這樣殘酷的環境，我打了很多電話與心理同行們交流，絕大多數心理同業都陷入困境，並且對今年的市場相當悲觀，唯獨壹心理的CEO黃偉強例外。他跟我說：「一般人之所以會覺得困難，是因為他們都是站在自己公司的立場考慮問題的，而我是從整個心理行業的角度考慮。今年的疫情會引發更多人的心理需求，如果我能夠做出滿足客戶需求的產品，何愁沒有生意？」

這讓我想起了古代的一個故事。在春秋時期，楚國國君楚共王喜愛打獵。有一次，他騎著馬拚命追逐幾頭野獸，跑了很多路，顛簸間，腰間的弓一不小心弄丟了。這可是一張製作非常精美的好弓，大王的寶弓丟了，可是個大問題，隨行人員都十分緊張，向楚共王請求：「讓我們回頭沿路尋找吧。」

楚共王一笑置之，說：「我是一個楚國人，這弓讓楚國人拾去了，還是在楚國人手裡。楚國人丟失了弓，仍舊由楚國人得到，有什麼必要去尋找呢？」

好一個「楚人失弓，弓在楚國」！好大的格局！很多時候，同一件事情，有人覺得是個問題，有人覺得是個機會。差別在哪裡呢？從上面兩個故事中可以看出，差別在於看問題的框架，也就是我們通常所說的視野或者格局。正如黃偉強所說的，一般人之所以覺得是困難，是因為他們是站在自己公司的立場看的，如果能夠從整個行業的角度看，困難也許會變成機會。

有這樣一句諺語：再大的烙餅也大不過烙它的鍋。一個人的思想框架的大小，就好像這個鍋，一個人的事業就好比鍋裡的餅。如果你的鍋太小，烙出來的餅再大也有限。

一個人如此，一個國家也是一樣。在清朝中後期，當時的統治者閉關鎖國，眼裡只有自己，看不到西方世界已經在高速發展。有西方使者說起了蒸汽輪船，清政府不僅不向他們交流學習，還嘲笑說：「你們的船有幾頭牛在拉？」後來李鴻章力排眾議，修好了鐵路讓慈禧去參觀，當時慈禧看到火車冒黑煙，並且聲音還比較大，心裡非常生氣，她下令讓人把火車頭換成馬。「馬拉火車」，這種做法可笑不可笑？之所以可笑，是因為她的思想一直停留在原來有限的認知世界裡。這麼小的鍋，又如何能做出大餅呢？最終西方八國聯軍兩萬多人的隊伍把一個四億多人口的國家打得潰不成軍，每每想起這段歷史我都不勝唏噓。

要烙更大的餅，要先準備更大的鍋。正如中國著名文化學者余秋雨所說：「人的生命格局一大，就不會在生活瑣碎中沉淪。」

所謂「改變框架大小」正是這樣一種語言技巧。通過發問的方式，讓人以較長的時間、較多的人數、較宏觀的視角和更高的層次重新評估信念。

執念一：「癌症導致死亡。」

拓寬人的框架：「如果人人都像你這麼想，就真的找不到治療方法了。」

執念二：「我真沒用。」

拓寬時間框：「十年後的你會怎麼看待你今天這個想法？」

執念三：「疫情導致企業經營艱難。」

提升思維高度：「當你這樣想時，你是一個什麼樣的人？那些創造歷史的人會怎麼看待今天的疫情呢？」

利用這個語言技巧，我們可以改變時間、位置、範疇和思想高度等框架，當原有的框架被拓寬後，原來的限制也就站不住腳了。這就好比前面的例子，如果當時的慈禧太后能到世界各地轉轉，當她見識過西方工業革命和科技的發展後，她還會讓人用馬拉火車嗎？

一個人之所以會陷入困境，其根本原因就是思想受限。拓寬思想的限制大致可以分為三個維度：

第一，時間：時間線

第二，空間：位置感知法

第三，思想高度：理解層次

這個在前面「設框」那一章已經詳細講解過。只要你能在這三個維度組成的五十四個空間裡不斷變換，那些限制性信念就會煙消雲散。

因此，只要你能換個時間框架，原來的問題將不再是問題。換個空間、換個思想的高度也是一樣。

改變框架大小，就能夠改變你的人生。這一點會下圍棋的朋友一定深有體會。我初學圍棋是在大學的時候，一開始我總是輸給我的同學。後來一位高手同學用一句話點醒了我，他說：「你在局部跟人爭輸贏，贏了局部，卻輸了全局。」從此以後，我知道了從全局出發，開始放棄局部利益，反而贏的次數越來越多。

心理學研究發現，害怕失敗是人的天性，哪怕是局部的失敗也不願意接受。為了避免失敗，人們總是把所有精力聚焦在一個窄小的空間上，用盡一切力量去贏得局部的競爭。這樣就算贏了局部，往往會輸掉全局。

還有一種情況就是，為了避免失敗，乾脆放棄行動，因為沒有嘗試就不會有失敗，這樣的結果明顯是更大的失敗。

當你學會了改變框架大小，你就能夠從全局出發，你就會發現局部的失敗僅僅是取得全局勝利的一個步驟，是獲得勝利的一個過程。只有這樣，你才會勇於嘗試，贏得人生更大的勝利。

15 超越框架：從更高的維度看世界

前面我們講了改變框架的大小、拉寬框架，可以讓我們提升格局、打開視野，從而拓寬我們的世界。可是，不管框架拓寬到多大，你依然還在框架裡。下面我們要學習的方法更加神奇，它不去改變框的大小，而是直接跳出框架，這種方法叫「超越框架」。

什麼叫「超越框架」？我們先看一個小故事。

在禪宗《無門關》中，記載了一個有關百丈禪師與野狐狸的故事。

百丈禪師每次在堂上講經說法的時候，常常有一個老人跟隨大眾一起聽講，有一天說法完畢後，眾人離開，老人卻留下來。百丈禪師便問他：

「你是什麼人，想做什麼？」

老人回答：「實不相瞞，我不是人。在很久以前，我在此山修行，有個學生問我一個問題，我回答錯了，結果墮入輪迴就成了野狐狸。請和尚慈悲為我開示，讓我解脫狐狸身之苦。」

百丈禪師問：「學生問的什麼問題？」

老人：「大修行人還落因果否？」

百丈禪師：「你怎麼回答？」

老人：「不落因果。」

百丈禪師說：「你把學生問你的問題，現在重新再問我一次吧。」

老人便道：「請問和尚，大修行人還落因果否？」

百丈禪師答道：「不昧因果。」

老人言下大悟，便向百丈禪師禮拜叩謝道：「承蒙和尚開示，我已超脫狐身。」

當然，我跟大家講這個故事並不是宣揚什麼，這個故事就像《聊齋誌異》裡面的故事一樣，作者只是藉這些故事傳遞某種智慧。百丈禪師這句話的智慧在哪裡呢？

我們來看學生那個問題：「大修行人還落因果否？」

老人回答「不落因果」，為什麼有問題呢？

因果循環是佛教的基本原則。老人說「不落因果」，這豈不違反了佛教的因果循環法則？另外，因為你是大修行人，所以，你就不會落入因果循環，這本身不就是因果嗎？「因為修行，所以不落因果」，這不是因果是什麼？

回答「不落因果」有問題，那如果回答「落因果」呢？一樣有問題。修行不就是為了脫離因果所應，跳出六道輪迴嗎？如果大修行人還落入因果，那修行的意義何在？

這就陷入了兩難的困境，有些問題，不管你回答「是」還是「否」都不對。就像前面第一個例子一樣，面對孩子玩遊戲，不管父母「允許」還是「禁止」都不對。那怎麼辦呢？

我們來看看百丈是如何回答這個問題的，他說「不昧因果」。

為什麼這簡單的幾個字就能夠讓老人開悟呢？

因為這幾個字跳出了「是」或「否」都會陷入的困局，讓老人從另一個維度去看待這個問題。昧，是糊塗、隱藏的意思，就是說，大修行人不會被因果所迷惑、蒙蔽、束縛。

這既不是「不落因果」，也不是「落因果」，而是跳出因果的束縛。所以百丈一語點醒夢中人，老人因此脫離五百年狐狸身。

當然，狐狸只不過是一種比喻而已，未必當真。只不過人們也常常會掉到各種限制性的信念裡，雖然不會成為狐狸，但所受的苦並不少，輕則困難重重，重則家庭破碎、窮困潦倒，甚至家破人亡、萬劫不復。

以婚姻為例。夫妻雙方經常會為誰對誰錯而爭吵不休，在這樣的爭吵中，不管誰贏了，對於夫妻雙方來說都是輸。所以，如果有讀者理解不了上面這個「野狐禪」的故事，請容許我以同樣的邏輯來問夫妻爭吵的問題：

「學好心理學的夫妻之間還會爭吵嗎？」

你該怎麼回答這個問題？會還是不會？不管是哪一個回答，都掉入了困境中，萬劫不復。為什麼這樣說呢？

如果你說「不會」，並以此為標準要求自己，那就把自己困死了。兩個完全不同的人長期生活在一起，面對生活中的種種瑣事，怎能不爭吵呢？如果你為了避免爭吵而壓抑自己，結果並不會百忍成金，只會百忍成病。

如果你回答說「會」，那學心理學有什麼用呢？學了依然還會爭吵，那乾脆不學好了。看到了吧，正如愛因斯坦所說的那樣，如果你在同一個層次解決問題，你一定會陷入困境。那怎麼辦？很簡單，像百丈禪師說的那樣，「不昧爭吵」。

什麼叫「不昧爭吵」？就是不要被爭吵所迷惑，不要被爭不爭吵這件事所束縛。學好語言的人不是「不爭吵」，也不是依然「爭吵」，而是跳出該不該爭吵這件事來看問題。

換一個現代人比較容易理解的回答，「不昧爭吵」的意思就是「不要被該不該爭吵所束縛，而是去看看你們想達到什麼樣的效果」。

對！效果比道理更重要！一般人只會在道理層面爭個你死我活，這樣的婚姻你說有出頭之日嗎？如果你總認為對方是錯的，自己才是對的，你換一百個伴侶，輪迴一千年，你都跳不出這個「誰對誰錯」的婚姻魔咒。有這樣的婚姻，還不如做隻野狐狸呢。

從上面這個故事我想大家對「超越框架」已經有了一定的理解。所謂「框架」，就是想法中隱藏了某種限制，局限了我們對世界的認知，讓人生選擇更少。這些框架又叫「限制性信念」。而**「超越框架」就是跳出原有的框架，站在框架的外面，從一個超然的位置來觀看框架，從而避免被框架所束縛的一種語言技巧。**

人在框架內，就是「囚」，這個字很形象，人被框架所限制。上一節的「改變框架大小」，就是把框架拓寬一些，讓人在框架裡舒服一些，如圖 7-5 所示：

而「超越框架」，則是跳出框架，如圖 7-6 所示：

圖 7-5　　圖 7-6

人為什麼會經常掉入某些框架中呢？我們要從「合理化」這個概念說起。所謂「合理化」，其實就是一種自我欺騙。當一個人在騙自己的時候，他並不知道自己在說謊。心理學研究發現，人們總想證明自己是對的，然而，有時候認定了某件事，或設定了某個目標後，可能環境已經發生了巨大的改變，原來的目標就會變得很荒唐，但為了證明自己是對的，人們總會找某些理由為自己開脫，使自己心理上得到安慰，因此看不到事實。合理化是心理防衛機制的一種，在無意識中，人們會蒐集證據為自己的行為做合理的解釋，以掩飾自己的過失，減輕焦慮的痛苦，維護自尊免受傷害。合理化通常有如下三種：

酸葡萄式：這個機制引申自《伊索寓言》裡的一段故事，對於狐狸來說，吃不到的葡萄都是酸的。人類也一樣，當自己所追求的東西因自己能力不夠而無法取得時，就加以貶損和打擊，這種合理化模式稱為酸葡萄式。

甜檸檬式：狐狸吃不到葡萄，肚子又實在是餓，就摘了一個酸澀的檸檬充飢，邊吃邊說檸檬是甜的。有時人們也會像這隻狐狸一樣，當我們無法得到更好的東西時，就會發展出另一種防衛機制，企圖說服自己和別人，自己所做成的或擁有的已是最佳的選擇，努力去強調事情美好的一面，以減輕內心的失望和痛苦，這種防衛機制會妨礙我們去追求生活的進步。

推卸責任式：這種防衛機制是指將個人的缺點或失敗的責任，推給其他人或環境，從而讓自己的心靈保持平靜。

以上三種合理化其實都是在說謊，只是這種說謊並不是欺騙別人，而是在欺騙自己。框架，就是欺騙自己最好的保護，這就是為什麼人們願意待在框架裡。

那如何才能避免以合理化的方式欺騙自己呢？那就要從「合理化」到「理性」。

什麼是理性？理性和感性相對，指按照事物發展的規律和自然進化原則來考慮問題。理性思維下，人們處理事情不衝動，不憑感覺做事情，而是冷靜地面對現狀，並全面了解現實，分析出多種可行方案，再判斷出最佳方案並訴諸行動。

法國哲學家、數學家笛卡兒是理性的代表人物，他是二元論及理性主義者。他所發明的卡氏坐標至今還廣為使用。什麼是卡氏坐標？如圖 7-7 所示：

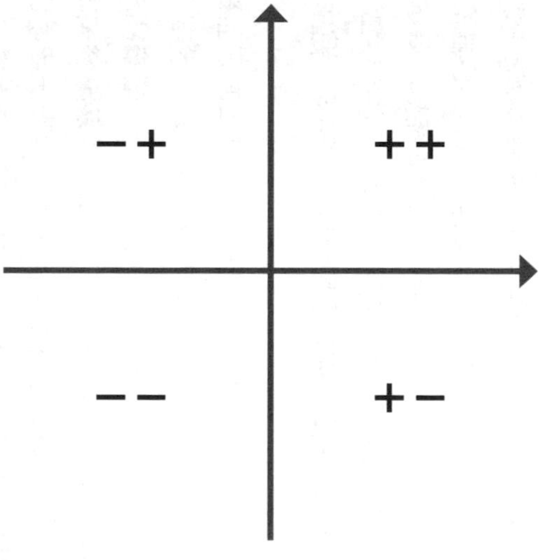

我猜對於那些不喜歡數學的讀者來說，馬上會想，這是一個數學坐標，跟我們的生活有什麼關係呢？先別急，請看圖 7-8：

做或者不做一件事，一定有它的好處和代價。比如，你有一位朋友婚姻遇到了問題，他問你：「我是否應該離婚？」

−＋　＋＋

−−　＋−

圖 7-7

你該如何回答呢？這又是一個「大修行人還落因果否」的兩難問題。如果你回答「離」或者「不離」，然後找理由證明你的觀點，這就是「合理化」，是一種非理性的行為。因為，從笛卡兒坐標裡你可以看到，你只是看到了四個象限中的一個，就像中國經典故事「盲人摸象」中的盲人那樣，你的認知是狹窄的、片面的。

那理性主義者會如何回答這個問題呢？他會問如下四個問題：

(1)離，有什麼好處？
(2)離，有什麼代價？
(3)不離，有什麼好處？
(4)不離，有什麼代價？

問完這四個問題之後，他會反問朋友：那你離還是不離？

理性主義者就像著名詩人羅曼•羅蘭那句詩所描述的那樣：「世界上只有一種英雄主義，就是看清楚生活的真相後依然熱愛生活。」

從上述的案例中可以看到，理性思維已經比合理

圖 7-8

化全面太多了，可是，這依然是不夠的，因為笛卡兒坐標雖然有四個象限，但依然是平面的，是二維的。在二維的世界裡，不管如何擴展，依然還是有限的。比如土地，就算你不斷拓寬你的領土，你只不過是擁有整個地球，但如果你增加一個向上的維度，你可以擁有整個宇宙。所以，維度越低，局限越大。

超越框架就是跳出平面，增加一維空間。以是否離婚為例，就算看清了離與不離的利與弊，有人依然還會陷入兩難的選擇中。但如果跳出離還是不離這個兩難選擇，從「效果」這個維度來思考，你就能超越這種兩難境地：

「離還是不離，我真不知道，但我想問你的是，你想達到什麼樣的效果？你渴望過上怎樣的生活？你成為什麼樣的人才能過上這樣的生活？」

這樣一問，如圖 7-9 所示，不就超越原來的框架了嗎？

超越框架其實就是一個後設的框架，退後一步，從框架裡走出來，從一個更高的維度俯視原來

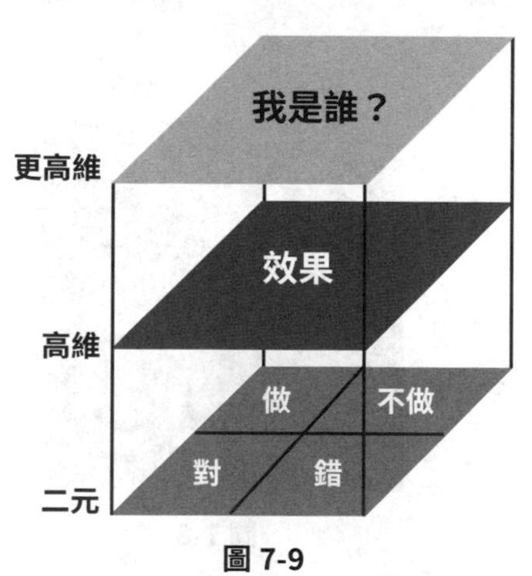

圖 7-9

的思考維度。那如何才能創造這個更高的維度呢？請先看一個真實的案例。

我雖然還沒有百丈禪師那樣的智慧，但也能把這個語言模式用到自己的教練工作中。有一次在《大成教練》課程上，有位女同學要求我幫她做一個減肥的個案，這確實是一位需要減肥的女士，因為她的體重遠超於常人。我在正式切入教練對話之前，一般會先閒聊一下，以拉近雙方的距離，取得案主的信任。在閒聊階段，我聽到她無意中說了這麼一句話：「其實胖點也挺好的，安全嘛。」我一聽到這句話，直覺立刻告訴我，這裡面有故事。我馬上打斷她的話，於是有了下面這一番對話：

我：「妳剛才說什麼？我沒聽清楚，能再說一遍嗎？」

女士：「其實胖點也挺好的，安全嘛。」

我：「妳再說一遍。」

女士：「其實胖點也挺好的，安全嘛。」

我：「妳聽到自己在說什麼嗎？」

她一下子沉默了，好長一段時間沒說話。我知道她已經進入了入神狀態，於是接著問她：「妳看到什麼了？誰需要用肥胖來保護自己的安全？」

她一下子崩潰了，號啕大哭起來。她釋放完情緒之後，告訴了我一段悲傷的經歷。原來，在她童年的時候，父母關係不好，她經常目睹父親暴打母親，每當這樣的事情發生時，她都極度害怕，躲在一個角落裡發抖。當時的她太小了，沒有能力保護母親、保護自己，她內心極度渴望快點長大，於是開始拚命地吃東西……

聽完她的故事之後，我問她：

「當年那個小女孩需要胖點來保護她自己，可是今天那個小女孩已經長大了，她還需要這樣做嗎？」

女士：「不需要了，她今天已經長大了，有足夠的能力保護她自己。」

「妳有什麼話想對那個小女孩說？」

女士：「我知道妳長胖的原因了，那已經是過去的事情了，現在不需要了，妳可以瘦下來了，妳瘦下來也是安全的。」

幾個月後我再次見到這位女士，她說她已經瘦了十多斤，這是她覺察後重新選擇的結果。

這個個案我所使用的語言技巧就是「超越框架」，我為案主創造了一個高維的自己，也就是有覺察力的自己，讓這個覺察的自己去指導那個迷失的自己（當年的小女孩），雖然兩個都是她，但有一個站在更高維度。當一個人能夠站上更高維度時，原來的問題已經不是問題了。

其實，生而為人，我們比動物擁有更發達的大腦，並擁有覺察的能力。什麼叫「覺察」的能力？比如，有人說：

「我對自己不太滿意。」

你從這句話裡是否能看到兩個「我」？一個是做了某件事情的「我」，另外一個是對剛才做的事不滿意的那個「我」。第一個「我」是迷失的我，第二個「我」才是覺察的我。這個能站在超越的位置的「我」，就是覺悟的「我」。

理解了這個原理，我們看下面的語言，你能看到兩個「我」嗎？

「我餓了。」
（一個是知道自己餓了的我，一個是真的餓了的我）
「我很笨。」
（一個做事笨笨的我，一個認為自己笨的我）
「我沒有希望。」
（一個遇到挫折的我，一個對自己沒有信心的我）

當你能夠發現兩個「我」之後，就可以刻意地引導當事人站在那個超然的「我」的位置。比如問下面這些問題：

「你聽見自己剛才說什麼嗎？」
「你允許自己堅持這個想法？」
「誰讓你做這樣決定的？」
「你知道你自己在做什麼嗎？」
「你選擇繼續這樣想嗎？」
「誰賦予你這個權利？讓你看不起你自己？」

這些問句都有一個共同的特點，就是喚醒了那個覺悟的「我」，讓那個覺悟的「我」去處理那個迷失的「我」遇到的困難。

超越框架的語言模式，就是通過語言引導，喚醒當事人那個覺悟的「我」，讓他站在這個超越的位置，重新審視自己。當一個人擁有這種超然的飛鳥視野時，他自然知道如何應對他的困難。

再用一個不太恰當的比喻，來讓大家從更直觀的角度理解這種語言技巧。

我猜大多數男士，都有過忘記拉褲鍊的尷尬經歷。當我們看到一個男人忘記拉褲鍊了，我們該怎麼提醒他呢？直接告訴他，雙方都很尷尬，這時最好的方法是給他一面鏡子，不用我們說任何話，他一看立刻就明白了。

超越框架，就是創造一面鏡子，讓當事人能夠站在超然的位置看見自己，從而跳出原有的信念框架。

中國文化其中有部分深受佛教的影響，很多詞彙都來自佛教。那佛到底是什麼意思？在梵文中，佛就是「覺」，佛陀就是一位全面覺悟了的人。

人在鏡子面前的時候，會調整自己的儀容，會清理身上污濁的地方，站在鏡子前看自己，就是超然的位置，站在這個位置上的那個你，就是一位「覺者」。當然，你還不能稱為佛，因為你的覺悟是有限的。

但是，如果你勤於修行，不斷去覺悟自己，也許總有一天，你也會成為佛。因為佛法說，人人都有佛性，只是你的佛性暫時還沒有被喚醒而已。

佛教認為，一個還沒覺悟的，還在迷糊的狀態中的人叫「眾生」；一個自己覺悟了的人就是「羅漢」；一個自己覺悟了，還在幫助他人覺悟的人就是「菩薩」；而覺行完滿的人就是「佛」了。

從某種意義上來說，「超越框架」的語言模式，就是喚醒一個人的佛性的語言模式，因為通過這種語言模式，你可以讓人站到覺悟的位置。當你願意用這種語言模式去幫助他人時，也許，你已經是菩薩了。

16 魔術語言十四技巧示範

到這裡，魔法語言中的十四個技巧就學完了。當然，這些語言模式就像禪宗的機鋒一樣，需要適當的時機才可以運用。但為了方便大家的學習，我還是想勉強地將所有十四種魔術語言用來破解同一信念，這樣雖然會有一些牽強的地方，但對於幫助大家理解這些語言技巧還是有幫助的。請看下面兩個示範。

執念一：「我沒有時間學習。」

破解語言：

啊，原來你是這樣想的。（世界觀）

當你堅持這個想法時，會帶給你什麼後果？這個世界每天都在變化，不學習也許會跟不上時代的發展。（後果）

今天沒時間或許是件好事，它正在提醒你什麼。（另一結果）

如果你真的很忙，或許現在是思考自己人生的時候了。（重新定義）

當然，我知道你說沒時間的意思是想把時間用在更重要的事情上。（意圖）

但是還有什麼事情比讓自己不斷成長更重要呢？你的時間該用在瑣碎的事上還是重要的事上？（準則層次）

如果一個人連提升自己的時間都安排不出來，那這個人的未來還有希望嗎？（上歸類）可以告訴我你的時間具體是怎麼安排的嗎？（下歸類）

學習跟吃飯一樣，一個吸收精神營養，一個吸收物質營養。你這種想法就像一個人說「我很忙，沒時間吃飯」一樣荒唐。（比喻）

你有沒有想過，你今天沒時間可能正是因為過去不學習導致的呢？（反擊其身）

而且，你又是怎麼知道你真的沒時間的？你試過安排時間學習了嗎？（現實檢驗策略）

我們有一位叫波波的學員，原來跟你一樣忙，後來擠出時間來上了我的《教練式管理》課程後，你猜怎麼樣？電話費減少了三分之二，空閒時間越來越多了。（反例）

如果在六十歲那年回看今天，你還會堅持這種想法嗎？如果你孩子聽到你這樣說，他會怎麼看待一個沒時間學習的父親／母親呢？（改變框架大小）

你決定讓自己繼續這樣忙碌下去嗎？是誰給了你這樣的權力剝奪自己成長的機會？你祖先的在天之靈允許你這樣做嗎？（超越框架）

值得強調的是，這些技巧不光能破掉別人的信念，更重要的是，還可以破掉我們自己的信念。很多時候，限制我們前行的並不是別人，而是我們內在的信念病毒。只有我們把自己的信念破掉的時候，我們才能走向更廣闊的世界。

下面這個例子是我剛開始學習魔術語言時寫給我自己的一段話，因為我當時有一個限制性信念：在中國做培訓做不大。下面是我寫給自己的一段話：

今天我開始明白「在中國做培訓做不大」只是我個人的想法而已，未必所有人都會這樣想（世界觀）。其實我也根本不知道我憑什麼這樣想，只是因為目前還沒有一個特別大的培訓公司就能推斷培訓行業做不大嗎？目前沒有並不等於未來不能有（事實檢驗策略）。到現在為止培訓行業還沒有大型企業，只能說明這個行業充滿挑戰（重新定義），正因為市場還沒有，也許這是留給我的一個機會呢（另一結果）。

如果我繼續抱著這個信念，那麼我的公司真的就做不大了，讓我做不大的並不是這個市場，而是我的這個想法，正因為有千千萬萬像我這樣想的中國人，才導致以前的中國缺乏強大的企業（反擊其身）。不少像我這樣的中國人，好像動物園的大象，一根小小的繩子就可以把它拴在那裡，這個大象還老是跟別人說：「我沒有能力掙脫這個繩子，我以前試過了，我小的時候試過了（隱喻）。」

什麼叫作大呢（下歸類）？孔子的事業算不算大？孔子終其一生，也只有弟子三千，但他卻是影響了中國乃至世界幾千年的聖人。究竟是以「學員多」為大，還是「影響力大」為大呢？學員人數與影響力相比，哪個更重要（準則層次）？

中國真的沒有一家特別成功的教育類企業嗎（上歸類）？新東方已經上市了，還不算大嗎？雖然英語培訓與心理學培訓有些不同，但新東方也是由一個小公司做起的，新東方能做得到為什麼我就做不到呢（反例）？如果俞敏洪當年也像我這樣想，今天就沒有新東方了，因為當年在英語培訓領域中國也沒有一家大的企業。我在想，俞敏洪如果今天涉足心理行業，他會怎麼想呢（世界觀）？

世界一直在變化中，如果只用過去的經驗主觀判斷未來的話，這會讓我喪失很多未來的機會（改變框架大小）。當然了，當我這樣想的時候也有好處，這會迫使我去思考除了做培訓之外我還可以為心理學做點什麼（另一結果）。

我知道這個想法是我給自己找的一個藉口，讓我在企業發展速度慢的時候能保住面子（正面意向）。如果我繼續持有這樣的想法，會給我的企業帶來什麼影響呢？這個問題想想都有點可怕（後果）。究竟是面子重要還是真的把培訓事業做好重要呢（準則層次）？是誰讓我持有這樣荒唐的想法的呢？我還能允許自己繼續持有這樣的想法嗎（超越框架）？做大做強，不是由我開始，又由誰開始呢？

我經常說，看書沒有用，除非你真的去用。所以，你知道這些知識對你一點用處都沒有，只有真的把它們用在你的工作和生活中，這些知識才能變成力量。希望各位也能像我一樣，找出一個你自己的限制性信念，然後用這十四個魔術語言進行自我對話。

實用語言技巧

「

- 感官語言能夠讓我們大腦裡面呈現出一些立體的畫面，畫面越逼真，就越能打動人。
- 共鳴語言的魅力，在於它能觸發你記憶的開關，讓你聯想到自己曾經的經歷，引發你的共鳴。
- 人與人交往，總是避免不了矛盾和衝突，學會了把「指責」變成「負責」，衝突一定會減少很多。

」

感性與理性

眾所周知，在西方國家，律師的收費高得驚人，因為西方的司法系統採用陪審團制度，被告是否有罪和量刑輕重由陪審團裁定。因此，在影視作品中，我們已經領略過控辯雙方律師的唇槍舌劍的威力。律師不僅要熟練地把握法律條款，還要用語言影響陪審團的決定。假如你是陪審團成員，先看下面兩段陳述：

「犯罪分子破壞我們的生活，在我們所在城市，每一萬個人中，就有一個人會被犯罪分子傷害，別看這概率是萬分之一，假如發生在你身上，就會給你帶來災難，所以，我們要嚴懲犯罪分子，加重懲罰能夠減少犯罪，據統計，每加刑一年，能減少犯罪率 0.001%。」

「犯罪分子是城市中的掠食者，他們像野獸一樣潛伏在社區裡，隨時威脅著你的人身和財產的安全。你不知道他們什麼時候會出現，你也不知道他們在哪裡，一旦出現，很可能會讓你失去愛人和孩子。而且，更嚴重的是，這些犯罪分子像病毒一樣會傳染，越來越多。如果不嚴懲他們，他們就像瘟疫一樣，讓你防不勝防。」

上面兩段陳述，哪一段會讓你傾向於重判？對於大多數人來說，是後面一段。這可不是我瞎編的，是心理學家們通過實驗驗證過的結果。為什麼後者更能影響你呢？因為前者是理性的語言，而後者是感性的語言。

還記得本書開頭的那個案例嗎？「我是一個盲人，請幫助我。」當那個盲人乞丐在紙板上寫上這句話時，幾乎沒有人給他錢。當那位女士把它改成：「這是一個美好的日子，可惜我看不見它。」神奇的事情發生了，陸陸續續有人停了下來，紛紛掏錢送給盲人。為什麼前後兩句不同的話，有著完全不同的效果？

答案跟上面的例子一樣，前者是理性的陳述，而後者是感性的陳述。什麼是感性語言？如何才能用好感性語言？感性語言一定好嗎？什麼時候需要使用理性語言？如果你對這些問題感興趣，請詳細閱讀下面的內容。

1 感官語言

二〇一二年，中國的一檔節目火遍了全球，單是播映權就賣了二十多個國家，這檔節目的題材說不上新穎，它的播出時間也不是黃金檔，可它就是火了。它是什麼節目？是怎麼做到的呢？

這檔節目就是央視紀錄頻道推出的美食類紀錄片《舌尖上的中國》，當年看過《舌尖上的中國》的人無不為這檔節目點讚，為什麼？蒸籠裡白花花、冒著蒸氣的饅頭，拉麵摔打在案板上的脆響，食物進入油鍋發出的刺啦聲，一家人一起吃飯的溫馨，漁民踩著高蹺捕魚的場景……這一幕幕觸動了無數人的心。

《舌尖上的中國》之所以成功，它的鏡頭語言功不可沒，這些鏡頭語言帶給了觀眾多層次的感官上的觸動，讓人欲罷不能。

感官觸動是一種什麼體驗呢？

雖然我們見到或者想到一個人時，腦海裡會湧出一張面孔和一個聲音，其實這只不過是很多細小資料的合成結果，而這些細小資料，並非像拼圖遊戲中的小拼塊，而是一些更基本的構成元素。這些構成感覺的元素我們稱為「感元」。把這些感覺元素再細分為更小的單元，就被稱為「次感元」，也叫「經驗元素」，他們就是組成我們的經驗或記憶的基本元素。

很多人都有這樣的體驗：我們更喜歡花錢到電影院看電影，而不是在家裡看電視，這是因為電影院能夠讓人身臨其境，能帶給我們更多的刺激，而這些是家裡的電視沒法做到的。為什麼會這樣呢？因為電影院裡的感官元素比家裡的電視更豐富。

次感元就像我們拍照的手機像素，所有的圖像都是由一個個像素點組成的，像素越高，單位面積的小點越多，所描繪出來的圖像就越清晰。組成圖片的是像素，組成頭腦中記憶的是次感元。

科學研究發現：人類主要靠眼（視覺 visual）、耳（聽覺 auditory）、鼻子、嘴巴和皮膚（後三者簡稱感覺，kinesthetic）去接觸世界，合稱 VAK，這是人類最常用的接收信息的三種通道。

視覺型的次感元有：光亮度、大小（形狀）、顏色、距離、清晰度、位置、動／靜、速度、光的角度等。

聽覺型的次感元有：音量、聲調、拍子、持續或間斷等。

感覺型的次感元有：壓力、範圍、強度、溫度、頻率、粗／滑、重量等。

你的記憶都是由這些元素所組成的，這些元素組合在一起就形成了畫面、聲音和感覺。能夠調動你內在畫面、聲音和感覺的語言我們稱之為「感官語言」，也就是表達情緒和感受的語言，也叫「感性語言」。

與之相對的是「理性語言」。理性是認識的高級階段，在感性認識的基礎上，把所獲得的感覺材料，經過思考、分析，加以去粗取精、去偽存真、由此及彼、由表及裡的整理和改造，用概念、判斷、推理三種形式去歸納總結，是概括性和間接性的認知形式。

舉個簡單的例子，大家很容易就能感受到兩種語言的不同：

「我第一次看雪是在二〇〇二年，那一年我和家人一起去九寨溝旅遊。一到九寨溝，我們看到了一種我們從來沒見過的東西，他們稱這種東西為『雪』。我從網上搜索了一下關於雪的資料，原來，雪是從混合雲中降落到地面的固體水。雪是由大量白色不透明的冰晶和其聚合物組成的降水。雪是水在空中凝結後再落下的自然現象，是水的一種固態形式。雪只會在很低的溫度及溫帶氣旋的影響下才會出現，因此在我所生活的城市廣州是不會出現的。」

「我第一次看雪是在二〇〇二年，那一年我和家人一起去九寨溝旅遊。一到九寨溝，我被眼前這片白茫茫的世界感動了，做為出生在南方的人，我從來沒有看過如此美麗的畫面，只見天地間飄揚著細小而密集的雪花，好像天使向我們撒下無數白色的花瓣，向第一次帶家人出遊的我表達祝福。五歲的兒子已興奮得高聲叫喊，顧不得雪地的冰涼，在雪地上打滾，滿臉、滿身全是雪花，同樣興奮的我拉著太太的手跑向兒子。雪的世界是冷的，而那一刻我心裡是溫暖的，因為我終於可以帶著我愛的人去感受不同的世界了。看著他們興奮的樣子，我暗下決心，將來一定要帶他們周遊世界，看盡天下美景。」

能看到感性跟理性語言的區別了嗎？感性的語言能在我們的大腦裡創造出很多細微的視覺、聽覺和感覺的體驗，中間還有一些動詞，它們讓整個畫面動了起來，這些元素構成的就是感官語言。

感官語言能夠讓我們大腦裡面呈現出一些立體畫面，語言中蘊含的次感元越豐富，我們頭腦中的立體畫面就越逼真，畫面越逼真，就越能打動人。

在培訓界，有些導師會自吹：「我分享的都是乾貨。」其實，乾貨是不值錢的，因為乾貨就是單純的知識。在互聯網時代，知識獲取門檻非常低，打開一個搜索引擎，輸入一個關鍵詞，我們想要的信息立刻就能跳出來，因此，知識會越來越不值錢，甚至完全免費。

但這並不代表培訓不值錢，也不代表書籍會不值錢。書籍、培訓這些傳播方式除了傳遞知識之外，還有一個更重要的功能，就是提升一個人的能力，改變一個人的信念，從而改變一個人的人生。要實現這個價值，關鍵環節是體驗，也就是在閱讀或者在接受培訓時，能夠身臨其境地體驗到知識的威力，只有這樣，知識才能影響到潛意識，才足以改變人生。

除了影響人、改變人需要感官語言之外，藝術也需要感官語言，因為感官語言除了能夠打動人之外，還可以給人美的享受。這一點你看看中國古代的詩詞就知道了，我們隨便找幾首看看：

床前明月光，（視覺）
疑是地上霜。（視覺）
舉頭望明月，（動詞＋視覺）

低頭思故鄉。（動詞＋感覺）

李白的〈靜夜思〉，就這麼簡單的四句話，一幅畫就栩栩如生地呈現在你的面前。

枯藤老樹昏鴉，

小橋流水人家，

古道西風瘦馬。

夕陽西下，

斷腸人在天涯。

馬致遠的〈天淨沙．秋思〉，一共二十八個字，描繪出一幅淒涼動人的畫面，準確地傳達出旅人淒苦的心境。

類似的佳作比比皆是，我就不一一列舉了。這些優美的詩作，之所以能夠用簡單的文字給你帶來濃烈的感受，正是因為使用了豐富的感官語言，這是感官語言使用的極致境界。

除了古詩詞之外，一位懂得使用感官語言的詞作者，他所創作的歌曲一定也能深深地打動你。李宗盛就是這樣的一位歌手，他的很多歌能把我唱哭，比如〈山丘〉：

越過山丘，才發現無人等候，（視覺＋動詞）

喋喋不休，再也喚不回溫柔，（聽覺＋動詞）

為何記不得，上一次是誰給的擁抱，在什麼時候。（感覺）

感官語言加上一些動詞，我們頭腦中的整個畫面就會動起來，語言會更加生動、立體，更讓人觸動。

在生命之初，我們的視、聽、感基本是均衡的，但在人的成長過程中，某些功能慢慢被強化，而另外一些功能由於用得少開始變得不敏感，於是形成了視覺、聽覺和感覺三種不同類型的人。不同類型的人習慣使用他們常用的感官通路了解世界。

視覺型的人對色彩、圖像、光影有較強的感知力，他們使用的語言很有畫面感，喜歡用一些看得到的詞。比如：

你看起來很漂亮。

這個世界非常亮麗。

公園裡的花全都盛開了。

聽覺型的人對聲音非常敏感，他們會更喜歡用一些描述聲音的詞，會格外強調聲音帶來的感受。比如：

聽起來你講得很有道理。

你的聲音很響亮。

你的發言很悅耳動聽。

感覺型的人在情緒方面更為敏感，他們的語言帶有溫度，會讓人覺得溫暖。比如：

跟你在一起感到很溫暖。

跟你在一起很有安全感。

在你身邊，我覺得很舒服。

不同類型的人習慣使用他們特有的通道連接世界，所以，在溝通中，如果你的語言只有一種，你就只能得到一種人的喜歡，另外兩種人可能就不會喜歡你，因為你講的話無法引起他們的共鳴。因此，我們要學會使用視、聽、感三種感官語言，才能有效地跟更多人溝通。

比如，我是一名導師，我的學生中一定有不同類型的人，那我講課時最好使用三種感官語言，這樣才能讓所有的學生都能聽明白我的課程：

「我剛才聽到你們爽快的笑聲（聽覺），看到你們一張一張的笑臉（視覺），我心裡感到滿滿的成就感（感覺），我猜你們一定很喜歡這個課程，才會有這樣的笑容，感謝你們的出現！」

上面這段簡單的總結中，就包含了VAK三種感官語言。

在溝通中，如果你知道對方是什麼類型的人，最好使用他們對應的感官語言。如果你是一位領導，你需要影響到一群人，這時，你需要像我一樣，把三種感官語言都熟練運用，如果你能做到這一點，你一定會成為大家喜歡的人。

2 理性語言

上面我們講了感性的重要性，其實，理性同樣重要。為什麼這樣說呢？

心理學上有個著名的「費斯汀格法則」，是由美國社會心理學家費斯汀格提出的，他指出：生活的10％是由發生在你身上的事情組成，而另外的90％則是由你對所發生的事情如何反應所決定。

費斯汀格舉了一個例子：

卡斯丁早上起床後洗漱時，隨手將自己的高檔手錶放在洗漱台邊，妻子怕它被水淋濕了，就拿走放在了餐桌上。兒子起床後到餐桌上拿麵包時，不小心將手錶碰到地上摔壞了。

卡斯丁疼愛手錶，就打了兒子屁股，然後黑著臉罵了妻子一通。

卡斯丁氣呼呼的，早餐也沒有吃，直接開車出了門，可因為忘記拿公文包，又返回來一趟。由於耽誤了時間，他上班遲到了一刻鐘，挨了上司一頓嚴厲批評。卡斯丁的心情壞到了極點，下班前又因一件小事，跟同事吵了一架。另外一邊，他的妻子心情也很糟糕，出門不小心撞翻了路邊的水果攤，不得不賠了一筆錢才解決。他的兒子這天參加棒球賽，原本奪冠有望，卻因心情不好發揮不佳，第一局就被淘汰了。

在這個事例中，手錶被摔壞是其中的10%，後面一系列事情就是另外的90%。由於當事人沒有很好地掌控那90%，導致了這一天成了「鬧心的一天」。

這個故事並不陌生，我猜很多人有過類似這樣的經歷：情緒在強烈、高漲的時候，我們被情緒掌控，完全失去了理智，做出了令我們後悔的決定。

在情緒失控時，我們需要另一種語言，讓我們從感性回歸到理性，什麼語言可以做到呢？我們先來看一個小故事。

戰國初期，各諸侯國之間的關係時好時壞。有一段時期，齊威王和魏惠王簽訂了盟約，規定雙方互不侵犯。有一次，齊國的軍隊騷擾了魏國的邊境城鎮，魏惠王勃然大怒，準備立即發兵伐齊。魏國的大臣們勸諫惠王：「魏、齊兩國友好相處已經七年了，如果因為邊境出了點小問題而大動干戈，破壞友好睦鄰的關係，那就太可惜了。」魏惠王知道大臣們說得有道理，可這樣忍氣吞聲，他實在有點咽不下這口氣。這時，一位名叫戴晉人的賢人站出來說：「大王，有一種爬行動物叫蝸牛，您知道嗎？」

惠王說：「知道，那不就是頭上長著一對觸角的小爬蟲嗎？」

「不錯。但大王可能不知道，在蝸牛的這對觸角上，兩邊各是一個國家，左角中的是觸氏國，右角中的是蠻民國。這兩個國家之間的關係很緊張，經常互相攻戰。雙方都死了好幾萬人，有時候觸國獲勝，有時候蠻國獲勝，不是我佔你的土地，就是你獲我的財寶……」

惠王聽了，不禁笑著打斷他的話，說：「先生，你在說神話故事吧？這麼小的地方有什麼好爭的？」

戴晉人說：「是嗎？在大王眼裡，蠻、觸兩國簡直小得可憐。然而大王為什麼不想一想，我們人類居住的地方，同天地宇宙相比較，也是小得可憐。我們魏國祇是據有那小得可憐之地中的極小一部分，這樣說來，我們同觸國和蠻國相比，有什麼兩樣嗎？」

惠王怔了好久，說：「如此看來，確實沒有什麼兩樣。」

「既然如此，魏、齊兩國如果開戰，和蠻觸之爭又有什麼區別呢？」

魏惠王聽了，茅塞頓開，立即下令魏國的軍隊在邊境禁止和齊軍發生衝突，同時派使者到齊國去，尋求和平解決邊境問題。這時，齊威王也打聽到了戴晉人對魏惠王說的一番話，自知理虧，熱情地接待了魏國使者。齊、魏兩國又暫時恢復了友好關係。

這就是出自《莊子》的「蠻觸相爭」的典故。這個故事中，戴晉人的話語讓魏惠王及時從情緒中抽離出來，避免了一場無謂的征戰。戴晉人這種方法在心理學上叫「抽離」。

正所謂，當局者迷、旁觀者清，很多時候，我們很容易捲入當下情境中，被當下情境制服。這時，我們用一些語言，在自己跟情境之間創造一種空間感，就能從當下的情緒中抽離出來。

這種語言技巧屬於我們前面講過的超越框架。當我們超越框架，用一種跳到局外的思維，從另外一個角度審視人生中出現的狀態，就能更冷靜、客觀、中立地處理事情，從而避免情緒化所導致的不良後果。

這種抽離的語言技巧在孩子教育中特別好用。我女兒小的時候，有時會發脾氣。她發脾氣的時候，我不會去干預她，我會任她發洩，等她情緒平緩下來後，我會把她叫過來，指著她剛才所在的位置對她說：「寶貝，妳看到了嗎，剛才那裡有一個小姑娘在鬧情緒，妳覺得那個小姑娘那樣做好不好？」當她站在旁觀的角度看她剛才的行為，她馬上就會醒悟過來。類似的表達還有：

「你對剛才那個某某的表現滿意嗎？」

「零到十分，你可以為過去的自己打多少分？」

「在小狗的眼中，你是一個什麼樣的人？」

「在那盞燈的眼中，你是怎樣的人？」

這種讓當事人離開他原來的位置，從旁觀者的角度重新審視自己的方法叫作「抽離」。與感官語言相對，這種抽離的方式可以讓人變得理性。從感性到理性是認識的一個飛躍，是認識的深化，是對事物本質、整體和內部聯繫的概括和反映。而理性認識之所以重要，就在於它能夠指導我們的實踐活動，理性認識是感性認識的提高。

理性與感性同等重要，沒有理性認識，會陷入狹隘的經驗主義錯誤；沒有感性認識，就會陷入狹隘的教條主義。

02 共情與共鳴

前面我們講了感官語言、理性語言，還有一種語言，它是帶有情緒的，這種語言有一個重要的功能：共情。

人本主義創始人羅傑斯是這麼定義共情的：「所謂的共情是指體驗別人內心世界的能力。」他認為，想要共情必須站在別人的角度考慮問題，它意味著我們成功進入了他人的私人認知世界，並完全扎根於此。

共情能力是心理諮詢師必不可少的技能，實際上，在日常人際交往中，共情也必不可少。這是因為人產生了內在情緒的時候，不僅需要被理解，還需要被關注和接納。當你發現並接納了對方的情緒時，在對方看來就是接納了他本人，對方就會感覺到自己被關注了、被看到了、被了解了。如此，我們就能建立起溝通的橋樑，拉近心與心的距離，讓語言更加貼近內心。

我們看幾個場景。

場景一：

一個小男孩在公園裡跑跑跳跳，突然摔倒了，他忍不住大哭起來。

媽媽A說：「哎呀，你摔了一跤，一定很疼吧！」
媽媽B說：「男孩子不要哭，堅強一點。」
場景二：
一個二十五六歲的女孩，跟朋友吐槽說，自己最近都要連續加班到凌晨三四點，公司把一個人當兩個人用，累死了。
朋友A說：「那妳真的是太累了，週末好好休息休息吧！」
朋友B說：「不行就換個工作吧！」
場景三：
妻子跟丈夫說，閨密家換了一輛新車，開著特舒服。
丈夫A說：「感覺妳很喜歡那輛車，要不咱們也換一輛？」
丈夫B說：「妳這個人怎麼這麼虛榮。」

同樣的場景下，哪種話語更能打動對方的心？

場景一的男孩聽了媽媽B的話，不僅他的情感得不到紓解，他還會生出「我做錯了」的想法，這會讓他倍感孤獨。場景二中的女孩，她只是工作累了，抱怨幾句，可能根本就沒想過要辭職，朋友B的話語只會讓她鬱悶。場景三中的妻子只是對閨密換車有點羨慕，可是，丈夫B的話語會讓她有一種不被理解的憤怒。

很顯然，同樣的場景下，A的話語感受到了對方的內心世界，能跟對方將心比心，並對對方的感情做出恰當的反應，他做到了共情，所以更能打動人心。

缺乏共情的人，待人會十分冷漠、不走心，即使他為對方出謀劃策，提出了一個十分好的提議或者辦法，也很難讓人接受。

在人際交往中，共情是連接兩人感情的必要過程，無論是在家庭生活中，在交朋友時，還是在工作交往中，我們都需要共情能力。

在心理諮詢中，經常會用到這些話語：

「真不容易啊！」

「難過是可以的。」

「你先哭一會兒，我陪著你。」

「是人總有無能為力的時候！」

「你可以允許自己孤獨嗎？」

「你的心情一定很糟糕。」

這些語言都是能觸動聽者情緒的，雙方能因此產生情感的共鳴。除了心理諮詢師外，成功的電影編劇、歌手和詩人，他們總是能夠想到這些帶有情緒的詞語，為什麼？我們下面詳細介紹。

比共情更進一步的是共鳴。所謂「共鳴」就是由別人的某種思想感情引發的相同的情緒感受。

全球票房最高的十部電影中，詹姆斯·卡梅隆導演的《鐵達尼號》和《阿凡達》長期處於榜首，為什麼他的電影能如此賣座？有一次我在央視《對話》節目中看到了一段對卡梅隆的採訪。主持人問他什麼是大片時，他說：「大片是面對全球觀眾的，必須跨越語言和文化障礙，要做到這一點，必須要遵守一些人類共性的東西，要有一些讓全世界人都能引起共鳴的東西。比如《鐵達尼號》，講述的是愛情、失去和死亡，這些都是強有力的主題，大家都非常熟悉，也非常喜歡，會感覺置身其中。」

讓我們重溫一下《鐵達尼號》中那些經典台詞：

「人生那麼短，遺忘又那麼漫長。」

「我們是女人，我們的選擇從來就不易。」

「贏得船票，是我一生最幸運的事，讓我可以認識妳。妳一定要幫我，答應我活下去，答應我，妳不會放棄，無論發生什麼事，無論環境怎樣……Rose，答應我，千萬別忘了。」

你是否還記得，當年觀看這部電影時淚流滿面？因為，你已經被卡梅隆導演的「愛情」、「失去」和「死亡」這三個主題深深共鳴到了。當一部電影共鳴到的人群越廣，它的票房就越高。

電影如此，書籍也一樣。日本小說家太宰治創作的半自傳體小說《人間失格》長期居於各大圖書暢銷榜，這部小說之所以成功，就是因為它共鳴到了很多人的痛苦。

我們感受一下這些文字。

「面對世人，我總是心懷畏懼，戰戰兢兢，而做為世人中的一員，我更是自卑。我總是用微笑來偽裝自己，將敏感和煩悶隱藏在內心深處，就這樣我成了一個搞怪滑稽的怪人。」

簡短的一小段文字，將故事主角面對世人時，內心的自卑、敏感、煩悶、絕望，離死亡近在咫尺的感覺描寫得淋漓盡致，有過同樣感受的人，在這些文字中，都會生出那種透不過氣來、快要窒息的感受。

我們再來看看那些成功的廣告。

「不在乎天長地久，只在乎曾經擁有。」這是鐵達時手錶的經典廣告；「鑽石恆久遠，一顆永流傳。」這句廣告讓整個鑽石行業受益；「人頭馬一開，好事自然來。」這句廣告讓一款洋酒品牌深入人心。

電影、文學作品、廣告等給人的共鳴越強烈，就越能成功地打動人。那這些能讓人產生共鳴的作品，它們的語言有什麼特點呢？

人類有兩大欲望，一是趨向快樂，二是逃避痛苦。我上面所舉的這些例子，都在這兩個範疇上讓受眾產生共鳴。這兩大動力中，逃避痛苦的力量會更大一些。為什麼這樣說呢？以飛人博爾特為例，博爾特在他的體育生涯中，獲得了八塊奧運會金牌，並創下了多個世界紀錄。現在我們試想一下，想讓博爾特再破世界紀錄的話，有兩個方法，第一個是加大獎金激勵，第二個是在他的後面放一隻老虎，試問哪個更有效？

答案很顯然是第二種。因此，**痛苦比快樂更加具有觸動人心的力量**。《鐵達尼號》和《人間失格》這兩部作品能長期名列電影票房、暢銷書榜前茅，共鳴的就是痛苦的力量。

有一個成語叫「痛改前非」，如果一個人不願意改變，只有一個原因，痛得還不夠徹底。我們看醫院裡每天人滿為患，很多患者對醫生的話言聽計從，為什麼？因為他們感覺到痛了。

除了前面講過的電影、書籍和廣告之外，心理諮詢也需要利用痛苦的力量去推動人改變。音樂作品也不例外，李健演唱的〈父親寫的散文詩〉，我聽過一遍之後，永遠都忘不了，因為那些簡單的歌詞，讓我淚流不止：

明天我要去鄰居家，再借點錢，
孩子哭了一整天哪，鬧著要吃餅乾，
藍色的滌卡上衣，痛往心裡鑽，
蹲在池塘邊上，給了自己兩拳，
……
我老成了一堆舊紙錢，
那時的兒子已是，真正的男子漢，
有個可愛的姑娘，和他成了家，
但願他們，不要活得如此艱難，
……

每次聽這首歌，我都會想起我的父親。

我拿到了大學錄取通知書的那一天，原本是我們一家人最開心的日子，可我們一點都高興不起來，因為家裡沒有錢。

為了給我湊學費，我父親借遍了整村的有錢人，但是他借不到一分錢。我記憶中有一個很清晰的畫面：父親蹲在家裡一個大灶台的旁邊，他一邊往灶裡添柴，一邊在抽菸，淚水順著他的眼角不停地流。這個畫面我一輩子都忘不了。我父親是一個一米七幾的硬漢，一輩子都沒怎麼掉過淚，可他卻因為沒有辦法借到錢供我讀書，在灶台的一角抽著菸掉眼淚，那一刻，我的心就像是被鑽透了一樣痛。那一刻，我暗暗發誓：長大之後，我一定要努力工作，回報我的父親，回報我的家人，讓我的家人能夠過上更好的生活。後來，等我當了父親，我又有了新目標，我要通過我的努力改變生活，讓我的孩子不用像我這一輩人那麼艱難，讓我的孩子不用看到他的父親因生活所迫而偷偷流淚。

「但願他們，不要活得如此艱難。」這句歌詞彷彿是專門為我寫的。當然，也是為曾經生活困難的人寫的，曾經過過苦日子的人，都希望自己的孩子過得比自己好。

這就是共鳴語言的魅力，它能觸發你記憶的開關，讓你聯想到自己曾經的經歷，引發你的共鳴，這種共鳴會擊中你的內在，會感染到你，這個時候，你內心的某些地方就能夠被改變。

指責與負責

曾看過這樣一個故事。
一位教徒在祈禱時犯了菸癮，他問神父：「神父，我祈禱時可以抽菸嗎？」
神父很生氣地瞪了他一眼說：「不可以。」
另一位教徒在祈禱時也犯了菸癮，他問神父：「神父，我抽菸時可以祈禱嗎？」
神父讚賞地說：「可以。」
這兩個人原本表達的是同一個意思，卻得到了兩種截然不同的回答。為什麼會這樣呢？
我曾經接過一個婚姻諮詢的個案，一對夫妻每天爭吵不斷，過不下去了。第一次見面，妻子的情緒一直很激動，她說：
「我今天找到你，你一定幫我搞定我老公。」
我說：「我們做心理諮詢，不是幫誰搞定誰。」
她說：「如果你搞不定，你做什麼諮詢呢？」
聽到這個女士的話，我真的不太想接這個案子，可是我看到她丈夫在旁邊不說話也不抬頭，一副痛苦隱忍的樣子，我實在是於心不忍，只好硬著頭皮往下聊。
說到婚姻中的問題，這位妻子的嘴巴幾乎停不下來，她對丈夫諸多抱怨：

「我沒法跟你過了，你整天只顧著工作，從來都沒想過這個家，我自從嫁了你之後，活得像個寡婦一樣，我這輩子真是太倒楣了，當初怎麼會嫁給你呢……」

這種問題在夫妻關係中非常常見。丈夫忙於工作，妻子抱怨丈夫，嘮叨不停，丈夫越發想要逃離家庭，妻子越發不滿。怎麼解決呢？我教給妻子另外一種表達方式，最後，夫妻兩人抱頭痛哭，冰釋前嫌。什麼表達方式呢？我引導妻子這樣表達自己的情緒：

「老公，我自從嫁給你之後，你每天忙於工作，我知道你這樣做是希望為這個家創造更好的生活條件，可我經常一個人在家裡，我感到好孤獨、無依無靠，好像你的工作比我更重要似的。我當初是因為愛你，才選擇嫁給你，我從來沒後悔過這個選擇，只是，我現在過得實在是太痛苦了，所以控制不住自己的脾氣……」

這個案例跟上面教徒抽菸的案例原理一模一樣。同一件事情，用不同方式表達，會導致不同的結果。這中間微妙的地方在哪裡呢？

中國人都知道太極，陰中有陽，陽中有陰。任何事情都是一體兩面，溝通也一樣，「抽菸」和「祈禱」就像事物中的「陰」和「陽」，你呈現的是陰還是陽，會讓接收者有完全不同的感受。

「我祈禱時可以抽菸嗎？」呈現的是抽菸，神父當然不允許。

「我抽菸時可以祈禱嗎？」呈現的是祈禱，神父怎能不允許祈禱呢？

同樣，丈夫忙於工作這是事實，這個事實呈現出來不同的面向，「不顧家」是一個，「為家創造更好的條件」也是一個，「這是丈夫的錯」是一個，「我很孤獨」也是一個。當妻子呈現的是丈夫「不顧家」和「這是丈夫的錯」時，哪個丈夫受得了？可是，如果妻子呈現的是丈夫「為家創造更好的條件」和「我很孤獨」時，哪個丈夫忍心讓自己所愛的人孤獨呢？

責任也是一體兩面的，當一個人把事情失敗的責任推給對方，把對方放在錯的位置時，叫「指責」。**當一個人把責任放到自己身上，主動尋求解決方案時，叫「負責」。**

指責的語言通常用「你」開始：「你不好」、「你不對」、「你錯了」。

負責的表達用「我」開始：「我的感受」、「我的作為」、「我的想法」。

指責是一種攻擊的狀態，當一個人受到指責時，他自然會啟動防禦機制，立起城牆，穿上鎧甲，把攻擊擋在外面，同時，調動力量開始還擊。

負責是一種敞開的狀態，我們可以以此創造一個相互信任的環境，放下隔閡，拉近距離，讓彼此的心緊貼在一起。

指責與負責所呈現的都是事情的其中一面，只是呈現出來的面向不同而已。就像「祈禱時抽菸」和「抽菸時祈禱」一樣，兩者看起來是一回事，但給人的感受卻完全不一樣，這就是語言的魔力。

明白這一點，溝通就變得容易多了。比如，孩子不認真學習，父母會這樣罵：「你怎麼這麼懶？你怎麼這麼笨？長大後撿垃圾吧！」這就是指責，孩子樂意聽嗎？有用嗎？答案顯然是否定的。孩子最可能的反應是：「你別囉嗦了，不用你管！」

換成負責的表達方式，我們可以這樣說：「看到你這樣，媽媽好擔心，有點焦慮。我很擔心你的未來。」孩子會怎麼反應呢？他很可能會反過來安慰母親：「媽媽，對不起，讓妳擔心了，我會好好學習的。」

俗話說，「牙齒和舌頭都有打架的時候」。日常生活裡，人與人交往，總是避免不了矛盾和衝突，親子之間、夫妻之間、婆媳之間、朋友之間、同事之間……學會了把「指責」變成「負責」，衝突一定會減少很多。

承擔責任非常重要，在前面「重定因果」那一節中，我們講過，從一個人開始為自己的人生承擔起責任的那一刻起，他才真正成為大寫的人。

上一節我們學習了自己承擔責任在溝通中的重要性，可是很多時候，特別是領導者，需要讓別人承擔責任的時候該怎麼辦？有沒有一種語言技巧可以幫助別人承擔責任呢？

一九五七年，美國社會心理學家道格拉斯．麥格雷戈在他的著作《企業的人性面》一書中提出了影響頗大的「X－Y理論」。在此之前，X理論曾經是美國產業界普遍存在的傳統觀念，它對人的本性做了這樣的假設：人生來就是懶惰的，一般人都缺乏責任心，人生來就以自我為中心的。麥格雷戈認為，現實中存在很多顯然可見的現象是與這項人性本質的看法不符的。比如，**在受到尊重和得到信任時，人是願意負責的，並且具有創造性和進取心。**

可是，現實中，絕大多人總在推卸責任，這是為什麼呢？難道麥格雷戈的理論是錯的？

慧律法師是非常有影響力的法師之一，他曾經分享過這樣一個故事。

一次，慧律法師到一個信徒家裡，正趕上這個信徒的伯父伯母吵得不可開交。信徒充滿歉意地說：「師父，不好意思，今天你來，讓你看到這一幕。師父，你慈悲，能不能給他們開示幾句？」

慧律法師問：「他們兩個接受嗎？」

信徒說：「兩人有一點善根，有一點佛學興趣，只是不深入。」

慧律法師這是第一次見到信徒的伯父伯母，對他們一點都不了解，他一時不知道該怎樣去教化他們。突然，他看到桌上有一張白色的紙張，有一支簽字筆，有了主意。

他在白紙的中心點，用簽字筆畫了一個黑點，對信徒的伯父說：「你是老公，是家裡的頂樑柱，你先看看你看到的是什麼？」

對方說：「師父，我看到的是黑點，一張白紙裡面的黑點。」

慧律法師又問信徒的伯母：「妳是老婆，是家裡的定海神針，這一張紙，妳看上面有什麼？」

對方回答：「我看到的是一個大黑點，師父。」

慧律法師說：「換妳拿這一張，妳問我。」

對方接過慧律法師手中的紙，問：「師父，那你看到了什麼？」

慧律法師回答：「我看到一片白紙，好大的白紙，只有小小的黑點。」

夫妻兩人聽後，沉吟很久，感嘆說：「師父，我體悟了你的用意。你的意思是不要把生命放在某一個黑色的焦點上。」

並不是麥格雷戈的理論錯誤，慧律法師之所以能夠點化這對老夫妻，關鍵一點正是符合了麥格雷戈所說的前提，人只有**「受到尊重」和「得到信任」**時，才會負責任。

別人怎麼對你，都是你教的，一個人是「推卸責任」還是「負責任」，全在於你是否讓對方感到尊重和信任。

人們總是要證明自己是對的。世上沒有十全十美的人，再優秀的人，可能他也只做得到九十分，仍舊有十分做不到位，如果我們總是看不到別人做得好的地方，雙眼只盯著他做得不好的地方，這時，他為了證明自己是對的，一定會盡力地向你呈現他已經做到的那90％，他並不是有意推卸責任，他只是要證明自己是對的罷了，如圖8-1所示。

就像一個小孩子，當他考了九十分的時候，如果父母說：「你為什麼丟了十分？這麼容易的題都會做錯，你有沒有認真讀書？」

各位讀者，你也曾經是個孩子，聽到父母這樣說，你心裡什麼感受？如果你的自我還沒被父母完全摧毀，你一定會奮起抗爭：「能考九十分已經很了不起了，你都不知道老師出的題有多難，你知道我們班有幾個人能考九十分以上嗎？就知道要求別人，你自己當年怎麼

負責任模型

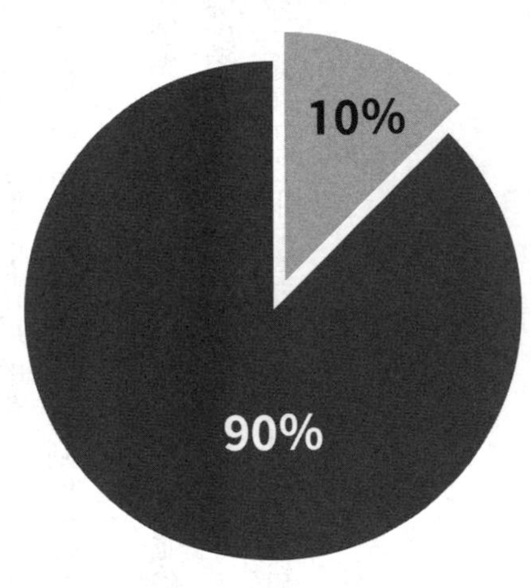

圖 8-1

沒考上清華北大？」

換一種思路，如果父母能先肯定孩子取得九十分的成績不容易，那孩子一定樂意承擔那丟失十分的責任。

孩子如此，成人也一樣。之前的案例中那對夫妻之所以能夠從相互指責到抱頭痛哭，其中一個關鍵是，我讓妻子先看見丈夫忙於工作也是為了家庭能有更好的生活，當丈夫的努力被看見、被肯定時，正如麥格雷戈所說的，當一個人「受到尊重」和「得到信任」時，自然會負責任。

因此，讓別人負責任的方法其實很簡單，就是先看到對方已經做得好的地方，並給予肯定，讓對方感受到尊重和信任，這時，一般人都願意負責任。

我們還可以通過問話的方式讓對方自我覺察，這種方法叫「教練」。下面四句話就是教練的經典問話：

(1)「你對過去的某方面滿意嗎？」
(2)「零到十分，你可以為自己打多少分？」
(3)「你會如何肯定自己已經取得的成績？」
(4)「如果分數還可以更高一點，你可以怎麼做呢？」

工作中，當下屬做得不夠好時，與其直接責備他們，不如通過這種負責任的教練方式，喚醒其內在的動力。比如，員工小李最近工作有點懈怠，有點懶，你想督促他新的一年更加勤奮一點，應該怎麼說呢？

第一句：「小李，你對你過去一年的表現感覺怎麼樣？」他回答說：「老闆，還行吧。」

第二句：「零分到十分，你可以為自己打多少分？」他回答說：「八分。」

第三句：「你為公司做了很多貢獻，謝謝你這一年的付出。」他回答說：「應該的。」

第四句：「新的一年，希望你能邁上一個新的台階，爭取做到九分。如果做到九分的話，你需要多做點什麼？」他回答說：「我要更努力一點、更勤奮一點。」

「勤奮一點」，如果這是我們對他提的要求，他會牴觸、反感。當這句話從他自己的口中說出來，那就完全不一樣了，他的工作就會從「被動」轉成「主動」，當你的下屬都能主動地、負責任地工作時，你這個當領導的是不是可以很輕鬆了？

用這樣的方法，可以讓員工從被動到主動，把你想讓他們做的事情變成他們主動承諾完成的事情，員工自動自發地工作，老闆自然就能自由自在。

管理是這樣，孩子教育是這樣，人際關係也是一樣。你想讓對方推卸責任，還是主動承擔責任，你想讓對方越來越差，還是讓對方越來越好，你是想把對方推遠，還是把對方拉近，這完全取決於你的語言模式。

不良溝通與一致性溝通

前面兩節我們學習了自己負責和如何讓他人負責，這一節我們來學習當遇到衝突時，該如何溝通。

先給大家講一個我親身經歷過的衝突故事，這個故事的開始跟香港警匪片中黑幫衝突的場景十分類似，不同的是，局中人最後並沒有像黑幫那樣打起來，而是在主角輕描淡寫的幾句話之後，化干戈為玉帛。

那一年，我們在溫州舉辦一場教師公益課程，主講導師是我尊敬的張國維博士。當時，張博士在中國某城市的合作公司出了問題，兩個股東因為一點小矛盾打起了官司。張博士建議她們通過溝通解決矛盾，可惜她們都在氣頭上，堅持通過法律解決問題。在她們打官司那段時間，張博士暫停了跟她們公司的合作。

其中一個股東是一位已婚女士，我們在溫州舉辦公益課程的當晚，她和她的老公到我們所在的酒店找張博士理論。晚上十點左右，博士下課後，我陪他老人家來到酒店大堂吧跟他們見面。那次課程有六百多人參加，幾乎整個酒店住的都是張博士的學生，正在大堂吧喝酒聊天的也都是張博士的學生。

當我們來到大堂吧時，這對夫妻已等候多時。那位先生喝了不少酒，滿臉通紅，我們剛剛坐下，他一拍桌子，指著張博士鼻子就罵：「據說你欺負我老婆是不是？你敢欺負我老婆，我讓你直著進來，橫著出去！」

看到自己的老師被人這樣罵，所有在大堂吧的學生一下子圍了過來，我的雙手緊緊抓住椅子扶手，準備隨時拿起椅子當武器保護張博士。當時的場面一觸即發，現在想起來還有點緊張。可是，張博士卻非常淡定，他從容地跟那位先生說了一番話，然後，這場衝突就煙消雲散了，他是怎麼說的呢？

張博士說：「這位先生，這是我第一次見你，你大老遠來到這裡為你老婆出頭，我就知道了，你很愛你的老婆。（第一步：接納對方的感受，同理對方的感受）

「你愛你的太太，我的太太也很愛我，如果我太太知道你今天晚上這樣對我說話，她一定很擔心，她一定更加不允許我到你所在的城市講課了。（第二步：表達自己感受）

「其實我並沒有欺負你太太，我只是暫時不跟她合作，我希望你太太搞好她跟合作夥伴的關係後，我們再合作。如果你真的愛你太太，你有那麼大的能力，能不能協助你太太搞好她跟合作夥伴的關係？她們的關係變得和諧起來後，我們再次合作，是不是會更好？（第三步：探索解決方案）」

幾句話下來，這位先生完全沒話說了，他拿起酒杯說：「老先生，對不起，我先喝為敬。」一場風波就這樣化解了，張博士和這位先生不打不相識。後來，這位先生還走進了我們的課堂，成了張博士的學生，你說張博士這番話是不是很厲害！

張博士這番話叫一致性溝通。在講一致性溝通之前，我們先看看幾種常見的不良溝通類型。

生活中，這樣的場景應該很普遍。丈夫因工作原因，晚上需要應酬，很晚才回家，太太在家獨守空房，心情不好，丈夫一回來，不同的太太會有如下幾種不同的反應：

反應一：「有沒有搞錯，現在幾點了？你天天只知道在外面花天酒地，心裡還有沒有這個家？」

反應二：「老公，都是我不好，是不是我煮的飯不好吃？是不是我沒有吸引力了，你才不願意回家的？你說，我改。只要你能早點回家，我做什麼都願意。」

反應三：「老公，你又去應酬了？經常這麼喝酒對身體不好。人家做生意你也做生意，人家隔壁老王生意做得比你還大，可是天天準時回家，你要向人家學習學習啊！」

反應四：「老公，回來了？我煮了糖水，盛一碗給你喝吧？我今晚看了一部電影，你都不知道有多好看。」

當然，還有更多的反應方式，但大致歸納起來都離不開這四種。人與人的溝通一般都會包含三要素，分別是我、你和情景，如圖 8-2 所示：

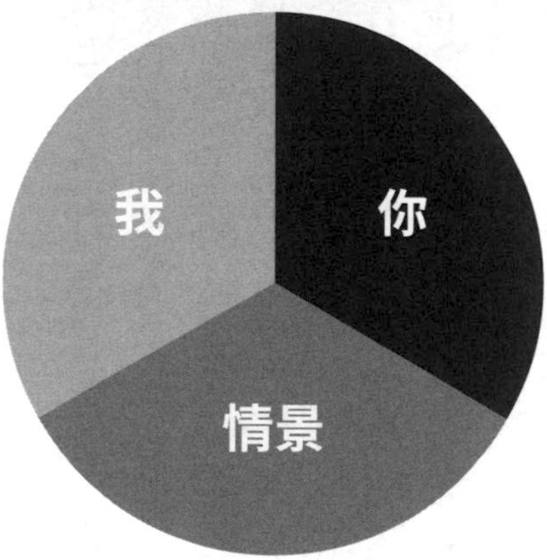

我好，你好，大家好！

圖 8-2

在溝通時，如果能夠照顧到所有的元素，我們稱為一致性溝通。當某些元素缺失時，就會形成如下幾種溝通模式：

(1)指責

上面場景的第一種反應就是一種指責，這樣的人溝通時在乎自己、在乎情景，卻忽略了他人的感受，在溝通時總是批判、指責甚至攻擊別人，話語中常出現「都是你的錯，你怎麼總是做不好」。指責的結果是把身邊人推遠，最後落個孤家寡人的下場。

(2)討好

在第二種反應中，妻子壓抑自己的情緒，這種忽略了自己，只關注他人和情景的溝通模式叫討好。這種方式表面看起來對溝通有幫助，但一個人的忍耐力是有限的，長期壓抑下，這個人要麼會發生一次大爆發，要麼會被這股壓抑的能量摧毀身體。心理學研究發現，很多身體疾病都是由壓抑情緒所引發的。

(3)超理智

第三種反應方式叫「超理智」。這種溝通方式忽視了自我與他人的感受，只關注情景。這種人說話極度客觀，只關心事情合不合理，他們習慣應該怎麼做，不應該怎麼做，有一套又一套的大道理，沒有任何情感。看起來這種溝通方式很客觀，很有道理，沒什麼毛病。可是，仔細觀察，你會發現習慣於這種溝通模式的人身邊通常沒什麼朋友。為什麼會這樣呢？因為他切斷了情感的連接，自然會跟人產生距離。同時，一千個人的眼中有一千個哈姆雷特，一千個人就有一千個不同的觀點，你認同的道理，跟別人認同的道理並不是同一個道理。所以，超理智並不能化解衝突，相反，只會讓衝突變得更加嚴重。

(4)打岔

第四種反應方式叫「打岔」。習慣於打岔的人在遇到衝突時會岔開話題，轉移注意力。這種溝通的焦點既不在「你」、「我」，也不在「情景」中，完全忽略這三個溝通元素。這種方式對於化解當下的衝突看起來有一定的幫助，在危急時可以採用。但如果長期習慣於這種方式的話，矛盾僅僅是被放到了一邊，並沒有解決，這樣處理，關係會越走越遠。

上面這四種類型的溝通方式之所以都存在問題，是因為忽略了溝通三要素中的某些要素，要想溝通有效果，最好能夠把三個要素都照顧到。張博士輕描淡寫的幾句話，之所以能起到作用，正是因為能夠做到這一點。一致性溝通，可以歸納為以下三個步驟：

第一步：接納對方的感受。

第二步：表達自己的感受。

第三步：探索雙方能接受的解決方案。

有一個詞語叫「動之以情，曉之以理」，為什麼情在前面，理在後面，而不是上來就講道理呢？因為這樣的道理是講不通的。我們每個人都固守著一扇只能由內開啟的改變大門，外來的道理，必然會被阻擋在大門之外，既聽不進去，更不會採取行動。這時候，我們首先以情感人，情感是可以跟人產生連接的，我們首先讓對方的內心受到觸動，他主動打開心門後，再跟他講道理，他就會接受，然後改變。

懂得一致性溝通的太太，面對丈夫應酬到很晚回家時，可以怎麼做呢？

第一步，接納、同理丈夫的感受：

「老公，回來了，你經常要應酬到這麼晚才回家，看來經營公司真不容易啊，真辛苦你了。」

第二步，表達自己的感受：

「可是，老公你知道嗎？你經常這麼晚回來，我一個人在家裡有多孤單，而且很害怕，我不知道這樣的日子什麼時候才能結束。」

第三步，探索解決方案：

「當年創業的目的是希望生活能變得更好，可是，現在錢是賺到了，可你卻比以前更辛苦，我也過得越來越不開心了。隔壁老王的企業比咱們的還大，可是我看他經常在家陪太太和孩子，他是怎麼做到的，你是不是找時間去跟他聊聊？」

當我們能真的尊重自己、他人與情景，在溝通中能夠接納對方的感受，同時也能勇敢地表達自己的感受，然後再去溝通可能的解決方案時，會發現大多數人都是可以溝通的。

正如神經語言程序學其中一條預設前提說的那樣：

「沒有不能溝通的人，你只是暫時還沒有找到跟他溝通的方法。」

一致性溝通，是眾多溝通方法中的一種，希望能對你改善關係有所幫助。

非文字的語言

我們都知道，康熙皇帝是歷史上少有的明君，心繫蒼生、愛民如子。不過，康熙皇帝也有濫用權力的時候。怎麼回事呢？我們來看看下面這個故事。

據說康熙皇帝晚年，多了一個怪脾氣——忌諱別人說他老。皇帝不高興，後果很嚴重，因此，身邊人都不敢提任何跟老有關的東西。

有一次，康熙帶著後宮妃嬪去湖中垂釣，不一會兒，釣竿一動，他連忙舉起釣竿，只見鉤上掛著一隻老鱉，心中很是高興，誰知道剛剛拉出水面，只聽「撲通」一聲，鱉脫鉤又掉到水裡跑掉了。康熙長吁短嘆，連叫可惜。康熙身邊的皇后忙端了一杯茶過來，安慰說：「看樣子這是隻老鱉，老得沒牙了，所以銜不住鉤子了。」話音剛落，旁邊另一個年輕的妃子忍不住竊笑起來，而且一邊笑一邊不住地瞟康熙。康熙臉色一沉，當即命人將這位妃子打入冷宮。

康熙忌諱別人說老，皇后說了「老鱉」為什麼沒事，妃子什麼都沒說，只是笑了一下，反而被打入冷宮了呢？

康熙做出這個決定，是因為他不僅僅聽到了言語表達，還從皇后和妃子的身體語言中，讀到了不一樣的內容，皇后的身體語言是對自己的關心，而妃子的身體語言是對自己的譏諷。

任何一種溝通都包含著兩方面的信息，即語言方面的和非語言方面的。某個人在說話時，會自動地表達出包括表情、姿態、語音語調以及呼吸頻率等在內的多種非語言信息，這些非語言表達往往比語言信息更能反映人們內心的真實狀態。這是因為口頭語言是我們通過邏輯思維加工後才說出來的，為了讓它符合我們想要達到的目的，它上面加了一系列的扭曲，而非反映真實的內心。身體語言則是自發的，是潛意識的，很多時候，它表達的是一個人最真實的內心想法。所以，在測謊時，測謊專家更在意的是你的身體語言。

身體語言在溝通中的重要性，我想各位讀者已經相當熟悉了。戀愛中的女人含羞帶怯地對男人說：「討厭，我恨你。」男人們都能聽出來，這句話的意思是：「知道嗎？我愛你。」

孩子在學校打架了，父母被老師叫到學校。父母滿臉怒色、齜牙咧嘴、惡狠狠地對孩子說：「行啊，你真厲害，有本事了！」孩子都能感覺得到，這句話的意思是：「欠揍了，是不是？」

妻子看上了一件很貴的衣服，她一遍又一遍撫摸布料，對丈夫說：「這件衣服有點太正式了，平時穿不著，還是不要買了。」丈夫這時如果說：「好，不買了，走吧。」接下來的一個月，他可能都吃不上妻子做的可口飯菜。為什麼？因為妻子嘴上說「不要買了」，她的真實意思是「好想買」。

美國心理學家艾伯特·梅拉比安曾提出「7%—38%—55%定律」：當人們進行面對面溝通的時候，會使用到三個主要的溝通元素——用詞、聲調、肢體語言，這三項元素在溝通中的影響比重不同，用詞只佔7%，聲調能佔到38%，肢體語言佔得最重，達到了55%。

1 肢體語言

肢體語言包括目光與面部表情、身體運動與觸摸、姿勢與外貌、身體間的空間距離等。

肢體語言雖然無聲，但具有鮮明而準確的含義。比如，大街上的交通警察指揮來來往往的汽車和行人，靠的就是這種無言的體語。書店裡，一個小朋友踮著腳去拿書架上的一本書，試了幾次都沒成功，這時書店營業員過來拿下書遞給了這個孩子。這個過程中，孩子踮腳的動作就清晰表達了自己的需求：我需要幫助！

肢體語言運用最神乎其神的當屬卓別林，在那個黑白膠片的時代，電影沒有聲音也沒有色彩，卓別林憑藉著豐富的肢體語言把人們的感情、想法、經歷一一呈現在觀眾眼前，帶給人們很多觸動。

2 聲調

聲調包括重音、聲調、停頓、語速等，聲調的變化能表達出不一樣的情感，不一樣的內涵。

義大利著名的悲劇影星羅西，一次應邀參加一個歡迎外賓的宴會。席間，許多客人要求他表演一段悲劇，於是他用義大利語念了一段「台詞」，儘管客人聽不懂他的「台詞」內容，然而，他那動情的聲調和表情，淒涼悲愴，不由使人流下同情的淚水。可一位義大利人卻忍俊不禁，跑出廳外大笑不止。原來，這位悲劇明星念的根本不是什麼台詞，而是宴席桌上的菜單。

美國語言學家查爾斯·弗里斯（C.C.Fries）特別強調了聲調的重要性，他說：「重要的不在於你說的什麼話，而在於你怎樣說。」

身體語言、聲調、呼吸，這些共同構成了非文字的語言，它們能夠傳達文字之外的語言信息。在人類發展出語言之前，人與人之間就是靠這些非文字語言溝通的，這些溝通方式至今依然有效。

攤開雙手，表示手中沒有武器，是安全的，所以，在溝通中攤開雙手，會給人親切的感受；當手心向下或者握拳時，別人看不到手心，會產生威懾力，當你需要展示權威時，不妨試試這種手勢。

雙腳平衡站立，腳尖向前，是一種穩定的站姿，可以隨時戰鬥。當你這樣站立時，顯得權威、有力量；相反，當你雙腳分開並且不平衡站立時，是一種放鬆的站姿，這樣能夠讓人感到輕鬆、親切，當你這樣站時，是無法攻擊和戰鬥的。

非語言信息不僅可以影響別人，還可以影響自己。心理學中有一個新興的研究領域叫「具身認知」（embodied cognition），具身認知理論認為，生理體驗與心理狀態之間有著強烈的聯繫，生理體驗會激活心理感覺，心理感覺也會強化生理體驗。人在開心的時候會微笑，這很好理解，具身認知進一步告訴我們，人越是微笑，他就會變得越開心，一個人的身體狀況會影響到他內心的感受。

比如，當你坐在一把堅固的椅子上時，你會感到安全；當你手裡拿著一件很沉重的東西時，你會覺得它重要；當你雙手張開時，你的心態會更開放；當你雙手抱於胸前時，你的思維會陷入固化；當你眼睛向上看時，你很難感受到悲傷；當你眼睛向下時，你會變得比較感性……

不知道你是否留意，電影裡的那些間諜、特工，現實生活中的騙子，還有那些情場殺手、商場老手，他們很容易就能取得別人的信任，他們是如何做到的呢？

我們可以試想一個這樣的場景：一位客服小姐坐在櫃檯後面，前面來了一個氣呼呼的顧客，一拍桌子說：「有沒有搞錯？我上個禮拜訂的貨，現在到哪裡了，你們公司怎麼辦事的？」

這個客服人員假如溫和地說：「先生，請你冷靜一點，有話好好說。」如果你是那位顧客，你心急如焚地等著原料生產，對方儘管看起來很有禮貌，卻慢吞吞地跟你說話，你對她會有好感嗎？

如果這時她「嗖」的一下站了起來，用跟你一樣焦急的口氣說：「有這回事？豈有此理，物流部門的同事怎麼做事的？我馬上幫你問問！」

這時你會有什麼感受呢？你一定會覺得這位客服小姐是急你所急、想你所想，大概率你會喜歡她。

人因為相同而連接，當對方跟你一樣時，你會感到特別親切。有一個成語叫「同聲同氣」，比喻親密無間、志趣相合。在溝通中，雙方的動作相同、聲音相同、氣息相同，雙方就更容易有共鳴感。為什麼會這樣呢？

這是一種動物的本能，你看一位嬰兒，他生下來時什麼都不懂，但隨著慢慢長大，大人會的東西，他很快就學會了。當然有一些是通過教育學會的，但絕大多數都是通過模仿學會的。所以，模仿是人類的本能，我們天生就會模仿別人。如果不會模仿，也許連生存的機會都沒有。

3 親和力

當然，大多數時候，模仿都是在不覺察的狀態下進行的。如果你懂得有意識地模仿別人，會讓人感到親切可信，這種刻意模仿的技巧叫「親和力」。

一般來說，建立親和力可以從下面四方面入手：

第一，配合對方的肢體語言

神經語言程序學高級班有一個練習叫「走進別人的鞋子」，這個練習很簡單，兩人一組，一個人自然地散步，另一位同學在後面跟隨他，模仿他走路的姿勢和所有注意到的細微動作。十五分鐘後，雙方靜坐一會兒，細品自己的感受。這時，如果你是模仿者，你會神奇般感受到不屬於你自己的感受，當你向對方求證時，你會發現，你感受到的，正是對方此刻的感受。

是不是覺得很神奇？或許有人會認為我在胡說八道。其實這一點都不神奇，前面我講過一門新興的心理學叫「具身認知」，身體會影響到心理感受，這是心理學家通過大量實驗驗證過的科學原理。

身心是同一個系統。既然身體姿勢會影響心理感受，那我們模仿對方的身體姿勢，就能夠跟對方的感受層面進行連接，這樣，對方的潛意識就會在不知不覺間喜歡上你。

比如，對方蹺腳坐，我也蹺腳坐，對方摸摸頭髮，我也摸摸頭髮，總之，對方的身體姿勢如何，我也盡量跟他一樣。

不過，要注意的是，配合對方的肢體語言，並不是完全一模一樣的模仿，否則很容易惹起對方警惕，如果對方在意識層面覺察到了，你的模仿就會失效，不僅如此，還會引發對方的反感。比如雙人舞，跳舞雙方的動作是配合，而不是完全拷貝。我們配合對方的肢體語言也是一樣，對方的二郎腿是左腿在上，我們可以來個右腿在上，要給對方一種契合感，而不是呆板的重複。

第二，配合對方的聲調

你是否聽過一些外語歌曲？你不知道歌手在唱什麼，但你卻被感動了。為什麼會這樣呢？因為大多數的情緒都是通過聲調和韻律傳遞的，這正是音樂無國界的原因。

俗語說，上什麼山唱什麼歌。與人溝通時，我們可以從音調高低、聲音大小、速度快慢、說話語氣等方面入手，配合對方。對方大聲，你也大聲；對方小聲，你也小聲；對方溫柔，你也要溫柔一點；對方語速很快，你的語速也加快。這樣的配合很容易讓溝通雙方實現情緒上的共鳴，保證更好的溝通效果。

第三，配合對方的語言習慣

不知你是否留意到，不同地方的人會有他們習慣性的用詞。比如，東北人說話喜歡用一個詞「咋整」，廣東人喜歡用一個詞「點搞」。如果你跟東北人說話，能夠時不時冒出一兩句「咋整」，跟廣東人侃幾句「點搞」，他們一定會感到特別親切。

前面我們講了人可以分為VAK三種感官類型，每種類型都有不同的語言習慣。視覺型的人比較喜歡用視覺的語句，比如「你很漂亮」；聽覺型的人喜歡用聽覺的語句，比如「你說得很有道理」；感覺型的人喜歡用感覺的語句「我感覺到很溫暖」。我們有意地重複對方的偏好詞，就能拉近彼此的距離。

另外，不同年齡、不同偏好的人也會有各自的偏好詞。比如，韓劇迷會張口閉口「歐巴」，二十世紀五六十年代出生的人會把「節儉」掛在嘴邊，我們只要細心聆聽，就能抓到對方的偏好詞，然後我們重複給他聽，親和力立刻就建立起來了。

第四，配合對方的呼吸

很多人問我：「為什麼你能夠讓案主那麼信任你？」我的秘訣就是調整我的呼吸跟對方同步，他吸氣我吸氣，他呼氣我呼氣，如此，我們兩個人就能心靈相通了。這是一種非常神奇的技巧，這是一個心理諮詢師必須掌握的基本功，因為這是最簡單，也是最快取得案主信任的方法。

配合對方的肢體語言、配合對方的聲調、配合對方的語言習慣、配合對方的呼吸，把握了這四點，你就輕鬆擁有了親和力。

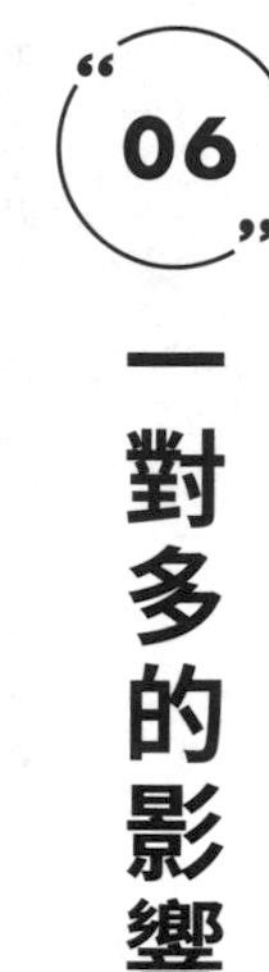

一對多的影響力

一個人怎麼去影響一群人？

人們在感知和處理信息時，個人能力有非常個性化的偏好，並表現為四種截然不同的類型，與人溝通時，我們只有一種表達方式，就只能得到一種人的喜歡，另外三種人可能就不會喜歡我們，不願意跟我們接近。因此，為了保證我們的語言有最大範圍的影響力，我們需要認識、了解並熟悉這四種偏好，並有針對性地調整自己的語言表達方式。

類型1：why型

我們都知道，美國科學家愛迪生是個「發明大王」，他發明的電燈是我們生活中離不開的，可誰能想到，小時候的愛迪生被很多人視為「弱智」，經常問奇怪的問題，比如：

「為什麼藍色的天空裡會有朵朵白雲在飄浮？」

「為什麼清晨太陽總是從東方慢慢升起來？」

「為什麼母雞可以孵小雞，人不可以？」

「為什麼桌子有四條腿？」

「為什麼一加一等於二？」

他每天總是在問「這是為什麼」、「那是為什麼」，別人回答不出來，覺得這些問題不該問，就認定了他是「弱智」。學校的老師還把他趕回了家，還好有他的母親細心引導和幫助，愛迪生才成了後來的「發明大王」。

愛迪生這種常思考「為什麼」（why），喜歡尋根問底的人就屬於why型，要想影響這種人，我們一開始就要迅速引發他們的好奇心，因為這類型的人反應最快，如果你無法快速抓住他們的好奇心，他們對你講的內容很快就會失去興趣。

這一點在影視行業可以清楚看到。紀錄片內容豐富，卻票房不佳，因為大多數紀錄片的敘事手法都是平鋪直敘式的，無法引發觀眾的好奇。而那些票房大賣的電影，通常是幾條線同時敘事，每條線在故事發展最關鍵時突然停止，讓觀眾欲罷不能。就連那些粗製濫造的電視劇也懂得運用這種手法，在每一集結束時設置懸念，讓你一集集地追下去。

類型 2：what 型

德國人以處處講秩序而聞名，二十世紀八〇年代，幾個留學生想檢驗一下德國人對秩序的堅持程度，就做了一項實驗：幾個人趁著夜色，來到鬧市街頭的一個公用電話亭，在一左一右兩部電話亭的旁邊，分別貼上了「男士」、「女士」的標記，然後迅速離開。第二天上午，他們再次來到那個公用電話亭。令他們驚奇的一幕出現了：有「男士」標誌的那一部電話前排起了長隊，而有「女士」標誌的那一部公用電話亭前卻空無一人。留學生們走過去問那些平靜等待的男士：「既然那一部電話前沒有人，為什麼不到那邊去打，為什麼要傻傻排隊呢？」被問的男士莫名其妙地說：「那邊是專為女士準備的，我們只能在這邊打，這是秩序啊！」

德國人這種說什麼就是什麼的性格就是what型的典型特徵，這種類型的人會找很多資料、證據、規則出來，構建自己的一套邏輯，並完全按照這套邏輯行事。

生活中很多學霸就是這種類型，這種類型的人善於分析，勤於思考，擅長邏輯推理，偏愛細節並習慣進行抽象化加工。他們什麼事情都講究證據，盲從權威，信任數據。針對這些特性，我們在演講時，就要有足夠的數據、理論，還需要引證權威人士曾經講過的話，有了這些看起來充分的原因，他們才會相信你所做的推論。

這類型的人看起來十分嚴謹，而且相信科學，好像非常可靠。但是，一旦他們賴以建立推論的前提錯誤，他們所做的結論，乃至他們的整個人生，都會掉進一個萬劫不復的深淵，無法自拔。

類型3：how型

看過《水滸傳》的人一定對李逵這個人物印象深刻，李逵有一個重要的特徵：從來不問為什麼，宋江讓他幹什麼他就幹什麼，讓他殺誰，他就去殺誰，行動先於一切。

李逵是how型的典型代表人物，這種類型的人習慣於積極努力地思考解決方案，在工作中，how型的人是突出的執行型人才。

二〇〇〇年，有一本書火遍全球，被美國《哈奇森年鑑》和《出版家週刊》評選為有史以來世界最暢銷圖書第六名，這本書的名字叫《把信送給加西亞》，講述了在十九世紀美西戰爭中，一個「把信送給加西亞」的傳奇故事。當時，美方有一封具有戰略意義的書信，急需送到古巴盟軍將領加西亞的手中，可是加西亞正在叢林作戰，沒人知道他在什麼地方。年輕中尉安德魯．羅文挺身而出，接下了這個任務，他沒有問任何問題，比如，怎麼才能找到加西亞，誰能提供幫助，找不到該怎麼辦，就獨自一人上路了。最後，歷盡艱險，徒步三週，穿過危機四伏的戰區，他奇蹟般地完成了這件「不可能的任務」。

how 型人最擅長的是在體驗中成長，我們給他們制定目標，為他們創造練習、體驗、行動的環境，這就是影響他們的最好途徑。

類型 4：what if 型

來分享一段我的經歷。讀初中那一年，我的數學成績下滑得很厲害，這是因為當時我們學到了方程式的相關知識，我覺得這些東西沒用，就不想學了。萬幸，我的老師非常負責，他找我談心，問我成績下滑的原因，我實話實說：「現在這些知識，學著沒意思，賣菜也用不著列方程式。」老師聽了哭笑不得，他說：「你這傢伙，你以為學數學就是為了賣菜嗎？學數學是為了鍛鍊你的大腦。」這句話讓我茅塞頓開，後來，我的數學成績一直保持著班級第一。

我覺得學數學沒用的時候，我就不會用心學習，可當我知道學數學有用了，我就會自主自發地用功去學習。我就是典型的 what if 型，這種類型喜歡思考「如果是這樣對我有什麼好處」，從這方面入手，就能影響到這類人。

上述四種類型在不同的人群中有不同的比例。設計師、發明家、科學家裡面，「why」型的人比較多；教師、學者、工程師、律師裡「what」型的人比較多；軍人、技工、匠人、運動員等多是「how」型的人；政治家、企業家、商人、金融從業者、實用主義者中「what if」型的人佔了大多數。

如果你想成為一名有影響力的領袖，在演講時需要照顧到不同類型的人的不同偏好。如此，你就可以發揮語言的魅力，影響到這些人。

「why」型的人好奇而且性急，所以，首先要引發他們的好奇。引發好奇最好的方式就是講故事，或者呈現一些現象，然後提出一系列「為什麼」。

「what」型的人相信權威，迷信數據，注重推理。同時，他們的耐心也有限。因此，我們在引發好奇後，就需要用理論、數據、權威的研究成果來回答前面的「why」，並藉此提出你的觀點，輸出你的價值觀。

「how」型的人比較有耐心，當你滿足了前面兩類人的需求後，再去照顧他們的需要。他們要的很簡單，不需要太多的理由，只需要解決方案，也就是說你告訴我怎麼做就行了。如果是學習，那他們需要體驗、嘗試後才會明白。對他們來說，一千一萬個大道理，不如一次簡單的嘗試。

「what if」型的人最有耐心，他們有遠見，而且延時滿足能力特別強。因此，可以最後再去滿足他們的需求。當你給出了解決方案之後，就要展望未來，讓他們知道，如果按你所說的去做了，未來會得到什麼好處？有什麼價值？如果他們能夠想像到未來的美好，就願意付出今天的努力。所以，對於這種類型的人，你需要以終為始，使用時間換框法，把未來的時間框架移到現在，讓他們先想像一下未來，好像目標已經達到了一樣，這種方法叫「如在目前」。

結語　使命宣言

你注定會影響世界，不是讓世界變得更好，就是讓世界變得更糟。你的語言就是影響世界的其中一種方式，所以，從今天開始，小心你所說的話。你所說的話不僅會影響到別人，同時也在影響你自己。正如「鐵娘子」柴契爾夫人所說：

小心你的語言，它會變成你的行動；

小心你的行動，它會變成你的習慣；

小心你的習慣，它會變成你的性格；

小心你的性格，它會變成你的命運。

當然了，語言是一種技巧，這種技巧沒有好壞之分，它僅僅是一種工具而已，就像一把刀，好人可以用它來幫人，壞人也可以用它去幹壞事。語言也是一樣，當然，我相信各位讀者都是好人，會用這些語言技巧去幫助自己以及那些需要幫助的人，因為，我相信愛學習的人通常心地善良。

如果你是一個善良的人，在本書最後，我希望你做一個練習，把從這本書學到的語言技巧變成你身體的一部分。這個練習很簡單，用下面的連接詞完成填空就可以。

使命：

因為我：

所以我：
在我：
當我：
每當我：
這會令我：
因為我：
如果我：
雖然我：
但我：
正如：
所以：

我在這裡提供一個模板：

我的使命是讓世界因為我的存在而更加美好！
因為我相信每個人都可以影響世界，
所以我希望能讓這個世界變得更好一點。
在我體驗到心理學給我帶來的幫助後，
當我看到學員因為心理學而發生改變時，

每當我見證那些用生命影響生命的時刻，
這會令我充滿力量，
因為我感到生命的價值。
如果我能培養更多心理導師，世界一定會因此而變得更加美好。
雖然我知道自己能力十分有限，
但我還是會努力前行，
正如那個海星的故事一樣，我未必能改變世界上所有的海星，但我至少可以改變一個海星的世界！

所以，讓世界因為我的存在而更加美好吧！

正所謂學以致用，我們學習不是為了填補自己的焦慮，而是為了真的提升自己的能力，讓自己力所能及地為身邊的人做點事情，力所能及地讓身邊的人因為成長而變得更加美好。

最後，讀者朋友們，讓我們一起做一點點的事情，讓整個世界因為我們的存在而變得更加美好吧！

國家圖書館出版品預行編目資料

別人怎麼對你，都因為你說的話 / 黃啟團著 . -- 初版 . -- 台北市 : 平安文化 , 2022.04　面 ;　公分 . -- (平安叢書 ; 第 709 種)(溝通句典 ; 55)

ISBN 978-986-5596-78-1 (平裝)

1.CST: 人際傳播 2.CST: 溝通技巧

177.1　　　　111003626

平安叢書第 709 種

溝通句典 55

別人怎麼對你，都因爲你說的話

© 黃啟團 2021
本書中文繁體版由中信出版集團股份有限公司授權平安文化有限公司
在香港、澳門、台灣地區獨家出版發行。
ALL RIGHTS RESERVED

作　　者—黃啟團
發 行 人—平　雲
出版發行—平安文化有限公司
台北市敦化北路 120 巷 50 號
電話◎ 02-27168888
郵撥帳號◎ 18420815 號
皇冠出版社 (香港) 有限公司
香港銅鑼灣道 180 號百樂商業中心
19 字樓 1903 室
電話◎ 2529-1778　傳真◎ 2527-0904
總 編 輯—許婷婷
執行主編—平　靜
責任編輯—陳思宇
美術設計—江孟達、李偉涵
行銷企劃—鄭雅方
著作完成日期— 2021 年
初版一刷日期— 2022 年 04 月
初版八刷日期— 2024 年 03 月
法律顧問—王惠光律師
有著作權 · 翻印必究
如有破損或裝訂錯誤，請寄回本社更換
讀者服務傳真專線◎02-27150507
電腦編號◎342055
ISBN◎978-986-5596-78-1
Printed in Taiwan
本書定價◎新台幣 380 元 / 港幣 127 元

• 皇冠讀樂網：www.crown.com.tw
• 皇冠 Facebook：www.facebook.com/crownbook
• 皇冠 Instagram：www.instagram.com/crownbook1954
• 皇冠蝦皮商城：shopee.tw/crown_tw